U0459534

公民与法律

新时代公民法治思维养成

洪　萍　颜三忠◎编著

光明日报出版社

图书在版编目（CIP）数据

公民与法律：新时代公民法治思维养成 / 洪萍，颜
三忠编著 . -- 北京：光明日报出版社，2024.7.
ISBN 978 - 7 - 5194 - 8094 - 3

Ⅰ. D920. 4

中国国家版本馆 CIP 数据核字第 2024Q9Q515 号

公民与法律：新时代公民法治思维养成

GONGMIN YU FALÜ：XINSHIDAI GONGMIN FAZHI SIWEI YANGCHENG

编　　著：洪　萍　颜三忠

责任编辑：杨　茹　　　　　　　责任校对：杨　娜　董小花

封面设计：中联华文　　　　　　责任印制：曹　净

出版发行：光明日报出版社

地　　址：北京市西城区永安路 106 号，100050

电　　话：010-63169890（咨询），010-63131930（邮购）

传　　真：010-63131930

网　　址：http：// book. gmw. cn

E - mail：gmrbcbs@ gmw. cn

法律顾问：北京市兰台律师事务所龚柳方律师

印　　刷：三河市华东印刷有限公司

装　　订：三河市华东印刷有限公司

本书如有破损、缺页、装订错误，请与本社联系调换，电话：010-63131930

开　　本：170mm×240mm

字　　数：270 千字　　　　　　　印　　张：16

版　　次：2024 年 7 月第 1 版　　　印　　次：2024 年 7 月第 1 次印刷

书　　号：ISBN 978 - 7 - 5194 - 8094 - 3

定　　价：95. 00 元

版权所有　　翻印必究

目　录
CONTENTS

第一编 **01**

| 绪 论 |

家住济南的张女士和杜女士是熟人，两家的孩子同在一所幼儿园上学。张女士一直在家专职照顾孩子，时间充裕；而杜女士和丈夫都在中学上班，经常无法按时接送孩子。所以，杜女士经常让张女士接孩子时，一块帮忙接上自家孩子佳佳（化名），并且佳佳经常和张女士家的孩子在一起玩，有时也在张女士家吃饭。"只要杜女士通知我，我接孩子时，就一块接上佳佳（化名），这一接就是两年半，并且是无偿的。"张女士说。2019年6月19日下午四点多，张女士在幼儿园接孩子后，佳佳要和张女士的孩子一块玩，不回家。但佳佳家长还要回单位上班，和往常一样，佳佳父母把佳佳留给张女士后就去上班了。

当天傍晚张女士送佳佳回家时一直十分小心，但是，没想到意外还是发生了。当电动车行驶到济南市济阳区经三路与纬一路路口时，佳佳突然从电动车后座上掉下来，张女士立即停车，并第一时间通知了佳佳父母。第二天，佳佳被送到济南市儿童医院接受治疗，入院诊断为皮肤挫伤（左手环指、小指），住院6天，经医保报销后共支出医疗费7757.04元。事后，张女士去看望时留下2000元，但杜女士将张女士告上法庭，要求张女士赔偿佳佳医疗费、护理费、交通费共计6657元。问：法院应该如何处理？①

---

① 山东省济南市中级人民法院民事判决书（2021）鲁01民终400号。法院最终判决张女士无需承担法律责任。理由：张女士帮佳佳父母义务照顾佳佳是一种助人为乐行为，属于无偿帮工。张女士虽然在从事帮忙照顾佳佳活动中致使佳佳受伤，但纯属意外，无证据能证明张女士存在主观故意或重大过失，而佳佳父母作为被帮工人依法应当承担责任。因此佳佳父母要求张女士对本次事故的发生承担相应的责任没有法律依据，故法院不予支持。

第一章

概 述

第一节 法律概述

法律是一种社会规范，有明确的权利与义务规定；法律还是一种调整社会关系的手段。与一般社会规范不同，国家不仅制定或认可法律，国家还用强制力保证法律的实施，如果有人挑战法律的红线、突破法律的底线，面临的将是诸如警察、监狱、军队等的惩罚。因此法律不仅是统治阶级意志的集中体现，也是国家的统治工具，对维护国家、社会秩序的稳定起着重要的作用，随着历史的发展而逐渐发展、完善。

一、法律的产生与发展

（一）法律的产生

原始社会初期，人类没有法律，人类依靠自己的本能与大自然斗争。在长期征服自然、改造自然的过程中，人类逐渐意识到规则的重要性。通过制定规则提高生产、生活的效率；利用规则，分工合作，提升自己的生活水平。尤其是在长期的分工合作中，慢慢形成了禁忌、习俗直至由国家制定或认可并以国家强制力保证实施，反映由特定物质生活条件所决定的统治阶级意志的规范体系——法律。

（二）法律的发展

1. 从法律的表现形式来看，法律从无到有，经历了从不成文法（习惯法）到成文法的发展过程。

（1）不成文法阶段。原始社会一般依靠习惯调整社会关系。比较典型的是原始人通过肉眼观察发现各种客观规律，并遵循客观规律办事。例如，发现春生夏长、秋收冬藏，则人们在春天播种，在夏天耕耘，在秋天收获；发现近亲结婚不利于子孙后代健康成长，则有意识避免一定范围的亲属结婚。

（2）成文法阶段。进入奴隶社会后，统治阶级开始制定成文法。我国从春秋战国时期开始"铸刑鼎""编刑书"，法律逐渐朝着成文法的方向发展。

2. 从法律发展的历史类型来看：人类历史上依次出现的四种不同历史类型的法，分别是奴隶制法、封建制法、资本主义法和社会主义法。

（1）奴隶制法是人类历史上第一个剥削阶级类型的法。奴隶制法体现和维护等级特权，严格保护奴隶主的所有制，确认奴隶主阶级经济、政治、思想统治的合法性，确保奴隶主的私有财产不受侵犯，维护奴隶主对奴隶的占有。

（2）封建制法建立在土地归地主所有的经济基础之上。地主阶级通过榨取地租、放高利贷等手段剥削农民等其他阶级，以维护地主官僚的利益，维护封建统治。

（3）资本主义法是由资产阶级国家制定、认可，以国家强制力保证实施的行为规范的总和。资本主义法建立在资本主义经济基础之上，维护资本主义社会关系和秩序，是实现资产阶级专政的工具。

（4）社会主义法是由社会主义国家制定或认可的，反映以工人阶级为主体的广大人民群众的利益和意志，并由社会主义国家以强制力保证实施的行为规范体系的总称。目的在于确认、保护和发展社会主义的社会关系和社会秩序，保障社会主义建设事业的顺利进行。

二、法律的特征

法律是由国家制定或认可并以国家强制力保证实施的，由特定物质生活条件所决定的统治阶级意志的规范体系。

（一）法律是由国家创制并保证实施的行为规范

创制包括制定和认可两种方式。法律的制定是指国家立法机关在法定的职权范围内依照法定的程序，制定、补充、修改和废止规范性法律文件的活动。法律的认可是指通过国家立法程序，把没有法律效力的习惯法上升为具有法律约束力的法律规范。

法律的强制力是指国家以强制力为后盾，保证法律的实施。一旦有人违反法律的规定，国家的强制力量如警察、监狱、军队等将会介入，对违反法律的人或组织予以严惩。

（二）法律是统治阶级意志的体现

1. 掌握统治权力的阶级才有可能通过国家立法机关制定自己需要的法律，当然这种意志既不是个别统治者的意志，也不是统治者个人意志的简单叠加，而是统治阶级的整体意志。

2. 法律所体现出来的统治阶级意志，不是统治阶级意志的全部，而是上升为国家意志的那部分意志。

这样做更有利于维护统治阶级的统治，统治阶级制定的法律不仅要求被统治阶级遵守法律，而且要求统治阶级的成员也要遵守法律。

（三）法律的具体内容由社会物质生活条件决定

法律是社会生活的规则，这种规则是社会生活的反映，它的内容决定于社会的物质生活条件。法律为社会服务，因此不同的时代，社会需要的法律规范不同。例如，互联网时代需要调整互联网的法律规范，AI 时代需要调整人工智能的法律规定。

三、法律的价值

法律价值是指法律对一定主体需要的满足状况以及由此所产生的人对法律性状、属性和作用的评价。法律具有秩序、自由、效率、正义四种价值。

1. 维护社会秩序。秩序是指事物存在和运行过程中的一致性、连续性和稳定性。有序的秩序会带来安全感，有利于社会活动的有序进行，提高人类活动的效率。

2. 保护公民自由。法律通过制定法律规范包括授权性规范（对自由的确认）、义务性规范和禁止性规范（确保自由）保护公民自由。自由不仅需要法律的保障，自由更需要法律加以确认。

3. 提高效率。效率通常是指在有限的时间内，完成更多的任务。只有社会秩序、人身自由得到法律的有效保护，才能更好地激发人的内在动力，发挥人的主观能动性、积极性与创造性，提高效率，推动生产力发展、推动社会发展。

4. 维护社会公平正义。公平正义一方面是指平等地对待不同的人，平等对待相同的事；另一方面是指公民参与国家、社会管理的机会公平、过程公平以及结果分配公平。公平正义是人类文明发展的重要标志，是社会和谐、国家稳定的关键，因此没有一个国家不重视公平正义。

四、法律的作用

法律作为一种工具，主要是为了规范各种社会关系，使各种社会关系在法律规定的框架之下有序运行，同时维护了国家、社会秩序，使掌管国家政权的统治者的意志得以实现。

（一）规范作用

法律的规范作用是指法律作为一种行为规范，明确告诉人们行为的模式与标准，对人们的行为起指引、教育、评价、预测、强制和保护的作用。

1. 指引作用，指法律规范对人们的一种指导和引领作用，是人们行为的"方向盘"和"指南针"。这种指引是对人们行为的一种规范性指引，告诉人们什么该做、什么不该做、什么可以做，引导公民从事统治阶级鼓励、希望从事的行为。

2. 教育作用，一方面，通过法律教育违法犯罪的行为人改过自新，保证其下次不再犯；另一方面，警告其他公民不能做类似的事情，否则将面临同样的下场。通过威慑那些潜在的违法犯罪分子，达到预防违法犯罪的作用。

3. 评价作用，是指法律对公民的行为对错、是非进行判断、评价，以此鼓励或者警告公民哪些可以做、哪些不可以做。

4. 预测作用，指法律对于人们之间将要如何行为进行预料和估计，是国家的"行为公示栏"。

5. 强制作用，指法律具有的制裁和惩罚违法犯罪分子的作用，是制裁违法犯罪分子、铲除邪恶的"利剑"。通过限制人身自由或者剥夺财产，甚至剥夺生命的方式惩罚违法犯罪、屡教不改的公民，强制公民遵守法律。

6. 保护作用，指个人合法权益受到侵害，可以借助法律的力量保护自己的合法权益免受不法侵害，是人们利益的"守护神"。

（二）社会作用

法律最初是为统治者服务的，是为了维护统治秩序而制定的。但是随着法律的发展、完善，法律除了维护统治阶级利益以外，还承担着维护社会公平正义秩序的重要职责。

然而我们要客观地看待法律。一方面，要认识到法律不是万能的，总会存在法律解决不了的问题，法律的实施总是与一定的社会生活、人们的文化意识等密切相关，如限塑令颁布了这么久，效果仍然不明显；另一方面，要反对法律虚无主义，认为法律高高在上，是给别人看的，没有用处。世界各国的立法、司法、执法等效果表明，到目前为止，法律仍然是人类历史上维护社会秩序的最有效的手段之一。

五、法律的内容与表现形式

（一）法律的内容

法律是调整法律关系主体之间权利与义务分配的依据，因此法律的内容由权利与义务组成。

1. 法律权利

权利是指在社会历史发展中产生的，以一定社会承认为前提，由特定主体享有的权能和利益的统称。从不同的角度又可以将权利区分为习惯权利、道德权利、宗教权利以及法律权利。

在众多不同类别的权利中，法律权利最为重要。法律权利是在法律规定的范围内，允许权利人为了满足自己的利益而采取的，由其他人的法律义务所保证的法律手段。[1] 换句话说，任何人侵犯他人的法定权利，都将面临法律的制裁。

法律权利有法定权利和约定权利之分。法定权利顾名思义是法律规定的公民享有的权利，包括民事、行政、刑事、诉讼等方面的资格与自由，如人身权、物权、知识产权等。法定权利一般不可变。例如，非经法律允许，任何人不可剥夺他人的人身自由权。例如，非法限制他人人身自由构成非法拘禁，后果严重构成非法拘禁罪。

约定权利则是指在特定的相对人之间，在法律允许的范围内，事先约定彼此享有的资格与自由。例如，买卖合同中，双方约定彼此的权利与义务。约定权利相对可变，只要双方当事人协商，不违反法律的强制性规定、不违反公序良俗，权利的具体内容、实施方式均可改变。

2. 法律义务

义务是指个体根据身份、地位、职业或者习俗要求对他人或社会做自己应当做的事情。根据不同的分类标准，义务可以分为道德义务、宗教义务、党派义务等，而法律义务是所有社会成员必须遵守的义务。法律义务是指法律关系

---

[1] 马工程教材编写组．思想品德修养与法律基础［M］．北京：高等教育出版社，2018：183.

的主体根据法律强制性规定应当做出或不做出的一定行为的约束性规定。

（1）不同角度，法律义务的分类不同：

根据义务主体不同分为：公民的义务（如服兵役）、企事业单位及其他社会组织的义务（如纳税）、国家机关的义务、国家的义务（如依法行政）。

根据义务内容不同分为：积极义务和消极义务。积极义务是指要求公民必须要做的行为，如纳税、服兵役、接受教育等；消极义务是指要求公民不可以做的行为，如不能杀人、放火、投毒等。

根据义务适用范围不同分为：一般义务和特殊义务。这种分类主要针对义务人有无特殊要求而言。一般义务对义务人没有特别要求，所有人都必须承担的义务，如任何人不能杀人、放火、侵害他人等。特殊义务则对义务人有特殊要求，只有特定的人才用承担的义务。例如，有能力的子女对年老体弱，没有劳动能力、没有收入来源的父母尽赡养义务；成年的兄姐对未成年的弟妹有抚养的义务等。

（2）此外，法律还有特殊规定，如根据《中华人民共和国警察法》的规定：人民警察有义务预防、制止和侦查违法犯罪活动。

3. 法律权利与法律义务的关系

（1）两者之间辩证统一。首先，法律权利和法律义务是相互依存的关系，法律权利的实现必须以相应法律义务的履行为条件。其次，法律权利与法律义务是目的与手段的关系。离开了法律权利，法律义务就失去了履行的价值和动力。同样，离开了法律义务，法律权利也形同虚设。最后，法律权利和法律义务具有二重性的关系，即一个行为可以同时是权利行为和义务行为，如劳动和受教育既是公民的权利也是公民的义务。

（2）法律权利与法律义务平等。具体表现为法律面前人人平等，即在法律权利和法律义务的具体设定上要平等。如对于一个具体的民事侵权或者刑事犯罪行为设定法律义务，就必须与权利受到侵害的程度相适应，不能超出公正和平等的限度。权利与义务的实现要体现平等。权利人不能"得理不饶人"，向义务人提出过分要求。同样，义务人必须满足权利人的合法权益，不得变相或部分逃避应当承担的法律义务。

（3）法律权利与法律义务之间互利互赢。在国家规定的法律权利与法律义务一致的情况下，在实行法律权利与法律义务人人平等的制度中，一个人无论是行使权利还是履行义务，都是对自己有利的。

（二）法律的表现形式

法律表现形式就是指法律的外在表现形式。主要是指因为立法机关不同，立法内容不同，从而具有不同法律效力与作用的法律的外在表现形式。具体可以分为以下种类：

1. 宪法。宪法是国家的根本大法，是治国安邦的总章程，是公民权利的保障书，是制定其他法律的依据，在法律体系中居母法地位。

2. 法律。法律是指由全国人大及其常委会制定、修改的规范性法律文件。例如，《中华人民共和国刑法》《中华人民共和国民法》《中华人民共和国刑事诉讼法》《中华人民共和国民事诉讼法》。

3. 行政法规。行政法规是指国务院根据宪法和法律的规定或者授权，制定的政治、经济、教育、科技、文化、外事等各领域法规的总称。

4. 地方性法规。地方性法规是由特定地方国家立法机关依法制定和修改，只在本行政区域范围内生效的规范性文件。

5. 自治法规。自治法规是民族自治地方的自治机关所制定的特殊的地方性法律文件及自治条例和单行条例的总称。

6. 行政规章。行政规章是有关行政机关制定的有关行政管理的规范性文件的总称，分为部门规章和地方政府规章两种。

7. 特别行政区的法律、法规。根据"一国两制"的方针，香港和澳门地区享有高度的自治权包括立法权，特别行政区立法机关有权制定本行政区的法律、法规。

8. 国际条约。国际条约是两个或两个以上国家或国际组织间缔结的确定其相互权利和义务的各种协议。

9. 其他法律形式。其他法律形式包括军事法规、军事规章，经济特区的规范性文件等。由于香港特别行政区法律属于英美法系，所以判例也是香港特别行政区的重要法律形式之一。

六、法律的运行

法律的运行是一个从创制、实施到实现的过程。这个过程主要包括法律的制定（立法）、法律的遵守（守法）、法律的执行（执法）、法律的适用（司法）四个环节。其中，立法是国家对权利和义务，即社会利益和负担进行的权威性分配；守法、执法、司法则是把法定的权利和义务转化为现实的权利和义务、把文本上的法律转化为现实中的法律的过程。

（一）法律的制定

法律制定是有立法权的国家机关依照法定职权和程序制定规范性法律文件的活动。

1. 立法机关及其立法权限

根据《中华人民共和国立法法》的规定，各立法机关的立法权限如表1。

表1　各立法机关的立法权限

立法机关	立法权限
全国人大及其常委会	宪法和法律
国务院	行政法规
中央军委	军事法规
国务院各部门	部门规章
省、自治区、直辖市的人大及其常委会	地方性法规
设区的市的人大及其常委会	地方性法规
省、自治区、直辖市、设区的市的人民政府	地方政府规章
特别行政区	特别行政区法
其他	其他

2. 立法的程序

立法的程序通常包括提出法律案、审议、表决、公布四个环节。

以《中华人民共和国民法典》（以下简称"民法典"）为例，首先是全国人民代表大会代表提出修改或制定法律的建议，只要提出修订法律建议的代表符合法律规定的人数，建议就会被全国人大法工委接受，列入立法计划；接下来，相关机关征求各界意见，在集思广益的基础上由专家起草法律草案；法律草案提交到全国人民代表大会常务委员会上审议；审议通过，则提交全国人民代表大会表决；表决通过，则完成法律的修订。

有的法律一经表决通过，立即生效；有的法律自身规定了生效时间，时间一到，立即生效。例如，民法典是2020年5月28日在全国人民代表大会上通过，但民法典规定的生效时间则是2021年1月1日。

（二）法律的执行

法律的执行是指国家机关及其公职人员在国家和公共事务管理中依照法定

职权和程序，贯彻和实施法律的活动，是法律实施和实现的重要环节，是将静态法律变成动态法律的过程。广义上的法律执行包括国家行政机关和司法机关（即法院和检察院）执行法律的活动；狭义上的法律执行则是指国家行政机关执行法律的活动，也被称为"行政执法"。在我国，大部分的法律法规都是由行政机关贯彻执行的。在法律运行中，行政执法是最大量、最经常的工作，是实现国家职能和法律价值的重要环节。

（三）法律的适用

法律的适用是指国家司法机关及其公职人员依照法定职权和程序适用法律处理案件的专门活动，又称"司法"。在我国司法机关指各级人民法院和各级人民检察院。人民法院专门负责案件的审理与裁判，人民检察院则专门负责严重刑事犯罪的公诉职责以及对相关国家机关及其工作人员的监督。

（四）法律的遵守

法律的遵守又称"守法"，是指国家机关、社会组织和公民个人依照法律规定行使权利和履行义务的活动。

《中华人民共和国宪法》（以下简称"宪法"）第五条明确规定："一切国家机关和武装力量、各政党和各社会团体、各企业事业组织都必须遵守宪法和法律。一切违反宪法和法律的行为，必须予以追究。"

第二节　法治概述

一、法治的内涵

法治是相对于人治而言的，法治就是依法治国。法治是一种价值观、思维方式，是治理国家、管理社会、维护公民自由权利的基本方式。这个方式的主要特点是由人民建立国家，并享有国家主权；人民通过直接或者间接的方式制定法律，授予政府有限权力，监督其依照法律管理社会事务；司法独立；法律是最高的权威，所有的权力机关和公民个人，在法律面前一律平等；等等。[1]

---

[1] 宋惠昌. 论法治精神与法治思维［J］. 北京联合大学学报（人文社会科学版），2013，11（4）：89-96.

（一）法治与人治的关系

与法治相反，人治是依靠个人意志来管理政权，实行政治统治；是依靠统治者个人的权威治理国家的一种政治主张。由于人的主观能动性特点，导致人治处于极其不稳定的状态，随意、多变是人治的典型特征。社会发展需要稳定的秩序，因此推动社会发展只能依靠法治。

（二）法治与法制的关系

法治与法制是两个不同的概念。法制是法律制度的简称，是政府治理国家、管理社会的工具，是静态的。法治则是动态的，是指一种法律信念。在社会中，法律具有至高无上的地位。法治是一种治国理政的手段，用法律治理国家、治理社会。因此法治建立在法制的基础上，要想实现依法治国首先要完善法律制度。法律制度是否完善，就看能否满足依法治国的需要。

首先，我们要逐步实现法治。现阶段我们建设的是中国特色社会主义法治。我国正处于社会主义初级阶段，我国当前的主要矛盾是人民日益增长的美好生活需要和不平衡不充分的发展之间的矛盾。因此，要想统筹好国内、国际两个大局，更好维护与运用我国发展的重要战略机遇期，更好统筹社会力量、平衡社会利益、调节社会关系、规范社会行为，使我国社会在深刻变革中既有勃勃生机又井然有序，实现经济发展、政治清明、文化昌盛、社会公正、生态良好，实现我国和平发展的战略目标，就必须构建中国特色社会主义法治，全面推进依法治国。

其次，要逐步完善法制。依法治国的前提是有完备的法律制度体系，因此科学立法是全面推进依法治国的前提与基础。经过长期努力，中国特色社会主义法律体系已经形成，国家和社会生活各方面总体上实现了有法可依。但是法律必须与时俱进，法律体系必须随着时代变化、理论创新和实践需要不断发展、不断完善。要不断完善以宪法为核心的中国特色社会主义法律体系，坚持立法先行，坚持立改废释并举，健全完善法律、行政法规、地方性法规，为全面推进依法治国提供依据与根本遵循。

二、法治的价值

（一）法治是治国理政的基本方式

习近平主席 2012 年 12 月 4 日在首都各界纪念现行宪法公布施行 30 周年大

会上的讲话中强调：依法治国是党领导人民治理国家的基本方略，法治是治国理政的基本方式，要更加注重发挥法治在国家治理和社会管理中的重要作用，全面推进依法治国，加快建设社会主义法治国家。

（二）法治有利于提高执政党执政能力和执政水平

执政能力是执政党执掌国家政权的能力。在我国，党的执政能力是指中国共产党的执政能力，是党在执政过程中驾驭社会主义市场经济的能力、发展社会主义民主政治的能力、建设社会主义先进文化的能力、构建社会主义和谐社会的能力、应对国际局势和处理国际事务的能力。中国共产党执政能力的高低事关党和国家长治久安、人民幸福安康。

（三）法治有利于实现国家治理体系与治理能力现代化

国家治理体系是指国家机关各部门职能的重新架构和分工。过去我国党政各部门之间存在分工不明、机构重叠、人浮于事的情况，导致国家颁布的各项政策在贯彻实施的过程中存在上下不畅、人浮于事的现象，造成国家治理能力低下的结果。要提高国家治理能力，必须推动国家治理体系改革。

国家治理体系与国家治理能力现代化要求提高党科学执政、民主执政、依法执政的水平，尤其要提高国家机关及其工作人员的履职能力。按照既定规则开展职务活动，有利于实现国家治理制度化、规范化、程序化。

第三节　公民概述

公民是一个法律概念，是指具有一国国籍，依法享有权利（享有从事管理社会和国家等公共事务的权利）并承担义务的人。我国宪法明确规定："凡具有中华人民共和国国籍的人都是中华人民共和国公民。"

一、公民的特征

（一）具有某国国籍

1. 国籍的取得

（1）原始取得

原始取得国籍的原因是出生取得某国国籍。但是不同国家对于原始取得国籍的法律依据不同，有的国家采用血统主义，以父母的国籍确定子女国籍；有的国家采用出生地主义，子女在哪里出生，就获得哪里的国籍。

单纯采用一种国籍取得原则，可能会出现无国籍或多重国籍的现象。例如，实施血统主义国家的父母，到实施出生地主义的国家去生孩子，这个孩子基于血统主义主张，可以获得父母的国籍，还可以基于出生地国家法律的许可，获得出生地国家的国籍，这样一来，他一出生便具有多重国籍；反之，他一出生也可能没有国籍。多重国籍对个人有好处，关键时刻他可以获得多个国家的保护；但对国家没好处，一旦需要公民效忠，他可能因为有其他国家的国籍，就想方设法拒绝承担相应的义务。

如前秘鲁总统滕森，具有秘鲁与日本双重国籍，2000 年，因涉嫌秘鲁国家总统贿选，滕森利用到国外参加国际会议的机会去了日本。到日本后宣布自己拥有日本国籍，要求在日本居住。日本政府一方面承认了滕森拥有日本国籍，另一方面拒绝了秘鲁的引渡请求。

（2）继有取得

继有取得国籍是指根据当事人的意愿、根据相关国家法律的规定取得一国国籍。继有取得国籍的形式有自愿申请入籍，基于婚姻、收养、认领等事实入籍，等等。

（3）自愿选择某一国籍为自己的国籍

一个人同时拥有多个国籍，由其自愿选择其中一个国籍为自己的国籍。如基于出生，该婴儿可能拥有父亲或者母亲或者出生地的国籍，因为单一国籍原则要求，他及其父母只能选择其中之一作为自己的国籍。

（4）因领土交换而取得国籍

因领土交换而取得国籍是指一国国民或公民根据国家间缔结的条约随领土交换而取得他国国籍。例如，根据 1960 年《中华人民共和国和缅甸联邦边界条约》的规定，中国和缅甸交换部分领土，所涉领土上的居民有权自愿选择中国、缅甸两国国籍，或保留原来的国籍或变更为新的领土所属国国籍。

2. 国籍的丧失

（1）自愿丧失国籍是指当事人获得一国国籍之后，申请退出原来的国籍。

（2）非自愿丧失是指违背当事人的意愿改变其国籍。例如，取得外国国籍，不得已放弃原有国籍；因为婚姻，丈夫或者妻子不得已放弃原有国籍；因被收养或被认领，被收养人或者被认领人不得已放弃原来的国籍。最为残忍的是被剥夺国籍。世界各国都致力于消除无国籍现象,而人为制造无国籍现象显然是一种与全球发展背道而驰的做法,因此世界各国普遍废除了剥夺国籍的刑法处罚方式,但是某些国家还是保留了这一刑法处罚方式。例如,沙特阿拉伯曾经剥夺过奥萨马·本·拉登的国籍,2019 年,沙特又宣布剥夺其子哈姆扎·本·拉登的国籍。①

3. 国籍的冲突

国籍的冲突是指一个人没有国籍或者国籍不明或者同时拥有多个国籍的情况。

对公民而言,国籍越多越好,可以得到更多国家的保护;对国家而言,公民的国籍一个就好,保证必要时候,公民可以对国家效忠。而无国籍的现象无论是对公民还是对国家均没有好处。对公民而言,关键时期得不到国家的保护;对国家而言,国家生死存亡之际,没有公民效忠。因此,国际社会致力于消除多重国籍和无国籍的现象。

消除国籍冲突最好的办法就是采用混合主义,即要么以出生地主义为主兼采血统主义,要么以血统主义为主兼采出生地主义,尽量避免多重国籍或者无国籍的人出现。混合主义的出现是历史发展的必然结果。

(二) 依法享有该国宪法赋予的权利,承担该国宪法赋予的义务

我国关于公民国籍的取得采用的是混合主义原则——以血统主义为主兼采出生地主义原则,且我国不承认双重国籍。

《中华人民共和国国籍法》规定,中华人民共和国不承认中国公民具有双重国籍。

父母双方或一方为中国公民,本人出生在中国,具有中国国籍。

父母双方或一方为中国公民,本人出生在外国,具有中国国籍;但父母双方或一方为中国公民并定居在外国,本人出生时即具有外国国籍的,不具有中国国籍。

父母无国籍或国籍不明,定居在中国,本人出生在中国,具有中国国籍。

具有某国国籍,意味着这个人享有该国宪法赋予的政治权利,如选举权、被选举权;公民如果居住在国外,合法权利被该国侵犯,用尽当地救济,权利仍然得不到保护时,可以要求国籍国行使外交保护权利;战争或者发生严重灾

---

① 沙特阿拉伯宣布剥夺拉登之子的国籍 [EB/OL]. 中埃网,2019-03-02.

难时，有权要求本国接其回国。当然，公民应该对国家效忠，如纳税和服兵役。

二、公民与法律之间的关系

（一）人民制定法律

"人民"是指人们中的绝大多数，包括工人、农民、知识分子、私营企业主等人民群众的绝大多数，他们既是中华民族优秀传统文明的承继者，又是国家的真正主人，是中国特色社会主义国家的创造者、建设者及一切权力合法性的真正来源。[①]

我国宪法第二条规定："中华人民共和国的一切权力属于人民。人民行使国家权力的机关是全国人民代表大会和地方各级人民代表大会。人民依照法律规定，通过各种途径和形式，管理国家事务，管理经济和文化事业，管理社会事务。"

（二）法律保护公民合法权利

权利是指在社会历史发展中产生的，以一定社会承认为前提，由特定主体享有的权能和利益的统称。公民权利是法律赋予公民享有的自由与资格，在法律规定的范围内，允许公民为了满足自己的利益而采取的，由其他公民的法律义务所保证的法律手段。公民权利往往通过宪法、民法、行政法、刑法以及其他法律规定予以保护。

思考题

1. 什么是法律？法律的特征是什么？
2. 简述法律的价值。
3. 什么是法治？法治的作用有哪些？
4. 什么是法治思维？法治思维有什么价值？
5. 什么是公民？公民与法律有什么关系？

---

① 郑根成. 试论党的二十大报告中"人民"一词的三重含义 [J]. 常州大学学报（社会科学版），2023（9）.

第二章

认真学习习近平法治思想，培养公民法治思维

秦岭素有"国家中央公园"之称，是重要生态屏障。然而，一些人在秦岭北麓私建了上百套别墅，破坏山体，随意排放生活污水，甚至削平山坡，对生态环境造成严重破坏。从2014年5月到2018年7月，习近平总书记先后六次就"秦岭违建"作出重要批示指示。2018年7月，习近平总书记对秦岭违建别墅作出第六次批示，指出："首先从政治纪律查起，彻底查处整而未治、阳奉阴违、禁而不绝的问题。"当月下旬，中央专门派出中纪委领衔的专项整治工作组入驻陕西，与当地省、市、区三级政府联合开展针对秦岭违建别墅的整治行动。最终，清查出1194栋违建别墅；其中依法拆除1185栋、依法没收9栋；网上流传甚广的支亮别墅（实为陈路）全面拆除复绿；依法收回国有土地4557亩、退还集体土地3257亩；实现了从全面拆除到全面复绿；一些党员干部因违纪违法被立案调查。

"秦岭别墅事件"凸显了习近平法治思想中"以人民为中心""抓住领导干部这个'关键少数'"等核心要义。

第一节　习近平法治思想核心要义与理论精髓

习近平法治思想内涵丰富、论述深刻、逻辑严密、系统完备，是马克思主义法治理论中国化最新成果，是全面依法治国的根本遵循和行动指南。习近平同志在依法治县、依法治市、依法治省、依法治国、全面依法治国的领导实践中，坚持把握法治时代脉搏、提炼法治民族精神、绘制法治中国图谱，继承发展了马克思主义、毛泽东思想、邓小平理论、"三个代表"重要思想、科学发展观的法治理论，全面总结和深刻反思我国法治建设正反两方面的经验教训，汲

取古今中外法治思想精华，注重对新时代全面依法治国、建设法治中国新实践予以概念化、命题化、系统化，推动了马克思主义法治理论的中国化、当代化，创新发展了中国特色社会主义法治基本理论，系统阐释了中国特色社会主义法治的本质特征、发展道路、战略布局、重点任务、基本原则，科学回答了为什么要厉行法治、如何实行全面依法治国。①

习近平法治思想博大精深，其核心要义与理论精髓集中体现为"十一个坚持"。

一、坚持党对全面依法治国的领导

坚持党的领导是推进全面依法治国的根本保证。全面依法治国是要加强和改善党的领导，健全党领导全面依法治国的制度和工作机制，推进党的领导制度化、法制化，通过法治保障党的路线方针政策有效实施。党对全面依法治国的领导首先是战略上、道路上的领导，即确立全面依法治国的总目标、总抓手、总路线。

改革开放以来，党中央在每一个历史节点都为依法治国奠定了理论基础，指明了前进方向，确定了任务书、路线图、时间表。党的十八大强调法治是治国理政的基本方式，作出"全面推进依法治国"的战略决策，提出"科学立法、严格执法、公正司法、全民守法"新十六字方针。党的十八届四中全会制定了推进全面依法治国的顶层设计图、路线图、施工图，四中全会后制定了《法治政府建设实施纲要》。党的十九大对新时代推进全面依法治国提出了新任务，明确到2035年，法治国家、法治政府、法治社会要基本建成。党的十九大之后，中央全面依法治国委员会抓紧制定《法治中国建设规划》和《法治社会建设实施纲要》，出台了深入推进全面依法治国的新举措、新抓手。中央全面依法治国工作会议全面规划了未来一个时期法治中国建设的目标、任务和指标体系。这些目标任务的落实，离不开健全党领导全面依法治国制度和机制，离不开强化党在立法、执法、司法、守法、法治改革等方面的系统领导。

二、坚持人民主体地位

我国社会主义制度不仅保证了人民当家作主的主体地位，也保证了人民在全面推进依法治国中的主体地位。这是我们的制度优势，也是中国特色社会主

---

① 张文显. 习近平法治思想的理论体系 [J]. 法制与社会发展，2021，27（1）：5-54.

义法治区别于资本主义法治的根本所在。坚持以人民为中心，强调全面依法治国最广泛、最深厚的基础是人民，必须坚持为了人民、依靠人民。要把体现人民利益、反映人民意愿、维护人民权益、增进人民福祉、促进人民全面发展作为法治建设的出发点和落脚点，落实到全面依法治国各领域的全过程。

"以人民为中心"，主要体现为三条基本原则：

一是以人民权利为本位，以保护和保障人权和公民权利为目的。

二是以公平正义为法治的生命线，把公平正义作为融贯法治实践的核心价值，努力让人民群众在每一项法律制度、每一个执法决定、每一宗司法案件中都感受到公平正义。

三是要积极回应人民群众新要求新期待。把不断满足人民对美好生活的需要、促进民生改善作为法治工作的着力点，倾听群众呼声，反映群众愿望，回应群众诉求。

例如，20 世纪 80 年代中期，最高人民法院郑天翔院长为了解决法官的住房问题，跑财政、找城建，终于被准许在西交民巷建一幢六层的宿舍楼。当这幢楼房建到三层多的时候，相邻的老百姓为采光权向北京市西城区人民法院提起诉讼，送至西城区人民法院的起诉状副本上赫然书列"被告：中华人民共和国最高人民法院，法定代表人：郑天翔"。最终，西城区人民法院判决最高人民法院败诉，最高人民法院只好将第三层楼拆掉，只留了一幢两层的宿舍楼。最高人民法院那幢被拆的两层小楼虽然不在了，但它作为 20 世纪 80 年代中期我国司法独立和最高人民法院尊法守法的标志性建筑，将永远留在我们每一个中国公民的心中。①

三、坚持中国特色社会主义法治道路

社会主义法治道路本质上是中国特色社会主义道路在法治领域的具体体现。推进全面依法治国，决不能照搬别国的模式和做法，中国特色社会主义法治道路是建设社会主义法治国家唯一正确的道路，是从我国革命、建设、改革的实践中探索的，适合自己的法治道路。实践充分证明，中国特色社会主义法治道路，是适合中国国情、适合时代发展要求的法治道路，是推进全面依法治国、建设社会主义法治国家的唯一正确道路。在坚持和拓展中国特色社会主义法治道路这个根本性、方向性问题上，我们必须有自信、有底气、有定力，决不照

---

① 案例来自：郑天翔. 郑天翔司法文存［M］. 北京：人民法院出版社，2012：311.

搬别国模式和做法，坚决反对和抵制西方所谓的"宪政""三权鼎立""司法独立"等错误思潮。

四、坚持依宪治国、依宪执政

习近平同志指出："我国现行宪法是在党的领导下，在深刻总结我国社会主义革命、建设、改革实践经验基础上制定和不断完善的，实现了党的主张和人民意志的高度统一，具有强大生命力，为改革开放和社会主义现代化建设提供了根本法治保障。党领导人民制定和完善宪法，就是要发挥宪法在治国理政中的重要作用。"①

既然宪法是国家的总章程、根本法，是党长期执政的根本法律依据和治国理政的总依据，那么，依法治国首先就要依宪治国，依法执政首先就要依宪执政，全面贯彻实施宪法是全面依法治国的首要任务。坚持依宪治国、依宪执政对于确保宪法确定的中国共产党领导地位不动摇，宪法确定的人民民主专政的国体和人民代表大会制度的政体不动摇，具有重大意义。

党的十八大以来，在习近平法治思想的指引下，现行宪法第五修正案健全了宪法实施机制，全国人民代表大会依据宪法修正案组建了宪法和法律委员会，加强了对行政法规、地方性法规、司法解释以及其他规范性文件的合宪性审查，完善了宪法法律解释程序，设立了国家宪法日、宪法宣誓制度等，宪法实施提高到一个新的水平。

五、坚持在法治轨道上推进国家治理体系和治理能力现代化

国家治理体系是在党的领导下管理国家的制度体系，包括经济、政治、文化、社会、生态文明和党的建设等各领域体制机制、法律法规安排，即一整套紧密相连、相互协调的国家制度。

国家治理能力是运用国家制度管理社会各方面事务的能力，包括改革发展稳定、内政外交国防、治党治国治军等各方面。

国家治理体系与治理能力是一个有机整体、相辅相成。有了好的国家治理体系才能提高国家治理能力，提高国家治理能力才能充分发挥国家治理体系的效能。法治保障国家治理体系的系统性、规范性、协调性。

把信访纳入法治化轨道，是破解"信访不信法"这道难题的关键，是我国

---

① 习近平在第五个国家宪法日之际作出重要指示［EB/OL］. 中国政府网，2018-12-04.

治理能力现代化的充分体现。近年来，中央大力推行涉法涉诉信访工作改革，中共中央办公厅、国务院办公厅印发了《关于依法处理涉法涉诉信访问题的意见》，明确实行诉讼与信访分离制度，把涉法涉诉信访从普通信访事项中分离出去，由政法机关依法处理，各级信访工作机构和其他行政机关不再受理。这样一来，首先改革立案制度，畅通诉求渠道，做到有案必立、有诉必理；其次是完善了涉法涉诉信访省级政法机关依法终结制度。

六、坚持建设中国特色社会主义法治体系

建设中国特色社会主义法治体系，既是全面依法治国的总目标，又是全面依法治国的总抓手，对推进全面依法治国具有纲举目张的意义。

建设中国特色社会主义法治体系就是在中国共产党的领导下，坚持中国特色社会主义制度，贯彻中国特色社会主义法治理论，形成了完备的法律规范体系、高效的法治实施体系、严密的法治监督体系、有力的法治保障体系、完善的党内法规体系。

完备的法律规范体系要求坚持立法先行，发挥立法的引领和推动作用；坚持科学立法、民主立法、依法立法，提高立法质量和效率，让法律法规立得住、行得通、真管用；加强重点领域立法，加快完善体现权利公平、机会公平、规则公平的法律制度，保障公民人身权、财产权、基本政治权利等各项权利不受侵犯，保障公民经济、文化、社会等各方面权利得到落实；实现立法和改革决策相衔接，做到重大改革于法有据、立法主动适应改革和经济社会发展需要。

高效的法治实施体系是指执法、司法、守法等各环节有效衔接、协调高效运转、持续共同发力，实现效果最大化的法治实施系统。为了保证法律有效实施，必须建立高效的法治实施体系，防止法律沦为一纸空文。

严密的法治监督体系主要针对法治监督方面存在的监督目的不清晰、监督范围不明确、监督程序不健全、监督机制不完善，各种监督方式之间缺乏协同性，监督权威性、执行力公信力不高等突出问题，建立由党内监督、人大监督、民主监督、行政监督、司法监督、审计监督、统计监督、群众监督、舆论监督构成的更加严密的监督体系，形成强大的监督合力，同时要着力推进监督工作规范化、程序化、制度化，形成对法治运行全过程全方位的法治化监督体系。推进国家监察体制改革，实现对公权力的全覆盖。

法治保障体系包括坚持党的领导是社会主义法治的政治保障，坚持中国特

色社会主义制度是社会主义法治的制度保障，贯彻中国特色社会主义法治理论是社会主义法治的思想保障，坚持抓住领导干部这个"关键少数"是社会主义法治的组织保障，建设高素质的法治工作队伍是社会主义法治的人才保障，建立科学的法治建设指标体系和考核标准并有效实施是社会主义法治的运行保障，运用互联网、大数据、人工智能等智能科技手段是社会主义法治强大的科技保障。

完善的党内法规体系要求加大党内法规备案审查和解释力度，形成配套完备的党内法规制度体系。注重党内法规同国家法律的衔接和协调，提高党内法规执行力，运用党内法规把党要管党、全面从严治党落到实处，促进党员、干部带头遵守国家法律法规。

七、坚持依法治国、依法执政、依法行政共同推进，法治国家、法治政府、法治社会一体建设

依法治国、依法执政、依法行政是一个有机整体，关键在于党要坚持依法执政、各级政府要坚持依法行政。法治国家、法治政府、法治社会相辅相成，法治国家是法治建设的目标，法治政府是建设法治国家的重点，法治社会是构筑法治国家的基础。全面推进依法治国必须统筹兼顾，把握重点、整体谋划，共同推进法治国家、法治政府、法治社会一体建设。

习近平同志指出："依法治国、依法执政、依法行政是一个有机整体，关键在于党要坚持依法执政、各级政府要坚持依法行政。"① 党依法执政要增强依法执政意识，善于运用制度和法律治理国家，以法治的理念、法治的体制、法治的程序开展工作，改进党的领导方式和执政方式，推进依法执政制度化、规范化、程序化，提高党科学执政、民主执政、依法执政水平。

政府依法行政是重点，要规范行政决策程序，加快转变政府职能，坚持法定职责必须为、法无授权不可为，健全依法决策机制，完善执法程序，严格执法责任，用法治给行政权力定规矩、划界限，做到严格规范公正文明执法。

八、坚持全面推进科学立法、严格执法、公正司法、全民守法

党的十八大以来，习近平同志对科学立法、严格执法、公正司法、全民守法的学理内涵和法治原则进行了深刻而清晰的论述。在全面依法治国大格局中，

① 推进全面依法治国必须坚持系统观念［EB/OL］.中国共产党新闻网，2022-11-18.

科学立法是全面依法治国的前提，严格执法是全面依法治国的关键，公正司法是全面依法治国的重点，全民守法是全面依法治国的基础。这四项重点任务的意义在于：科学立法保证良法善治，严格执法维护法律权威，公正司法确保公平正义，全民守法提振社会文明。

（一）科学立法保证良法善治

全面依法治国，科学立法是基础。习近平同志强调"科学立法"，是为了提高立法质量。习近平总书记明确指出："人民群众对立法的期盼，已经不是有没有，而是好不好、管用不管用、能不能解决实际问题；不是什么法都能治国，不是什么法都能治好国；越是强调法治，越是要提高立法质量。"①

提高立法质量，关键在于：一要尊重和体现客观规律，使法律准确适应改革发展稳定需要，积极回应人民期待，更好协调利益关系。二要坚持问题导向，切实提高法律的针对性、及时性、系统性、协调性，发挥立法凝聚共识、统一意志、引领公众、推动发展的作用。三要注重增强法律的可执行性和可操作性，努力使每一项立法都符合宪法精神、反映人民意愿、得到人民拥护，使法律法规立得住、行得通、切实管用。四要坚持立改废释并举，全方位推进立法工作，特别是重点领域、新兴领域、涉外领域立法，着力建立健全国家治理急需的法律制度、满足人民日益增长的美好生活需要必备的法律制度。五要坚持民主立法、科学立法、依法立法，完善立法体制和程序，确保立法质量和效率。

（二）严格执法维护法律权威

习近平同志一贯强调严格执法，他指出："法律的生命力在于实施，法律的权威也在于实施。'法令行则国治，法令弛则国乱。'各级国家行政机关、审判机关、检察机关是法律实施的重要主体，必须担负法律实施的法定职责，坚决纠正有法不依、执法不严、违法不究现象，坚决整治以权谋私、以权压法、徇私枉法问题，严禁侵犯群众合法权益。"②

他还指出，现实生活中出现的很多问题，往往同执法失之于宽、失之于松有很大关系。有的政法干警执法随意性大，粗放执法、变通执法、越权执法比较突出，要么有案不立、有罪不究，要么违规立案、越权管辖；有的刑讯逼供、

---

① 良法善治开新篇：以习近平同志为核心的党中央引领建设中国特色社会主义法治体系纪实 [N]. 人民日报，2023-03-15 (1).

② 时亮. 法令行则国治 [N]. 光明日报，2016-12-22 (2).

滥用强制措施；有的办关系案、人情案、金钱案，甚至徇私舞弊、贪赃枉法；等等。对违法行为必须严格尺度、依法处理、不能迁就。否则，就会产生"破窗效应"。

（三）公正司法确保公平正义

司法是维护社会公平正义的最后一道防线。公正司法，就是受到侵害的权利一定会得到保护，违法犯罪活动一定会受到制裁和惩罚，人民群众在每一个司法案件中都能感受到公平正义。如果人民群众通过司法程序不能保障自己的合法权利，司法就没有公信力，人民群众也不会相信司法。司法是定纷止争的最后一道防线。所以，司法必须发挥法律本来应该具有的定纷止争的功能和终结矛盾纠纷的作用。

（四）全民守法提振社会文明

全民守法，就是全国各族人民、一切国家机关和武装力量、各政党和各社会团体、各企业事业组织，都必须以宪法和法律为根本活动原则，并负有维护宪法和法律尊严、保证宪法和法律实施的职责。任何组织或者个人，都不得有超越宪法和法律的特权。一切违反宪法和法律的行为，都必须予以追究。在当前社会转型、矛盾凸显的形势下，要引导全体人民通过法律程序来合理表达诉求、依法维护权利、文明解决纷争；要努力培育社会主义法治文化，在全社会形成尊法、学法、守法、用法、护法的良好氛围。

九、统筹推进国内法治和涉外法治，协调推进国内治理和国际治理

在当今世界百年未有之大变局的时代背景下，在日益复杂多变的国际环境中，习近平同志高瞻远瞩、审时度势，及时提出"协调推进国内治理和国际治理"，"统筹推进国内法治和涉外法治"，使两者相互促进、相得益彰，依法维护国家主权、安全、发展利益，坚决维护国家主权、尊严和核心利益。在国内法治和涉外法治两个大局中，涉外法治明显是短板、是弱项。所以，习近平同志强调指出，要加快涉外法治工作战略布局，强化法治思维，运用法治方式，综合运用立法、执法、司法等手段开展涉外斗争，有效应对挑战、防范风险。例如，健全外商投资国家安全审查、反垄断审查、国家技术安全清单管理、不可靠实体清单等制度，提高应对境外安全风险能力和反制能力。以"一带一路"等我国海外利益密集、海外安全问题突出的地区为重点，建立健全海外法律和安全风险的评估与防范机制，确保我国海外投资安全。加强专门法院、仲裁机构、调解组织建设，提高涉外案件司法裁判水平，提高商事争端纠纷仲裁和调解的效果和公信力。要研究不同法系、不同国家的法律，特别要熟悉大国的法律体系和执法司法程序，掌握法律博弈的主动权和法理制高点。

统筹推进国内法治和涉外法治，要秉持共商共建共享的全球治理观，着力推动国际关系法治化。习近平同志指出，法治是人类文明和进步的重要标志，建立国际机制、遵守国际规则、追求国际正义正在成为多数国家的共识。顺应这个时代潮流，"我们应该共同推动国际关系法治化。推动各方在国际关系中遵守国际法和公认的国际关系基本原则，用统一适用的规则来明是非、促和平、谋发展。'法者，天下之准绳也。'在国际社会中，法律应该是共同的准绳，没有只适用他人、不适用自己的法律，也没有只适用自己、不适用他人的法律。适用法律不能有双重标准。我们应该共同维护国际法和国际秩序的权威性和严肃性，各国都应该依法行使权利，反对歪曲国际法，反对以'法治'之名行侵害他国正当权益、破坏和平稳定之实。"①

要积极参与国际规则制定、有效主导国际重要立法，善于在国际规则制定中清晰地表达中国立场，发出更多中国声音、注入更多中国元素，努力在全球治理中抢占先机、赢得主动。

要积极参与和支持国际执法、国际司法、国际仲裁，参与国际法律服务，积极开展法律外交，使国内法治、涉外法治与国际法治形成合力，为全面建设社会主义现代化国家、实现中华民族伟大复兴的中国梦创造更加良好的法治环境。

十、坚持建设德才兼备的高素质法治工作队伍

党的十八大以来，习近平同志把法治队伍建设作为全面依法治国的重大战略问题提出来，并进行了系统而深刻的论述。全面推进依法治国，首先要把专门法治工作队伍建设好。

"专门法治工作队伍"主要包括在人大和政府从事立法工作的人员，在行政机关从事执法工作的人员，在司法机关从事司法工作的人员。要按照政治过硬、业务过硬、责任过硬、纪律过硬、作风过硬的要求，推进法治专门队伍革命化、正规化、专业化、职业化，确保做到忠于党、忠于国家、忠于人民、忠于法律。

① 习近平出席和平共处五项原则发表60周年纪念大会并发表主旨讲话［EB/OL］. 新华网，2014-06-28.

这三支队伍既有共性，又有个性，都十分重要。

立法是为国家定规矩、为社会定方圆的神圣工作，立法人员必须具有很高的思想政治素质，具备遵循规律、发扬民主、加强协调、凝聚共识的能力。执法是把纸面上的法律变为现实生活中活的法律的关键环节，执法人员必须忠于法律、捍卫法律、严格执法、敢于担当。司法是社会公平正义的最后一道防线，司法人员必须信仰法律、坚守法治，端稳天平、握牢法槌，铁面无私、秉公司法。此外，律师队伍和法学教育工作队伍也是依法治国的重要力量。习近平同志指出，要大力加强律师队伍思想政治建设，把拥护中国共产党领导、拥护社会主义法治作为律师从业的基本要求，教育引导律师等法律服务工作者坚持正确政治方向，依法依规诚信执业，认真履行社会责任。

十一、坚持抓住领导干部这个"关键少数"

习近平同志反复强调："全面依法治国，必须抓住领导干部这个'关键少数'。"① 抓住领导干部这个"关键少数"首先是因为"领导干部具体行使党的执政权和国家立法权、行政权、监察权、司法权，是全面依法治国的关键"②。"党领导立法、保证执法、支持司法、带头守法，主要是通过各级领导干部的具体行动和工作来体现、来实现"③。因而，各级领导干部在很大程度上决定着全面依法治国的方向、道路、进度。

其次是因为"广大干部群众的民主意识、法治意识、权利意识普遍增强，全社会对公平正义的渴望比以往任何时候都更加强烈，如果领导干部仍然习惯于人治思维、迷恋于以权代法，那十个有十个要栽大跟头"④。

最后是因为法治思维和法治方式只有通过领导干部的具体行为和活动，才能化为真正的法治力量和法治活力，他们是依法治国重点任务的贯彻执行者，也是社会公平正义、人民权利保障的关键落实者。

---

① 习近平. 全面依法治国必须抓住领导干部这个"关键少数" [EB/OL]. 中国军网，2015-02-02.

② 周佑勇. 以制度力量推动领导干部带头厉行法治（人民观察）[N]. 人民日报，2023-09-22（9）.

③ 周佑勇. 以制度力量推动领导干部带头厉行法治（人民观察）[N]. 人民日报，2023-09-22（9）.

④ 田培炎. 建设法治中国的行动指南 [EB/OL]. 中国共产党新闻网，2021-03-16.

第二节　公民法治思维养成

习近平法治思想内涵丰富、论述深刻、逻辑严密、系统完备，是马克思主义法治理论中国化的最新成果，是全面依法治国的根本遵循和行动指南。习近平法治思想从历史和现实相贯通、国际和国内相关联、理论和实际相结合中深刻回答了新时代为什么实行全面依法治国、怎样实行全面依法治国等一系列重大问题，体现了深远的战略思维、鲜明的政治导向、强烈的历史担当、真挚的为民情怀。

作为中华人民共和国公民，理应认真学习习近平法治思想，不仅要了解法律，还要能运用法律，培养法治思维，运用法治思维处理生活、工作中遇到的各种问题与矛盾，用法治的方式解决问题，为平安中国、法治中国建设贡献自己的力量。

一、法治思维概述

法治思维是诸多理性思维方法中的一种。与其他思维方法不一样，法治思维要求公民学法、用法、尊法、守法，自觉在法律规定的范围内活动。换句话说就是要领会法律的精神，运用法律的原则、适用法律的规定，分析、思考、判断各种社会问题，最后在法律允许的范围内解决问题。法治思维的养成有以下重大意义。

（一）法治思维有利于公民理性对待自己的权利与义务

对法律内容的认知与理解将会使公民在做出行为前，依据规则判断自己是否有权利作出该行为，由此行为所产生的可能后果是什么，自己能否承受由此行为带来的各种可能后果等，进而理性选择作为还是不作为。据此培养公民的法治思维可以使公民理性对待自己的权利与义务，深刻理解权利与义务的不可分性，从而由规则的被动执行者转变为规则的主动遵守者，使公民依法参与管理国家事务、经济社会文化事务以及提高处理自身事务的能力。

（二）法治思维是维护个人合法权利的重要保障

因为出差，乔占祥购买了两张火车票。根据当时铁道部最新发布的《关于2001 年春运期间部分旅客列车实行票价上浮的通知》，这两张火车票比《通知》

发布之前多花了九元。乔占祥觉得春运火车票涨价有问题，向铁道部提起行政复议，要求铁道部说明春运火车票涨价的合法性并提供合理性依据。铁道部做出答复后，乔占祥对答复不满意，以铁道部未就春运涨价召开听证会为由，将铁道部和北京、上海、广州三家铁路局列为共同被告，起诉至北京市第一中级人民法院，请求法院确认三被告的行为违法。尽管最终败诉（一审驳回起诉、二审维持原判），但乔占祥觉得输赢不重要，案件能开庭，就意义重大。因为它能唤醒公众维护自身权益的意识和行政机关依法行政的意识，同时也能促进我国行政诉讼法律的日趋完善。①在众多"乔占祥"的共同努力下，2007 年，铁道部宣布春运火车票不涨价。

（三）法治思维是避免个人违法犯罪的最好手段

反过来讲，如果没有法治思维，采取极端手段维权的话，不仅无法维护权益，甚至自己也可能因违法犯罪付出沉重代价。1985 年，浙江温州苍南农民包郑照一家准备建房，当地生产大队同意建房，前提是需要主管部门审批同意。包郑照一家在没有得到舥艚镇城市建设管理办公室和舥艚镇镇政府批准的情况下，在该镇东面的河滩上盖起了三间三层楼高的房屋，并办理了相关手续。2 年后，县水利部门认定其房屋是违章建筑，被苍南县人民政府强制拆除。包郑照一家认为政府的强拆行为侵犯了自己的合法权益，以苍南县人民政府为被告，向温州市中级人民法院提起诉讼，要求被告赔偿经济损失。尽管一审、二审都败诉，但包郑照说，相信法律，服从法院的判决。②一群没有接受过任何正规法律教育的普通农民敢于拿起法律武器维护自身权益，其行为被社会各界普遍认为是公民权利意识的觉醒。包郑照本人也因为新中国第一例"民告官"案例被记入中国法律制度史，同时他的行为还推动了我国第一部行政诉讼法③的诞生。反过来，如果当时包郑照拿起的不是法律武器而是"炸药包"，那么包郑照的结局不言而喻。

（四）法治思维是青少年身心健康成长的重要保证

2019 年 7 月 13 日，宁夏回族自治区银川市永宁县公安局接到群众报警，该

---

① 改编自：胡庆波. 状告"铁老大"，律师的法治接力棒［J］. 法律与生活，2014（21）：56-58.

② 改编自：苍南百事通：【深度解密】包郑照一家诉苍南县人民政府强制拆除案［R/OL］. 搜狐网，2018-08-01.

③ 1989 年 4 月，第七届全国人民代表大会第二次会议通过《中华人民共和国行政诉讼法》。

县望远镇政权村十二组 6 岁女孩李某某走失，请求警察协助查找。第二天，在该村一座废弃的土房内发现了李某某的尸体。公安局侦查发现，被害人是他杀，凶手苏某一（现年 12 岁）是死者的亲戚。据犯罪嫌疑人苏某一交代，在玩耍的过程中，李某某不慎从木架子上摔下来，头部着地，当场昏迷。因为害怕李某某醒过来向家长告状，就用一块木板击打李某某的头部，致使被害人当场死亡。①

2015 年 7 月 2 日，失踪三天的女工苏某梅的尸体被发现装在蛇皮袋里，放在工厂宿舍的床底。凶手是死者的前工友，15 岁的张某龙。张某龙与苏某梅平时相处得还算融洽，张某龙想向被害人借 200 元，被害人不仅拒绝借钱，还说了一句"没家教"，并提醒他要好好做人，不要整天不务正业。② 就是这句话导致张某龙起了杀人的念头，最终残忍地杀了被害人。

这两个案件的犯罪嫌疑人均是未成年人，尽管年纪不大，但是视生命如草芥，做事情不计后果，随心所欲，胆大妄为。因此培养法治思维应该尽早，最好从青少年抓起，大学阶段应该强化，否则成年之后不仅不能为祖国建设添砖加瓦，甚至可能做出危害社会、危害国家、伤害他人的行为。

大学生是社会主义建设的接班人，更要加强法治思维的培养。只有学会理性处理各种问题，才可能更好地解决学习、生活、工作中的各种问题，避免付出不必要的代价。

二、法治思维的种类

（一）规则思维

规则思维是指在处理和解决问题的时候，用既定的规则来判断、甄别事物，用客观理性来处理结果，而不是以个人的情绪随意进行判断。一句话就是讲规矩，按照规章制度办事。具体而言，规则思维就是要求按既定的规则办事。良好的规则可以让每个人预期自己行为的结果，可以合理选择自己的行为、避免个人意志的左右，避免特权。规则思维中法律规则思维与道德规则思维是大学生应该培养的具体规则思维。规则思维包括法律规则思维与道德规则思维两种。

---

① 改编自：川报观察：可怕！女童跌落昏迷，12 岁同伴怕受责罚将其打死 [EB/OL]. 搜狐网，2019-07-18.

② 改编自：刘辉龙，张阳晨. 东莞 15 岁少年杀人藏尸床底 原因竟是被骂没教养 [N]. 南方都市报，2015-07-09.

法律规则是国家立法机关制定或认可的有关作为或不作为的强制性规定。法律规则思维是规则思维的主要内容。法律具有一定的稳定性，人们根据稳定的法律规则能准确判断行为后果，进而在作为与不作为之间加以取舍，从而选择正确的行为方向。

道德规则尽管无言无形、看不见、摸不着，却通过舆论等各种力量调整人与人之间的关系、社会关系、个人与国家之间的关系。因为道德是一种观念、一种社会意识形态，是在漫漫历史长河中逐渐形成、发展而来。道德与法律的不同是，道德是高要求，法律是低标准。法律不能强人所难，法律规定的规则要求大多数人都能够做到；而道德的要求相对较高，大多数人无法做到。

规则思维首先要有规则。"无规矩不成方圆"，通过规则可以约束整个社会、规范每个个体，从而达到稳定秩序，实现社会公平、公正的目的。其次，规则要科学、合理。判断规则是否科学的标准，一是能否合理解释规则；二是能否通过规则预测客观事物规律。合理，顾名思义就是合乎道理或者事物发展的规律。判断规则是否合理则是通过规则能否满足个体与整体的发展规律来判断。好的规则，可以使个体与整体同时得到提高；如果个体与整体不和谐时，好的规则可以促使个体与整体协调，进而达到共同提高的目的。再次，严格按规则办事，任何单位、个人不能随意突破规则的规定。最后，要知道违反规则的后果。知道违反规则之后的结果，对于行为人而言，无疑是最好的行为风向标。违反不同的规则，带来的后果不同。违反道德规则更多的是受到舆论谴责、内在良心的自责；违反党规党纪，最多按照党规党纪处罚；但是如果违反法律的规定，尤其是违反类似刑法这样的规定，带来的后果轻则失去财产、某种资格、人身自由，重则失去生命。

（二）宪法法律至上思维

宪法的内容体现了党和人民的共同意志，因此宪法是国家法律体系中处于基础地位的根本法。全体公民、法人、非法人组织都必须以宪法规定为根本活动准则。法律包括宪法在内是国家立法机关按照严格的立法程序制定，由国家强制力保证全体成员遵守的行为规范的总和。

宪法法律至上思维要求公民、法人、非法人组织遇到问题、解决问题时，要首先考虑是否符合宪法和法律的规定；任何组织和个人都不得超越宪法和法律规定的范围，否则要承担相应的法律责任。

宪法法律至上思维包含三方面意思。一是指宪法至上是宪法法律至上的核心；二是指公民、法人、非法人组织、国家机关及其工作人员等要严格按照宪法、法律的规定办事；三是指凡是违反宪法、法律的行为一概无效，必要的时候还要承担不利的法律责任。

（三）权力制约思维

权力制约思维是指国家机关及其工作人员在职务活动中应该严格遵守宪法、法律的规定，深刻认识到"法无授权不可为""法有授权必须为"，要求国家机关及其工作人员在履行职务的过程中必须依法行政，不得越权或者滥用职权。

我国权力制约的方式多样，主要以监督为主。不同的分类，监督方式不同。从监督者与被监督者的关系来看，分为内部监督与外部监督。内部监督包括国家最高权力机关对其他国家权力机关的监督以及国家机关彼此之间的监督；外部监督包括公民权利对国家权力的监督以及新闻舆论的监督等。从监督的主体来分，可以分为党内监督、人大监督、民主监督、行政监督、司法监督、审计监督、公民监督、新闻舆论监督等。

权力制约思维要求。

第一，权力法定。国家机关及其工作人员的权力必须按照法律的规定行使，法律有规定的必须遵守，法律有规定的不能违反，法律有规定的才可以做，法律没有授权的不可以做。

第二，合理行政。要求国家机关及其工作人员在执行职务的过程中，实施的行政行为应该客观、适当、合乎常情、符合常理。合理行政包括三方面原则要求：公平公正原则①、关联性原则②、谦抑性原则③。

第三，诚实守信。这是构建法治政府的前提与基础。诚实守信首先要求政府说话算话，言出必行。如果政府不守诚信，必然会影响政府威信。其次，政府应该说真话，凡是政府通过正常渠道公布的信息应当全面、准确、真实；凡是政府的行政决定，一经作出，不得随意更改、撤销，如果确实要更改、要撤销，也应该按照法定程序更改、撤销；因行政行为的更改、撤销给相对人造成

---

① 要求国家机关及其工作人员在职务活动中，对待相对人要公平、公正、不歧视，同等情况，同等对待。

② 要求国家机关及其工作人员做出职务行为时，只能考虑与法律规范的适用相关的因素，不考虑与其他不相关的因素。

③ 要求国家机关及其工作人员在职务活动中采取的手段必须是必要的，在所有可选择手段中选择最温和、损失最小的手段；职务行为所带来的负担不能超过职务行为带来的公共福祉。因此该原则又称必要性原则。

损失的，政府应该承担赔偿责任。

第四，程序正当。这要求行政机关应当依照法定程序作出行政行为，违反法定程序的行政行为应当撤销。相对于实体而言，程序的演进过程更容易做到公开与透明，更容易经得起公众的质疑与检验，因此程序正当更容易得到保障；只有保证程序正当才有可能实现实体正义。

第五，高效便民。高效便民要求政府不仅要坚决杜绝行政不作为和行政乱作为，还要特别强调遵守法定期限的重要性。禁止政府行为随意超越法定期限或者不合理拖延，因为迟来的正义不仅不是正义，甚至还有可能出现更大的悲剧。

第六，权责一致。权责一致是法律赋予政府在履行管理职责的过程中有相应的执法手段，以保证政令有效，但同时要求政府违法或者不当行使职权时要依法承担法律责任。

第七，权利制约权力。权利制约权力要求国家机关行使职权时，不得侵犯法律赋予公民的权利及利益。根据法律的规定，公民的权利除非公民自愿放弃，否则任何其他公民、法人、国家机关如果实施了侵犯公民合法权利的行为，公民有权利通过司法、行政等方式寻求救济，追究责任人的法律责任。

（四）公平正义思维

公平正义思维就是指公民在追求正当利益时，要有权利公平、机会公平、规则公平、救济公平的思维与理念；如果发现存在不公平、不正义的行为，应该通过法律途径维护自己的合法权益，而不是铤而走险或者任人宰割。

公平正义的实现离不开公共权威。只有以政府为核心的政权机构倡导公平正义、奉行公平正义、主张公平正义，国家和社会才有机会实现公平正义。社会生活中的公平正义包括权利公平、机会公平、规则公平以及救济公平，因此与此相对应的公平正义思维具体包括权利公平思维、机会公平思维、规则公平思维和救济公平思维。

权利公平是指权利主体法律地位平等。国家平等地对待每个权利主体，每一个权利主体享有的权利内容平等、权利保护和权利救济平等。

机会公平是指生活在同一社会中的成员拥有相同的发展机会和发展前景，反对任何形式的歧视。机会公平的实质是每个人在相同条件下能够受到同等对待。机会平等至少应该做到表面的平等，如果连表面的平等都不能保证，实质平等必然无法保证。

规则公平是指对所有人适用同一的规则和标准，不得因人而异，不能搞

"双标"或者"多标"。包括法律规则面前人人平等、法律内容面前人人平等和法律保护面前人人平等。任何人不得享有法律规定之外的特殊权利,任何人不会被法律规定排除在保护范围之外。现实生活中规则公平表现为形式公平与实质公平。"法律面前人人平等"是法律赋予每一个公民形式上的公平。因为个体差异等原因,事实上不是所有人都有能力平等地享有法律赋予的权利、平等地承担法律赋予的义务。因此为了实现实质公平,保证每一个公民都能够享有法律赋予的权利,法律必须向某些人倾斜或者制定特别法保护弱者,通过对弱者的特别保护,使弱者在某些领域与强者法律地位实质平等。

救济公平是指权利受到侵害或处于弱势地位的公民有权得到平等有效的帮助。救济公平包括司法救济公平、行政救济公平以及社会救济公平。

司法救济公平要求司法要公正对待每一个当事人,致力于实现司法公正,让每一个公民不管被害人、被告人、原告、被告、证人都能从每一个案件中感受到公平与正义。

行政救济公平要求国家行政机关平等对待需要救济的社会成员;相同的情况,提供相同的救济服务内容,不得区别对待。

社会救济是指国家和社会为保证每个公民能够维持作为一个人应该享有的最基本、有尊严的物质生活水平,而对贫困者提供物质帮助。包括自然灾害救济、失业救济、孤寡病残救济和城乡困难户救济等。

（五）权利保障思维

权利保障思维是指公民要依法保障自己的权利不受非法侵犯;一旦权利被非法侵犯,公民应该依照法律的规定维护自己的合法权利。权利保障思维要求如下。

1. 立法保障

立法保障包括制定宪法和其他法律予以保障。首先,宪法保障。宪法是基本法,凡是与宪法相抵触的法一概无效。宪法的规定能够凸显国家立法机关尊重和保障人权的鲜明态度,因此宪法明确列出应予保障的公民基本权利清单理应得到其他部门法的具体保护。以宪法为核心,确立保障公民权利的有效机制,能够推动整个国家和法律体系强化对公民权利的保障力度。具体而言,我国宪法保障公民享有以下六项权利:政治权利、人身权利、财产权利、社会经济权利、宗教信仰自由和文化权利。其次,其他法律保障。宪法保障是权利保障的前提与基础,明确了国家尊重和保障公民权利的态度,列明公民基本权利清单。

但是宪法是国家基本法，需要调整、规范的领域广泛而不具体，因此需要国家各级立法机关通过制定具体的法律规定予以补充。通过层层立法机关的立法，进一步完善对公民、法人、非法人组织的权利保障。

2. 行政执法保障

行政执法保障是公民权利保障的关键环节。行政机关在行使行政管理权的过程中，必然要涉及行政相对人的利益，因此行政机关在执法中稍有不慎，就可能损害或侵犯公民的合法权利。因此公民权利保障关键在于行政机关的执法行为正当、合理。

3. 司法保障

司法是国家司法机关及其工作人员依照法律的规定，按照法定程序处理案件的专门活动。司法不仅是解决公民个人之间权利纠纷的有效渠道，也是防范、遏制国家行政机关侵犯公民权利的强有力手段之一。由于以国家强制力为后盾，因此司法机关作出的裁决，非经法定程序不得推翻，司法保障也因此被认为是公民、法人、非法人组织权利保障的最后防线。

（六）正当程序思维

正当程序思维是要求国家机关、公民、法人养成按照法律规定的步骤、方式、方法处理问题的思维方式。事实上，程序是预先设定的，不可能为某人量身定做，也不可能事先安排。国家机关只要严格按照法律程序处理案件，结果就能够体现公平、公正，具有公信力和权威性，容易被当事人、相对人接受；公民、法人、非法人组织只有按照法定程序办事、处理纠纷，才能维护自己的合法权益。

正当程序思维的具体要求包括程序合法、程序中立、程序参与、程序公开、程序时限、程序优先六项。

1. 程序合法，是指程序运行要符合法律的既有规定，有关机关或个人不得违反或变相违反法律的规定。

2. 程序中立，是指法律程序从设计到运行都不应当偏向其中参与程序的任何一方，而是平等地对待任何程序参与者，给予参与者平等的权利与义务。程序中立能最大限度地保证结果公平，能以看得见的方式实现公平、正义。程序中立包括程序应该预先设置、设立的程序应该中立、程序设定者应该保持中立三方面。

3. 程序参与，是指案件或纠纷的利害关系人可以进入办案程序，根据程序的规定，向有关机关充分表达自己的利益诉求和意见主张，使相关机关或工作人员能全面了解事实真相，分清是非曲直，为公正、合理解决问题发挥积极的作用。社会公众对影响自己利益的公共事务，应当有知情权、表达权、监督权。然而公众享有知情权、表达权、监督权的前提是要参与案件程序的推进。只有利害关系人亲自参与到程序中来，才有机会了解程序的进展、问题解决的进度，才有机会表达自己的诉求与愿望，才能对相关事务进行监督。因此，充分参与是保证程序正当的前提与基础。

4. 程序公开，是指程序运行的整个过程和最终结果应当向所有当事人和全社会公开，以便接受国家、社会、当事人各方监督，防止办案不公和暗箱操作的情况发生。阳光是最好的防腐剂，程序公开的目的就是增强国家机关及其工作人员职务活动的透明度，方便社会公众监督。程序公开包含三方面的要求：公开规则的制定过程、公开规则的适用过程、公开规则适用的结果。

5. 程序时限，是指程序必须在合理的期限内运行，不得无故拖延或者没有终结，目的在于推动矛盾纠纷的及时处理，彻底解决案件久拖不决的问题，早日实现公平、正义。西方有一句法谚："迟来的正义是非正义"，意思是说符合时间成本和效率原则要求的程序才是合理、科学的程序，才能体现程序正义，迟来的正义没有实际意义。程序时限要求国家机关、政府部门及时处理问题，尽早给当事人一个说法，任何理由的拖拉、推诿都是失职、渎职的表现。

6. 程序优先，是指程序的解决必须先于实体问题解决。由于程序相对于实体而言更透明，国家更容易保证程序的公平公正，更容易从程序的角度判断问题处理的是否公平、正义，因此程序应该比实体优先。程序优先思维是我国实现依法治国的思想前提与基础。程序优先包含两方面：一是程序问题与实体问题并存的情况下，程序问题适当优先考虑；二是实体目标与程序原则相抵触时，应坚持程序优先。

（七）国际法治思维

因为各国的文化、思想、历史发展、价值观不同，各国的国际法治思维的具体要求不同。中国的国际法治思维的独特之处在于将法治思维的基本要求和规则贯穿于国家内政与对外交往当中。前者如立法（包括国内立法或者签订、认可国际条约、国际惯例）、执法、司法、公民守法等环节；后者如制定外交政策、进行对外往来等，以维护国际秩序的稳定、维护国家主权，保障国家利益。

具体而言，我国在制定国内法的时候，尽量避免与现有的成文的国际法规则相冲突，加入国际条约时，要考虑条约的有关规定与国家利益、人民利益、国家基本法是否相冲突，如果相冲突则应予以保留，不接受相关规定。对外交往中，我国不仅要严格恪守国际法规则，而且要敢于与违反、践踏国际法原则、规则的人、国家，甚至国际组织做斗争，以维护国家主权、国家利益，维护国际法的尊严与权威。在司法实践中，尤其是在涉外民商事纠纷中，人民法院法官适用法律时，不仅要考虑是否违反国内法的规定，还要考虑是否符合国际条约的规定。在国内法没有规定、国际条约也没有规定的特殊情况下，法官还要考虑不成文的国际惯例。

国际法治思维要求：各国不分大小、强弱、贫富，主权一律平等；禁止武力解决国际争端；不干涉他国内政；坚持正确的义利观；善意履行国际义务；维护以联合国为核心的全球治理机制，充分发挥联合国的作用，实现国际法治，维护国际和平与安全；秉持新型全球治理观，努力推动全球治理体系民主化、法治化，最终实现全球共赢；努力构建人类命运共同体，保护基本人权。

三、公民法治思维养成路径

高校是我国依法治国的重要阵地，大学生是未来的社会主义建设者与接班人，因此大学生法治思维的培养与践行关系到法治国家、法治政府、法治社会建设，关系到依法治国的全面推进。大学生法治思维的培养不能纸上谈兵，也不是一朝一夕能够速成的，而是需要长时间、有意识地引导与培养；要将"讲证据、讲程序、讲法律、讲法理"等具体做法与要求融入大学生法治思维的培养中去。具体来说就是：首先，通过学习法律知识，掌握好基本法律方法。其次，积极参与法律实践，逐渐养成尊法、守法的好习惯。最后，牢牢守住法律底线，不仅自己要守法，还要监督、帮助别人守住法律底线。

思考题

1. 试述习近平法治思想的核心要义与理论精髓。

2. 公民应该具备哪些法治思维？

3. 如何培养公民的法治思维？

4. 结合学习工作、生活，假如你的权利被侵犯，你将会采取什么措施维护自己的权利？

第二编 02

| 权利与自由 |

公民的权利与自由从宪法的角度可以分为：政治权利与自由、人身权、财产权、婚姻家庭继承权、文化教育权和社会经济权六种。

第三章

公民政治权利和自由的法律保护

公民政治权利和自由是指公民依据宪法和法律的规定，作为国家政治生活主体依法享有的参加国家政治生活的权利和自由，是国家为公民直接参与政治活动提供的基本保障。

根据宪法的规定，我国公民享有以下政治权利和自由：公民选举权与被选举权；公民担任国家机关职务，担任国有公司、企业、事业单位和人民团体领导职务权利以及公民言论、出版、集会、结社、游行、示威权利。

由于言论、出版、集会、结社、游行、示威是公民表达自己政治意愿的方式，因此又称为表达权。

第一节　公民选举权和被选举权

吴某某32岁，2003年6月12日将户籍从L乡中心小学迁入L村，成为该村非农业户籍的村民。L村历届村民委员会换届选举时，都将吴某某登记为选民。但是2003年6月L村村委会依法进行换届选举时，吴某某未被登记为该村选民。吴某某向L村村民选举委员会提出申诉。该选举委员会认为，按照F省民政厅下发的《村民委员会选举规程》中关于"户籍在本村管理的其他非农业户籍性质人员不做选民资格登记"的规定，吴某某不能在本村登记。于是2003年6月29日选举委员会作出处理决定：对吴某某的选民资格不予登记。吴某某不服处理决定，向L省P县人民法院起诉。[①]

---

① 法院根据《宪法》第三十四条和《福建省村民选举委员会选举办法》第十一条的规定，撤销P县L乡L村村民选举委员会做出的对起诉人吴某某选民资格不予登记的决定。

选举权是公民选举国家权力机关的代表与其他公职人员的权利；被选举权则是公民被选任为国家权力机关的代表或其他公职人员的权利。

为了保护公平的选举权与被选举权，1979 年 4 月，全国人民代表大会通过了《中华人民共和国全国人民代表大会和地方各级人民代表大会选举法》，该法于 1980 年 1 月 1 日正式实施。其后经过 1982 年、1986 年、1995 年、2004 年、2010 年、2015 年、2020 年 7 次修改。①

一、公民享有选举权与被选举权的前提条件

宪法第三十四条规定："中华人民共和国年满十八周岁的公民，不分民族、种族、性别、职业、家庭出身、宗教信仰、教育程度、财产状况、居住期限，都有选举权和被选举权；但是依照法律被剥夺政治权利的人除外。"因此公民享有选举权和被选举权的前提条件是：

（一）年满十八周岁；

（二）具有中华人民共和国国籍；

（三）没有被剥夺政治权利。

二、公民行使选举权与被选举权的方式

（一）成立选举委员会

全国人民代表大会常务委员会主持全国人民代表大会代表的选举。省、自治区、直辖市、设区的市、自治州的人民代表大会常务委员会主持本级人民代表大会代表的选举。不设区的市、市辖区、县、自治县、乡、民族乡、镇设立选举委员会，主持本级人民代表大会代表的选举。

选举委员会的职责主要是划分选举本级人民代表大会代表的选区，分配各选区应选代表的名额；进行选民登记，审查选民资格，公布选民名单；受理对选民名单不同意见的申诉，并作出决定；确定选举日期；了解核实并组织介绍代表候选人的情况；根据大多数选民的意见，确定和公布正式代表候选人名单；主持投票选举；确定选举结果是否有效，公布当选代表名单；法律规定的其他职责。选举委员会应当及时公布选举信息。

---

① 全国人民代表大会常务委员会关于修改《中华人民共和国全国人民代表大会和地方各级人民代表大会选举法》的决定［EB/OL］. 新华网，2021-10-28.

（二）划分选区

不设区的市、市辖区、县、自治县、乡、民族乡、镇的人民代表大会的代表名额分配到选区，按选区进行选举。选区可以按居住状况划分，也可以按生产单位、事业单位、工作单位划分。选区的大小，按照每一选区选一名至三名代表划分。本行政区域内各选区每一代表所代表的人口数应当大体相等。

（三）选民登记

选民登记按选区进行，经登记确认的选民资格长期有效。每次选举前对上次选民登记以后新满18周岁的、被剥夺政治权利期满后恢复政治权利的选民，予以登记。对选民经登记后迁出原选区的，列入新迁入的选区的选民名单；对死亡的和依照法律被剥夺政治权利的人，从选民名单上除名。精神病患者不能行使选举权利的，经选举委员会确认，不列入选民名单。

选民名单应在选举日的20日以前公布，实行凭选民证参加投票选举的，应当发给选民证。对于公布的选民名单有不同意见的，可以在选民名单公布之日起5日内向选举委员会提出申诉。选举委员会对申诉意见，应在3日内作出处理决定。申诉人如果对处理决定不服，可以在选举日的5日以前向人民法院起诉，人民法院应在选举日以前做出判决。人民法院的判决为最后决定。

（四）代表候选人的提出

1. 代表候选人按选区或者选举单位提名产生

各政党、各人民团体，可以联合或者单独推荐代表候选人。选民或者代表，10人以上联名可以推荐代表候选人。推荐者应向选举委员会或者大会主席团介绍代表候选人的情况。接受推荐的代表候选人应当向选举委员会或者大会主席团如实提供个人身份、简历等基本情况。代表候选人的人数不得超过本选区或者选举单位应选代表的名额。

如果所提代表候选人的人数超过法律规定的最高差额比例，由选举委员会交该选区的选民小组讨论、协商，根据多数选民的意见，确定正式代表候选人名单；对正式代表候选人不能形成较为一致意见的，进行预选，根据预选时得票多少的顺序，确定正式代表候选人名单。

2. 选举委员会汇总公布代表候选人基本情况

选举委员会汇总后，将代表候选人名单及代表候选人的基本情况在选举日的15日以前公布，并交各选区的选民小组讨论、协商，确定正式代表候选人名单。

3. 代表候选人公示时间

正式代表候选人名单及代表候选人的基本情况应当在选举日的 7 日以前公布。选举委员会根据选民的要求，应当组织代表候选人与选民见面，由代表候选人介绍本人的情况，回答选民的问题。但是，在选举日必须停止代表候选人的介绍。

4. 其他规定

县级以上的地方各级人民代表大会在选举上一级人民代表大会代表时，代表候选人不限于各该级人民代表大会的代表。

公民参加各级人民代表大会代表的选举，不得直接或者间接接受境外机构、组织、个人提供的与选举有关的任何形式的资助。否则不列入代表候选人名单；已经列入代表候选人名单的，从名单中除名；已经当选的，其当选无效。

三、选举程序

县级以上的地方各级人民代表大会在选举上一级人民代表大会代表时，由各该级人民代表大会主席团主持。

选民凭身份证或者选民证领取选票。选举委员会按照方便原则设立投票站，进行选举。选民居住比较集中的，可以召开选举大会，进行选举；因患有疾病等原因行动不便或者居住分散并且交通不便的选民，可以在流动票箱投票。选举一律采用无记名投票的方法。选举时应当设有秘密写票处。选民如果是文盲或者因残疾不能写选票的，可以委托他信任的人代写。选民如果在选举期间外出，经选举委员会同意，可以书面委托其他选民代为投票。每一选民接受的委托不得超过三人，并应当按照委托人的意愿代为投票。

选举人对于代表候选人可以投赞成票，可以投反对票，可以另选其他任何选民，也可以弃权。

投票结束后，由选民或者代表推选的监票、计票人员和选举委员会或者人民代表大会主席团的人员将投票人数和票数加以核对，作出记录，并由监票人签字。

代表候选人的近亲属不得担任监票人、计票人。

全国人民代表大会和地方各级人民代表大会代表的选举，应当严格依照法定程序进行，并接受监督。任何组织或者个人都不得以任何方式干预选民或者代表自由行使选举权。

四、选举结果

每次选举所投的票数，等于或者少于投票人数的有效。每一选票所选的人数，等于或者少于规定应选代表人数的有效。

在选民直接选举人民代表大会代表时，选区全体选民的过半数参加投票，选举有效。代表候选人获得参加投票的选民过半数的选票时，始得当选。

县级以上的地方各级人民代表大会在选举上一级人民代表大会代表时，代表候选人获得全体代表过半数的选票时，始得当选。

获得过半数选票的代表候选人的人数超过应选代表名额时，以得票多的当选。如遇票数相等不能确定当选人时，应当就票数相等的候选人再次投票，以得票多的当选。

获得过半数选票的当选代表的人数少于应选代表的名额时，不足的名额另行选举。另行选举时，根据在第一次投票时得票多少的顺序，按照法律规定的差额比例，确定候选人名单。如果只选一人，候选人应为二人。

依照法律规定另行选举县级和乡级的人民代表大会代表时，代表候选人以得票多的当选，但是得票数不得少于选票的三分之一；县级以上的地方各级人民代表大会在另行选举上一级人民代表大会代表时，代表候选人获得全体代表过半数的选票，始得当选。

选举结果由选举委员会或者人民代表大会主席团根据本法确定是否有效，并予以宣布。

当选代表名单由选举委员会或者人民代表大会主席团予以公布。

五、当选代表的资格审查

代表资格审查委员会依法对当选代表是否符合宪法、法律规定的代表的基本条件，选举是否符合法律规定的程序，以及是否存在破坏选举和其他当选无效的违法行为进行审查，提出代表当选是否有效的意见，向本级人民代表大会常务委员会或者乡、民族乡、镇的人民代表大会主席团报告。

县级以上的各级人民代表大会常务委员会或者乡、民族乡、镇的人民代表大会主席团根据代表资格审查委员会提出的报告，确认代表的资格或者确定代表的当选无效，在每届人民代表大会第一次会议前公布代表名单。

公民不得同时担任两个以上无隶属关系的行政区域的人民代表大会代表。

六、当选代表的监督和罢免、辞职、补选

（一）对代表的监督和罢免

全国和地方各级人民代表大会的代表，受选民和原选举单位的监督。选民或原选举单位都有权罢免自己选出的代表。

（二）当选代表辞职

全国人民代表大会代表，省、自治区、直辖市、设区的市、自治州的人民代表大会代表，可以向选举他的人民代表大会的常务委员会书面提出辞职。常务委员会接受辞职，须经常务委员会组成人员的过半数通过。接受辞职的决议，须报送上一级人民代表大会常务委员会备案、公告。

县级的人民代表大会代表可以向本级人民代表大会常务委员会书面提出辞职，乡级的人民代表大会代表可以向本级人民代表大会书面提出辞职。县级的人民代表大会常务委员会接受辞职，须经常务委员会组成人员的过半数通过。乡级的人民代表大会接受辞职，须经人民代表大会过半数的代表通过。接受辞职的，应当予以公告。

县级以上的各级人民代表大会常务委员会组成人员，县级以上的各级人民代表大会的专门委员会成员，辞去代表职务的请求被接受的，其常务委员会组成人员、专门委员会成员的职务相应终止，由常务委员会予以公告。

乡、民族乡、镇的人民代表大会主席、副主席，辞去代表职务的请求被接受的，其主席、副主席的职务相应终止，由主席团予以公告。

（三）补选代表

代表在任期内，因故出缺，由原选区或者原选举单位补选。

地方各级人民代表大会代表在任期内调离或者迁出本行政区域的，其代表资格自行终止，缺额另行补选。

县级以上的地方各级人民代表大会闭会期间，可以由本级人民代表大会常务委员会补选上一级人民代表大会代表。

补选出缺的代表时，代表候选人的名额可以多于应选代表的名额，也可以同应选代表的名额相等。补选的具体办法由省、自治区、直辖市的人民代表大会常务委员会规定。

第二节 公民表达权的法律保护

据 2004 年 9 月 5 日《法治日报》报道：2004 年 3 月 22 日上午 8 时许，以旧村改造等问题为由，吴某、杨某在未向公安机关申请并获许可的情况下，带领本村村民一百余人举着横幅，一路敲锣、喊口号，到街道办事处集会。吴某、杨某等人对公安民警停止集会的劝阻不予理睬，对未经审批集会必须解散的命令拒不服从，在街道办事处大院内敲锣、喊口号持续时间长达三个小时，造成该办事处当日上午无法正常办公。

当日下午 1 时，吴某、杨某组织村民二百余人在村口集中，一路举着横幅、敲着铜锣，沿街游行，到金华市人民政府机关南大门前示威。吴某、杨某带头组织静坐、喊口号，将南大门堵塞。有关人员规劝吴某、杨某离开南大门，另派代表反映问题，不要拦在南大门影响办公秩序。杨某说："我们不是来上访的，我们是来游行示威的！"并继续在南大门静坐、喊口号，持续时间长达三个小时，致使当日下午市政府机关工作无法正常进行，严重影响了政府机关的正常办公秩序。问：如何评价吴某、杨某的行为？①

表达权是公民表达个人政治见解和意愿、参与正常社会活动和国家管理的一项基本权利，包括言论、出版、结社、集会、游行、示威。

一、言论自由

言论自由指公民在法律许可的范围内，通过各种语言形式，针对政治和社会中的各种问题表达其思想和见解的自由。

言论自由对人类的生存和发展具有极其重要的意义。人类社会的发展、各种制度的变革、科学技术的发展，都离不开言论自由。可以说，人类社会前进的每一步都与言论自由密不可分。所以，公民的言论自由应该得到法律的保护。

但是言论自由并不意味着权利人可以随心所欲，为所欲为。从理论层面来看，每个人都有在法律的限度内追求和获取利益最大化的正当权利，但由于每个个体追求的利益迥异，各种利益冲突应运而生。解决权利冲突最直接、最有

---

① 浙江省金华市婺城区人民法院认为吴某、杨某的行为构成非法集会、游行、示威罪，两被告人各被判处有期徒刑 1 年 6 个月。

效的方法就是要求权利主体只能在法律许可的范围内行使权利，要求权利人行使权利时以不损害他人合法权利为前提与基础。从实践层面来看，不受限制的言论自由只会带来更加糟糕的结果。例如，为利益驱动，假借言论自由之名，侮辱、诽谤他人名誉；出版、报道、发行、销售、表演以及传播低级趣味的图书和电影。更有甚者散布煽动性的危害国家主权与安全的言论，制造社会混乱，甚至是战争。

二、出版自由

出版自由是在法律的许可范围内，公民有权从事著述、出版、印刷、发行的活动的自由。

出版自由是指公民可以通过公开出版物的形式，自由地表达自己对国家事务、经济和文化事业、社会事务的见解和看法。由于出版主要是将自己的见解付诸文字，因而出版是言论的自然延伸，是固定化的言论；出版自由也就是言论自由的自然延伸。[①]

对公民而言，出版自由是公民有权自由地在出版物上发表作品；对出版单位而言，出版单位的设立与管理必须遵循国家宪法和法律的规定。

为了更好地加强对出版活动的管理，发展和繁荣中国特色社会主义出版产业和出版事业，保障公民依法行使出版自由的权利，促进社会主义精神文明和物质文明建设，2001 年 12 月 25 日国务院根据宪法制定了《出版管理条例》。该条例自 2002 年 2 月 1 日起施行，截至 2020 年 11 月 29 日，先后进行了 5 次修订。该条例的具体内容包括：

（一）出版活动与出版物的界定

出版活动包括出版物的出版、印刷或者复制、进口、发行。出版物是指报纸、期刊、图书、音像制品、电子出版物等。

（二）出版的基本原则

1. 出版活动必须坚持为人民服务、为社会主义服务的方向，坚持以习近平新时代中国特色社会主义思想为指导传播和积累有益于提高民族素质、有益于经济发展和社会进步的科学技术和文化知识，弘扬中华民族优秀文化，促进国际文化交流，丰富人民的精神生活，提高人民的精神生活质量。

---

① 张光杰. 中国法律概论 [M]. 上海：复旦大学出版社，2010：67.

2. 公民依法行使出版自由的权利，各级人民政府应当予以保障。公民在行使出版自由的权利时，必须遵守宪法和法律，不得反对宪法确定的基本原则，不得损害国家的、社会的、集体的利益和其他公民的合法的自由和权利。

（三）出版的法律规定

合法出版物受法律保护，任何组织和个人不得非法干扰、阻止、破坏出版物的出版。

1. 任何出版物不得含有以下内容

反对宪法确定的基本原则的；危害国家统一、主权和领土完整的；泄露国家秘密、危害国家安全或者损害国家荣誉和利益的；煽动民族仇恨、民族歧视，破坏民族团结，或者侵害民族风俗、习惯的；宣扬邪教、迷信的；扰乱社会秩序，破坏社会稳定的；宣扬淫秽、赌博、暴力或者教唆犯罪的；侮辱或者诽谤他人，侵害他人合法权益的；危害社会公德或者民族优秀文化传统的；有法律、行政法规和国家规定禁止的其他内容的。以未成年人为对象的出版物不得含有诱发未成年人模仿违反社会公德的行为和违法犯罪的行为的内容，不得含有恐怖、残酷等妨害未成年人身心健康的内容。

2. 出版物内容不真实或者不公正，追究相关责任人的责任

出版物的内容不真实或者不公正，致使公民、法人或者其他组织的合法权益受到侵害的，其出版单位应当公开更正，消除影响，并依法承担其他民事责任。

报纸、期刊发表的作品内容不真实或者不公正，致使公民、法人或者其他组织的合法权益受到侵害的，当事人有权要求有关出版单位更正或者答辩，有关出版单位应当在其近期出版的报纸、期刊上予以发表；拒绝发表的，当事人可以向人民法院提起诉讼。

3. 其他规定

出版物必须按照国家的有关规定载明作者，出版者，印刷者或复制者、发行者的名称，地址，书号、刊号或者版号，在版编目数据，出版日期，刊期以及其他有关事项。出版物的规格、开本、版式、装帧、校对等必须符合国家标准和规范要求，保证出版物的质量。出版物使用的语言文字必须符合国家法律规定和有关标准、规范。任何单位和个人不得伪造、假冒出版单位名称或者报纸、期刊名称出版出版物。

中学小学教科书由国务院教育行政主管部门审定；其出版、发行单位应当

具有适应教科书出版、发行业务需要的资金、组织机构和人员等条件，并取得国务院出版行政主管部门批准的教科书出版、发行资质。纳入政府采购范围的中学小学教科书，其发行单位按照《中华人民共和国政府采购法》的有关规定确定。其他任何单位或者个人不得从事中学小学教科书的出版、发行业务。

2015 年 4 月 29 日，青岛市市北区文化市场行政执法局在检查中发现，青岛市市北区某医院在未办理任何出版手续的情况下，委托一外地广告公司擅自编辑出版了《都市男人》杂志，该行为违反了《出版管理条例》第九条之规定。依据《出版管理条例》第六十一条之规定，青岛市市北区文化市场行政执法局依法对该医院作出了没收《都市男人》杂志 110 册并处一万元罚款的行政处罚。①

三、结社自由

结社自由是公民按一定宗旨，依照法定程序组织或者参加具有持续性的社会团体的自由。

为了保障公民的结社自由，维护社会团体的合法权益，加强对社会团体的登记管理，促进社会主义物质文明、精神文明建设，1998 年 9 月 25 日国务院通过《社会团体登记管理条例》（2016 年 2 月修订）。该条例规定：

（一）社会团体的范围

社会团体是指由中国公民自愿组成，为实现会员共同意愿，按照其章程开展活动的非营利性社会组织。国家机关以外的组织可以作为单位会员加入社会团体。

（二）社会团体的主管机关

1. 国务院民政部门和县级以上地方各级人民政府民政部门是本级人民政府的社会团体登记管理机关（以下简称"登记管理机关"），负责监督管理社会团体的职责。包括负责社会团体的成立、变更、注销的登记；对社会团体实施年度检查；对社会团体违反本条例的问题进行监督检查，对社会团体违反本条例的行为给予行政处罚。

2. 国务院有关部门和县级以上地方各级人民政府有关部门、国务院或者县

---

① 张珍珍. 文化市场行政执法典型案例：医院非法出版杂志［N］. 半岛都市报，2016-01-06.

级以上地方各级人民政府授权的组织，是有关行业、学科或者业务范围内社会团体的业务主管单位，负责社会团体成立登记、变更登记、注销登记前的审查；监督、指导社会团体遵守宪法、法律、法规和国家政策，依据其章程开展活动；社会团体年度检查的初审；协助登记管理机关和其他有关部门查处社会团体的违法行为；会同有关机关指导社会团体的清算事宜。

业务主管单位履行前款规定的职责，不得向社会团体收取费用。

3. 法律、行政法规对社会团体的监督管理另有规定的，依照有关法律、行政法规的规定执行。

（三）社会团体成立的条件

社会团体应当具备法人条件。国家保护社会团体依照法律、法规及其章程开展活动，任何组织和个人不得非法干涉。

1. 有 50 个以上的个人会员或者 30 个以上的单位会员；个人会员、单位会员混合组成的，会员总数不得少于 50 个；

2. 有规范的名称和相应的组织机构；

3. 有固定的住所；

4. 有与其业务活动相适应的专职工作人员；

5. 有合法的资产和经费来源，全国性的社会团体有 10 万元以上活动资金，地方性的社会团体和跨行政区域的社会团体有 3 万元以上活动资金；

6. 有独立承担民事责任的能力。

此外，社会团体的名称应当符合法律、法规的规定，不得违背社会道德风尚。社会团体的名称应当与其业务范围、成员分布、活动地域相一致，准确反映其特征。全国性的社会团体的名称冠以"中国""全国""中华"等字样的，应当按照国家有关规定经过批准，地方性的社会团体的名称不得冠以"中国""全国""中华"等字样。

（四）社会团体的变更与注销

1. 社会团体的变更。社会团体的登记事项需要变更的，应当自业务主管单位审查同意之日起 30 日内，向登记管理机关申请变更登记。

社会团体修改章程，应当自业务主管单位审查同意之日起 30 日内，报登记管理机关核准。

2. 社会团体的注销。社会团体在办理注销登记前，应当在业务主管单位及其他有关机关的指导下，成立清算组织，完成清算工作。清算期间，社会团体不得开展清算以外的活动。

有下列情形之一的，应当在业务主管单位审查同意后，向登记管理机关申请注销登记：完成社会团体章程规定的宗旨的；自行解散的；分立、合并的；由于其他原因终止的。办理注销登记，应当提交法定代表人签署的注销登记申请书、业务主管单位的审查文件和清算报告书。

登记管理机关准予注销登记的，发给注销证明文件，收缴该社会团体的登记证书、印章和财务凭证。

社会团体应当自清算结束之日起 15 日内向登记管理机关办理注销登记。社会团体处分注销后的剩余财产，按照国家有关规定办理。社会团体成立、注销或者变更名称、住所、法定代表人，由登记管理机关予以公告。

四、集会、游行、示威自由

集会，是指聚集于露天公共场所，发表意见、表达意愿的活动。

游行，是指在公共道路、露天公共场所列队行进、表达共同意愿的活动。

示威，是指在露天公共场所或者公共道路上以集会、游行、静坐等方式，表达要求、抗议或者支持、声援等共同意愿的活动。

为了保障公民依法行使集会、游行、示威的权利，维护公共秩序和社会安定，1989 年第七届全国人民代表大会常务委员会根据宪法，制定《中华人民共和国集会游行示威法》。该法规定如下。

（一）适用范围

集会、游行、示威应当和平地进行，不得携带武器、管制刀具和爆炸物，不得使用暴力或者煽动使用暴力。文娱、体育活动，正常的宗教活动，传统的民间习俗活动，不适用本法。

（二）主管机关

集会、游行、示威的主管机关是集会、游行、示威举行地的市、县公安局、城市公安分局；游行、示威路线经过两个以上区、县的，主管机关为所经过区、县的公安机关的共同上一级公安机关。

（三）集会、游行、示威的申请

举行集会、游行、示威，必须依照本法规定向主管机关提出申请并获得许可。

下列活动不需要申请：国家举行或者根据国家决定举行的庆祝、纪念等活动；国家机关、政党、社会团体、企业事业组织依照法律、组织章程举行的集会。

1. 必须要有负责人

负责人必须在举行日期的 5 日前向主管机关递交书面申请。申请书中应当载明集会、游行、示威的目的、方式、标语、口号、人数、车辆数、使用音响设备的种类与数量、起止时间、地点（包括集合地和解散地）、路线和负责人的姓名、职业、住址。

集会、游行、示威的负责人在提出申请后接到主管机关通知前，可以撤回申请；接到主管机关许可的通知后，决定不举行集会、游行、示威的，应当及时告知主管机关，参加人已经集合的，应当负责解散。

集会、游行、示威的负责人必须负责维持集会、游行、示威的秩序，并严格防止其他人加入。

集会、游行、示威的负责人在必要时，应当指定专人协助人民警察维持秩序。负责维持秩序的人员应当佩戴标志。

2. 公民不得在其居住地以外的城市发动、组织、参加当地公民的集会、游行、示威。

3. 国家机关工作人员不得组织或者参加违背有关法律、法规规定的国家机关工作人员职责、义务的集会、游行、示威。

4. 以国家机关、社会团体、企业事业组织的名义组织或者参加集会、游行、示威，必须经本单位负责人批准。

（四）集会、游行、示威的许可

1. 审查时间

主管机关接到集会、游行、示威申请书后，应当在申请举行日期的 2 日前，将许可或者不许可的决定书面通知其负责人。不许可的，应当说明理由。逾期不通知的，视为许可。

确因突然发生的事件临时要求举行集会、游行、示威的，必须立即报告主管机关；主管机关接到报告后，应当审查决定许可或者不许可。

申请举行集会、游行、示威要求解决具体问题的，主管机关接到申请书后，可以通知有关机关或者单位同集会、游行、示威的负责人协商解决问题，并可以将申请举行的时间推迟 5 日。

2. 审查内容

主管机关认为按照申请的时间、地点、路线举行集会、游行、示威，将对交通秩序和社会秩序造成严重影响的，在决定许可时或者决定许可后，可以变更举行集会、游行、示威的时间、地点、路线，并及时通知其负责人。

3. 不予许可的情形

反对宪法所确定的基本原则的；危害国家统一、主权和领土完整的；煽动民族分裂的；有充分根据认定申请举行的集会、游行、示威将直接危害公共安全或者严重破坏社会秩序的。

（五）不予许可的救济方法

集会、游行、示威的负责人对主管机关不许可的决定不服的，可以自接到决定通知之日起3日内，向同级人民政府申请复议，人民政府应当自接到申请复议书之日起3日内作出决定。

（六）集会、游行、示威的举行

对于依法举行的集会、游行、示威，任何人不得以暴力、胁迫或者其他非法手段进行扰乱、冲击和破坏。

1. 人民警察的职责

主管机关应当派出人民警察维持交通秩序和社会秩序，保障集会、游行、示威的顺利进行。负责维持交通秩序的人民警察可以临时变通执行交通规则的有关规定。游行在行进中遇到不可预料的情况，不能按照许可路线行进时，人民警察现场负责人有权改变游行队伍的行进路线。

集会、游行、示威在国家机关、军事机关、广播电台、电视台、外国驻华使馆领馆所在地举行或者经过的，主管机关为了维持秩序，可以在附近设置临时警戒线，未经人民警察许可，不得逾越。

人民警察应当予以制止未依照本法规定申请或者申请未获许可的，未按照主管机关许可的目的、方式、标语、口号、起止时间、地点、路线进行的，以及在进行中出现危害公共安全或者严重破坏社会秩序情况的集会、游行、示威活动。

人民警察现场负责人有权命令解散违反法律的集会、游行、示威；拒不解散的，人民警察现场负责人有权依照国家有关规定决定采取必要措施强行驱散，并将拒不服从的人员强行带离现场或者立即予以拘留。

2. 禁止进入的场馆

在下列场所周边距离十米至三百米内，不得举行集会、游行、示威，经国务院或者省、自治区、直辖市的人民政府批准的除外：

全国人民代表大会常务委员会、国务院、中央军事委员会、最高人民法院、最高人民检察院的所在地；国宾下榻处；重要军事设施；航空港、火车站和港口。

这些场所的具体周边距离，由省、自治区、直辖市的人民政府规定。

3. 其他规定

举行集会、游行、示威的时间限于早六时至晚十时，经当地人民政府决定或者批准的除外。

集会、游行、示威按照许可的目的、方式、标语、口号、起止时间、地点、路线及其他事项进行。

举行集会、游行、示威，不得违反治安管理法规，不得进行犯罪活动或者煽动犯罪。

思考题

1. 什么是公民的政治权利？根据我国宪法规定，公民的政治权利包括哪些？
2. 简述公民选举权与被选举权行使的条件与保障。
3. 如何正确对待公民的选举权与被选举权？
4. 公民表达权包括哪些具体权利？如何正确行使表达权？

第四章

公民人身权的法律保护

人身权是指与人身直接相关，没有经济内容的权益。从内容来分，人身权分为人格权和身份权。人格权是民事主体专有的，以人格利益为客体，维护其独立人格所必须具备的固有权利。身份权是民事主体因具有某种特定身份而依法享有的，以身份利益为内容的权利。

公民人身不受非法侵犯是公民参与国家政治、经济和社会生活的前提与基础，也是公民权利的重要内容。我国宪法第三十七条规定："中华人民共和国公民的人身自由不受侵犯。任何公民，非经人民检察院批准或者决定或者人民法院决定，并由公安机关执行，不受逮捕。禁止非法拘禁和以其他方法非法剥夺或者限制公民的人身自由，禁止非法搜查公民的身体。"宪法第三十八条规定："中华人民共和国公民的人格尊严不受侵犯。禁止用任何方法对公民进行侮辱、诽谤和诬告陷害。"

第一节　公民人格权的法律保护

10 岁的刘某和 14 岁的姐姐从公园游玩回来，经过小区门口时，刘某手中的竹棍碰到了旁边的一条狗。狗主人言某很生气，冲过去对着刘某拳打脚踢，双手掐住刘某的脖子拖出十几米，拉起来还打了刘某 2 个耳光，把刘某的鼻子打出了血，还要刘某给狗下跪。刘某不肯，言某一脚踢到刘某的腿上，强迫刘某下跪，还逼着刘某给狗磕头，赔礼道歉。事后刘某发病，被医院诊断为阵发性癫痫，司法鉴定为 6 级伤残。请问：本案如何处理？①

---

① 言某的行为侵犯了刘某的生命健康权，理应承担物质赔偿和精神赔偿的责任。

人格权是民事主体专有的，以人格利益为客体，维护其独立人格所必须具备的固有权利。包括生命权、健康权、身体权、姓名权、名称权、名誉权、荣誉权、肖像权和隐私权以及其他人格权。

一、生命权

生命权是以自然人的生命安全利益为内容的权利，是法律保护的最高利益形态。生命权是自然人从事一切活动的前提和基本要求，因此法律禁止任何机关、单位、个人非法剥夺他人的生命权。

2016 年 9 月，刘某因与其前男友陈某分手产生争执而向江某求助，江某便同意与其同住。2016 年 11 月 2 日，陈某找到刘某与江某同住的公寓纠缠，江某提议报警，但刘某以合住公寓违反当地法律、不想把事情闹大为由拒绝报警，并请求在外上课的江某回来帮助解围。江某返回公寓劝离陈某后返回学校。其间，刘某未将陈某继续纠缠恐吓的相关情况告知江某。2016 年 11 月 2 日 23 时许，刘某因感觉害怕，通过微信要求江某在地铁站等她一同回公寓。11 月 3 日 0 时许，二人前后进入公寓，事先埋伏在二楼的陈某携刀冲至二楼与走在后面的江某发生争执。走在前面的刘某打开房门，先行入室并将门锁闭。陈某在门外，手捅江某颈部十余刀，随后逃离现场。江某因左颈总动脉失血过多，经抢救无效死亡。此后，江某母亲江某某与刘某因江某死亡原因等产生争议，江某某遂以生命权受侵害为由向法院提起诉讼。[①]

二、健康权

健康权是指自然人依法享有的，保护人的身体机能和器官不受非法侵害的权利。

陕西洛南县陈耳金矿成立于 1987 年，1999 年陕西鑫元科工贸易股份有限公司成立，陈耳金矿为其分支机构。陈耳金矿将矿山坑道发包给第三人后，没有尽到劳动安全保护监督职责，致使第三人违反国家防尘工作的有

[①] 2022 年 1 月 10 日，山东省青岛市城阳区人民法院对原告江某某与被告刘某生命权纠纷作出一审判决：被告刘某于判决生效之日起十日内赔偿原告江某某各项经济损失 496000 元及精神损害抚慰金 200000 元，并承担全部案件受理费。

关规定，坑口大眼没有进行加水处理，造成严重粉尘污染，不少在陈耳金矿打工的人患上了"矽肺"①。2002 年 10 月，在陈耳金矿打工患上"矽肺"的李某死亡，其妻清某将陕西鑫元科工贸易股份有限公司及宁某等 12 名第三人（包工头）诉至洛南县人民法院。此后陆续有人到法院起诉，截至 2005 年 4 月底，洛南县人民法院陆续接到类似的案件 72 件，涉及原告人数多达 130 人，诉讼标的额高达 4080 万元。3 年多的案件审理期间，24 名"矽肺"病患者死亡，大多数人丧失了劳动能力。②

三、身体权

身体权是自然人保持其身体组织完整并支配其肢体、器官和其他身体组织的权利。身体权、生命权、健康权三者紧密相连，侵犯自然人的身体权往往会导致自然人的生命权、健康权受到侵犯。

韩某、谢某、许某是同一个宿舍的学生。夏天，韩某、谢某想剃光头，约许某一起剃。许某坚决不同意。韩某、谢某剃完后，还想让许某剃，于是两人商量借了理发剪，晚上趁许某熟睡之机，将许某的头发剪掉。许某很生气，在向学校保卫处控告得不到解决的情况下，向当地法院起诉，要求追究韩某、谢某的侵权责任。问：法院如何处理？③

四、姓名权和名称权

（一）姓名权

姓名权是自然人依法享有的决定、变更和使用自己的姓名并排除他人干涉或非法使用的权利。当然，自然人行使姓名权也有限制，例如，从事重要法律行为时，必须使用户籍本上登记的姓名；不得基于不正当的目的取与他人相同的名字；等等。

---

① "矽肺"又名尘肺，是危害严重的一种职业病，由于人体长期吸入大量游离二氧化硅等粉尘，导致肺组织逐渐纤维化，肺功能呈现进行性衰竭，病情严重后因无法呼吸而窒息死亡。目前，国内外对此尚无理想的治疗方法。

② 法院认为，陈耳金矿没有尽到劳动安全保护监督职责，致使第三人违反国家防尘工作的有关规定，原告患上"硅肺病"，最终法院根据法律的规定判决被告及第三人向 130 名原告赔偿 481 万元。

③ 韩某、谢某的行为侵犯了许某的身体权，应当承担赔礼道歉的责任。

江某为能赶上其男友即林某所在单位的分房计划结婚。因其未到法定婚龄不能办理婚姻登记手续，于是谎称其身份证已丢失，以购买进口药需要居民身份证为由，向张某借用身份证。随后，江某假冒张某之名到其单位开出婚姻登记介绍信，并拿走张某所在地的公共户口簿，与林某一起去民政局办理了结婚登记手续。江某的假冒行为被张某发现后，张某认为江某的假冒行为侵犯了自己的姓名权，并因此承受了巨大的社会压力和精神打击，于是要求江某赔偿损失5000元并赔礼道歉。问：法院如何处理？①

（二）名称权

名称权是法人或者非法人组织依法享有决定、使用、变更以及依照法律规定转让自己的名称并排除他人非法干涉以及不当使用的权利。与自然人姓名权不同，名称权可以转让。

民法典第一千零一十二条规定："自然人享有姓名权，有权依法决定、使用、变更或者许可他人使用自己的姓名，但是不得违背公序良俗。"民法典第一千零一十五条规定："自然人应当随父姓或者母姓，但是有下列情形之一的，可以在父姓和母姓之外选取姓氏：（一）选取其他直系长辈血亲的姓氏；（二）因由法定扶养人以外的人扶养而选取扶养人姓氏；（三）有不违背公序良俗的其他正当理由。少数民族自然人的姓氏可以遵从本民族的文化传统和风俗习惯。"

民法典第一千零一十六条规定："自然人决定、变更姓名，或者法人、非法人组织决定、变更、转让名称的，应当依法向有关机关办理登记手续，但是法律另有规定的除外。民事主体变更姓名、名称的，变更前实施的民事法律行为对其具有法律约束力。"民法典第一千零一十七条规定："具有一定社会知名度，被他人使用足以造成公众混淆的笔名、艺名、网名、译名、字号、姓名和名称的简称等，参照适用姓名权和名称权保护的有关规定。"

2010年10月，母亲刘某非婚生育了小天，8个月后寄养在常山县郑某夫妇家照顾至今。到孩子两三岁时，刘某就很少支付抚养费也鲜少探望孩子，而且一直没有给他办理户籍。郑某夫妇曾多次联系刘某，希望她给小天落户，但她一直拖着，不愿出现。虽然乡里小学最终愿意接收小天，但还有一年就要小升初的小天，因为无法办理学籍，可能无法上初中……

浙江省常山县检察院得知此事，在多次劝说小天亲生父母无果之后，

---

① 江某冒充张某与男友结婚，其行为构成侵犯他人姓名权。

决定支持小天起诉。2022年1月,小天以侵犯姓名权为由,向法院起诉了亲生父母,想落户在生父谢某处,之后再把户口迁到养父郑某家,跟随养父母继续生活。法院支持了小天的诉讼请求。①

五、名誉权

名誉是对民事主体的品德、声望、才能、信用等的社会评价,直接关系到被评价者的人格尊严和社会地位,具有重要的人格利益。名誉权就是自然人、法人、非法人组织依法享有的维护其所获得的社会公正评价并排斥他人侵害的权利。

民法典第一千零二十四条规定:"民事主体享有名誉权。任何组织或者个人不得以侮辱、诽谤等方式侵害他人的名誉权。"民法典第一千零二十五条规定:"行为人为公共利益实施新闻报道、舆论监督等行为,影响他人名誉的,不承担民事责任,但是有下列情形之一的除外:(一)捏造、歪曲事实;(二)对他人提供的严重失实内容未尽到合理核实义务;(三)使用侮辱性言辞等贬损他人名誉。"

"尊重你叫声老师,不尊重你啥也不是,像你这种人也能配做个合格的班主任吗?""不配做个称职的老师,腌臜了老师两个字。"

2021年10月,J省S市G区一名八年级学生的家长周某某在班级微信群内对班主任吴老师说出上述言论。吴老师认为,周某某在微信群发布这些信息,损毁了他的名誉,构成侵权行为,2021年11月4日将周某某起诉至J省S市G区人民法院,要求被告周某某赔礼道歉并赔偿精神损失抚慰金1元。J省S市G区人民法院受理了这起名誉权纠纷案。2022年2月24日,经法院调解,周某某当庭道歉,吴老师接受周某某的道歉;双方达成谅解,吴老师自愿放弃其他诉讼请求。②

六、荣誉权

荣誉权是指公民、法人所享有的,因自己的突出贡献或特殊劳动成果而获

---

① 范跃红,汪璆,饶立飞. 判了!12岁少年状告亲生父母侵犯姓名权,检察机关支持起诉 [N]. 检察日报,2022-04-20.

② 喻琰,胡媛媛. 上饶一家长在微信群骂班主任被诉侵权 经法院调解当庭道歉 [EB/OL]. 澎湃新闻,2022-02-25.

得的光荣称号或其他荣誉的权利。荣誉权既是一种既得权，也是一种期待权。荣誉既得权表现为荣誉权人对其已经取得的荣誉及其利益的独占权，其他任何人都对这一权利客体负有不得侵犯的法定义务。荣誉期待权，即荣誉获得权主体在符合法定条件时，组织没有授予其荣誉，就可以向组织主张应获得的荣誉的权利。

民法典第一千零三十一条规定："民事主体享有荣誉权。任何组织或者个人不得非法剥夺他人的荣誉称号，不得诋毁、贬损他人的荣誉。获得的荣誉称号应当记载而没有记载的，民事主体可以请求记载；获得的荣誉称号记载错误的，民事主体可以请求更正。"

学生贾某某参加高考时发挥失常，仅以两分之差未能进入重点大学。但贾某某在高中期间一向品学兼优，年年被评为校三好学生，并荣获 J 市优秀学生干部称号。按当年高考政策的有关规定，获市级优秀学生干部荣誉的考生可享受降分提档的奖励。而 J 市教委在整理审核学生档案时，把贾某某的优秀学生干部改成三好学生，使贾某某与重点大学失之交臂。不得已进入普通大学的贾某某身心遭到重创，影响了生活和学习。学生家长多次找到市教委及有关部门希望给予解决，均遭拒绝。无奈之下，一纸诉状将 J 市教委告上法庭。人民法院一审宣判 J 市教委败诉，赔偿原告贾某某 8 万余元，并赔礼道歉。

七、肖像权

肖像是通过影像、雕塑、绘画等方式在一定载体上所反映的特定自然人可以被识别的外部形象。肖像权是自然人以在自己的肖像上所体现的人格利益为内容，享有的制作、使用、公开以及许可他人使用自己肖像的具体人格权。肖像权的内容包括：制作权，权利人可以依照自己的意愿，通过多种艺术表现形式制作自己的肖像，如自拍；使用权，权利人对于自己的肖像，依照自己的意愿决定如何使用，如自我欣赏；公开权，权利人有权依照自己的意愿决定自己的肖像是否公开，怎样公开；许可他人使用权，权利人可以与他人协商，签订肖像许可使用合同，准许他人使用自己的肖像。

民法典第一千零一十八条规定："自然人享有肖像权，有权依法制作、使用、公开或者许可他人使用自己的肖像"。民法典第一千零一十九条规定："任何组织或者个人不得以丑化、污损，或者利用信息技术手段伪造等方式侵害他人的肖像权。未经肖像权人同意，不得制作、使用、公开肖像权人的肖像，但是法律另有规定的除外。未经肖像权人同意，肖像作品权利人不得以发表、复制、发行、出租、展览等方式使用或者公开肖像权人的肖像"。

2020 年 1 月，成都某生物科技有限公司通过微信公众号发布文章《解锁绽妍神秘"蓝朋友"，领取蓝膜福利》。文章中涉及神秘"蓝朋友"的介绍中，配了一张肖像剪影，同时文章中大量出现文字信息均暗指该肖像为当红明星易烊千玺。随后，易烊千玺工作室委托北京星权律师事务所发布追责声明，称该公司的文章擅用了易烊千玺的肖像剪影，"故意使用具有明显指向性的文字内容，误导公众认为易烊千玺先生与该品牌存在商业代言合作关系"，网络中出现大量绽妍微商擅用易烊千玺先生肖像、姓名进行欺诈性宣传的违法情况，易烊千玺方面将对此启动法律追责程序。案件庭审中，经当庭比对，该公司文章中的"剪影"系对易烊千玺此前公开发布本人照片加工处理后形成，"肖像剪影+人物特征描述+精选留言"模式具有明显的可识别性，已构成侵犯肖像权。成都高新区人民法院综合考量侵权行为的严重程度、案件的举证情况等，最终判决该公司向艺人公开赔礼道歉并赔偿经济损失。①

八、隐私权

隐私是自然人的私人生活安宁和不愿被他人知晓的私密空间、私密活动、私密信息。隐私权是指公民享有的私人生活安宁与私人信息依法受到保护，不被他人非法侵扰、知悉、搜集、利用和公开等的一种人格权。隐私权赋予权利人对私人生活的控制权，这种控制权包括防御他人窃取个人隐私与是否向他人公开隐私及公开范围的决定权。② 隐私权的常见类型包括个人生活自由权、情报秘密权、个人通信秘密权、个人隐私利用权。

民法典第一千零三十三条规定："除法律另有规定或者权利人明确同意外，任何组织或者个人不得实施下列行为：（一）以电话、短信、即时通信工具、电子邮件、传单等方式侵扰他人的私人生活安宁；（二）进入、拍摄、窥视他人的

---

① 杨悦．易烊千玺打赢"剪影官司"：隐蔽侵权也难逃责任［EB/OL］．南方评论，2021-12-23.

② 谢远扬．信息论视角下个人信息的价值：兼对隐私权保护模式的检讨［J］．清华法学，2015，9（3）：94-110.

住宅、宾馆房间等私密空间；（三）拍摄、窥视、窃听、公开他人的私密活动；（四）拍摄、窥视他人身体的私密部位；（五）处理他人的私密信息；（六）以其他方式侵害他人的隐私权。"

某私营企业老板在厕所里装了摄像头，然后在监视器中看哪个工人在厕所里"磨洋工"。工人发现后，将老板告到了法院。根据民法典的规定，老板不仅要把摄像头拆下来，还要承担法律责任，因为其行为侵犯了公民隐私权。①

九、其他人格权

（一）个人信息权

个人信息是以电子或者其他方式记录的能够单独或者与其他信息结合识别特定自然人的各种信息，包括自然人的姓名、出生日期、身份证件号码、生物识别信息、住址、电话号码、电子邮箱、健康信息、行踪信息等。个人信息的处理包括个人信息的收集、存储、使用、加工、传输、提供、公开等。个人信息权是指个人信息本人依法对其个人信息所享有的支配、控制并排除他人侵害的权利，内容具体包括信息决定权、信息保密权、信息查询权、信息更正权、信息封锁权、信息删除权和报酬请求权。

2021年4月，被告人何某经其朋友陈某介绍开始从事利用群众实名信息激活医保卡，进行支付宝拉新工作。每成功拉一个客户注册支付宝，从中获取10元~50元的利润。因支付宝拉新利润不高且听说激活医保卡能实名认证手机卡赚钱较快，何某在继续做支付宝拉新的同时经网络认识林某，通过林某及其上线郑某与某县医保局对接，以某实业集团有限公司的名义承揽当地医保电子激活项目，从中收取一个村组100元、拉新提成40%的好处费。2021年6月，被告人宋某听说何某及其妻子庞某做医保注册手机卡效益可观且不容易被发现，于是找到何某，何某纠集宋某并招录被告人邵某、宋某某等14人，以借用医保激活便利获取公民个人信息对空白手机卡进行实名注册而获利。经审查，何某、姚某等17人共计获利人民币60

---

① 陈瑜.大数据时代侵犯隐私权事件频发！别怕，民法典为你撑腰［N］.科技日报，2020-09-25.

余万元。问：法院应该如何处理？①

1. 信息决定权，是指本人得以直接控制与支配其个人信息，并决定其个人信息是否被收集、处理与利用以及以何种方式、目的、范围收集、处理与利用的权利。决定权集中反映了个人信息权的人格权属性——绝对性与支配性，在各项权利内容中居于核心地位。

2. 信息保密权，是指本人得以请求信息处理主体保持信息隐秘性的权利。

3. 信息查询权，是指本人得以查询其个人信息及其有关的处理情况，并要求答复的权利。对信息的控制与支配，必须首先了解哪些个人信息被收集、处理与利用的情况，特别是在此过程中信息是否被保持完整、正确与适时。信息查询权是重要的当事人权利，除非因公益或保密之需要，任何机关不得任意剥夺。

4. 信息更正权，是指本人得以请求信息处理主体对不正确、不全面、不时新的个人信息进行更正与补充的权利。更正权具体包括：个人信息错误更正权，即对于错误的个人信息，本人有更正的权利。个人信息补充权，即对于遗漏或新发生的个人信息，本人有补充的权利。个人信息更新权是本人要求对过时的个人信息及时更新的权利。

5. 信息封锁权，是指在法定或约定事由出现时，本人有权请求信息处理主体暂时停止信息的处理与利用的权利。

6. 信息删除权，是指在法定或约定的事由出现时，本人得以请求信息处理主体删除其个人信息的权利。

7. 信息报酬请求权，是指本人因其个人信息被商业性利用而获得地向信息处理主体请求支付对价的权利。

个人信息权与隐私权不同，个人信息权并非都是私密信息，有的已经在一定范围公开了，如电话号码、家庭住址等；隐私权的客体主要是私密信息，是权利人不愿意被别人知晓的信息。因此个人信息权是一种综合性权利，受害人的救济方式多样，而隐私权更多的是一种精神权利，受害人的救济方式单一，

---

① 法院认为，被告人何某等17人违反国家有关规定，利用受医保部门委托给公民提供激活电子医保卡服务的便利，将获取公民的个人信息用于空白手机号实名注册，并将实名注册的手机号出售给他人从中获利，其行为均已构成侵犯公民个人信息罪。2022年7月，法院以侵犯公民个人信息罪，判处何某、崔某等17人有期徒刑5年、缓刑等刑罚，并处罚金。

一般是停止侵害或者排除妨碍。

民法典第一千零三十五条规定："处理个人信息的，应当遵循合法、正当、必要原则，不得过度处理，并符合下列条件：（一）征得该自然人或者其监护人同意，但是法律、行政法规另有规定的除外；（二）公开处理信息的规则；（三）明示处理信息的目的、方式和范围；（四）不违反法律、行政法规的规定和双方的约定。"民法典第一千零三十七条规定："自然人可以依法向信息处理者查阅或者复制其个人信息；发现信息有错误的，有权提出异议并请求及时采取更正等必要措施。自然人发现信息处理者违反法律、行政法规的规定或者双方的约定处理其个人信息的，有权请求信息处理者及时删除。"

民法典第一千零三十六条规定："处理个人信息，有下列情形之一的，行为人不承担民事责任：（一）在该自然人或者其监护人同意的范围内合理实施的行为；（二）合理处理该自然人自行公开的或者其他已经合法公开的信息，但是该自然人明确拒绝或者处理该信息侵害其重大利益的除外；（三）为维护公共利益或者该自然人合法权益，合理实施的其他行为。"

此外，民法典第一千零三十八条规定："信息处理者不得泄露或者篡改其收集、存储的个人信息；未经自然人同意，不得向他人非法提供其个人信息，但是经过加工无法识别特定个人且不能复原的除外。信息处理者应当采取技术措施和其他必要措施，确保其收集、存储的个人信息安全，防止信息泄露、篡改、丢失；发生或者可能发生个人信息泄露、篡改、丢失的，应当及时采取补救措施，按照规定告知自然人并向有关主管部门报告。"民法典第一千零三十九条规定："国家机关、承担行政职能的法定机构及其工作人员对于履行职责过程中知悉的自然人的隐私和个人信息，应当予以保密，不得泄露或者向他人非法提供。"

凌某发现在手机通讯录除本人外没有其他联系人的情况下，使用该手机号码注册登录抖音 App 4.3.1 版 App 后，被推荐大量"可能认识的人"。凌某某认为抖音 App 涉嫌非法获取其个人信息，侵害其个人信息权益和隐私权，因此将抖音 App 的运营者北京微播视界科技有限公司诉至北京互联网法院。2020 年 7 月 30 日，北京互联网法院对该案进行一审宣判，法院认定被告在未征得原告同意的情况下处理其个人信息，构成对其个人信息权益的侵害，判赔经济损失 5231 元。①

（二）信用权

信用是对民事主体的经济能力包括经济状况、生产能力、产品质量、偿债能力、履约状态、诚实信用的程度等的评价。信用权是指民事主体对其经济活动与能力的良好评价所享有的权利。信用权包括以下内容。

1. 信用享有权是指权利人有权享有并维持其信用的完整的、客观的、全面的评价的权利。任何人没有正当理由不得要求查询、传播当事人的信用信息。

2. 信用维护权是指权利人有权维护自己的信用不受他人侵犯，如果信用利益被侵犯，权利人可以依法要求行为人停止侵害、恢复名誉、赔礼道歉、赔偿损失。

3. 信用利用权则是指权利人可以通过对其信用的支配，利用信用从事经济活动。如申请银行贷款等，甚至转让信用资料获取相应的经济利益。

民法典第一千零三十九条规定："民事主体可以依法查询自己的信用评价；发现信用评价不当的，有权提出异议并请求采取更正、删除等必要措施。信用评价人应当及时核查，经核查属实的，应当及时采取必要措施。"

周某曾经为案外人莫某向上林某银行的贷款提供连带保证担保，2018年，经过生效判决的认定，周某某的保证责任被免除。2021 年 4 月 25 日，周某在中国人民银行征信中心查询个人信用，发现其已被列入不良征信记录，遂向上林某银行提出书面异议，并申请消除不良征信记录。但该银行在收到周某提出的异议后未上报信用更正信息，导致周某的不良征信记录一直未消除，在办理信用卡、贷款等金融活动中受限制。周某遂诉至法院，要求上林某银行协助撤销周某的不良担保征信记录，赔偿精神损失和名誉损失费，并登报赔礼道歉，以消除影响。法院判决被告向中国人民银行征信中心报送个人信用更正信息。因报送更正信息足以消除影响，故对周某主张赔偿损失、赔礼道歉等诉讼请求不予支持。②

---

① 北京互联网法院民事判决书 2019（京）0491 民初 6694 号判决书。
② 周斐 . 司法保障维护信用权推动安居乐业 ［EB/OL］. 中工网，2022-07-05.

第二节　公民身份权的法律保护

20 年前的一个冬季，宁某和林某同时在同一医院分别产下一个男婴，两个男婴均同时放置在育婴室暖箱中特护保温。一周后出院，护士将男婴交给各自的父母。20 年后，宁某的儿子在大学无偿献血，经检验血型是 AB 型。宁某得知后觉得奇怪。因为自己和妻子的血型都是 O 型，是不可能生出 AB 型的孩子的，便猜测是不是当年生孩子时和林某抱错了孩子。于是费尽周折和林家联系上，两家分别做了亲子鉴定，结果是宁家的孩子是林家的，林家的孩子是宁家的，方知医院给抱错了孩子的真相。

真相大白后，两家均要求医院赔礼道歉和赔偿，但协商未果，遂一纸诉状将医院告上法庭，请求判令医院构成侵权，书面赔礼道歉，并赔偿精神损失费 20 万元。问：法院如何处理？①

身份权是民事主体基于特定地位或资格而享有人身利益的权利。包括基于亲属关系产生的身份权（如亲权、亲属权、监护权）和基于其他身份而产生的身份权（如作者权、社员权）。

身份权以人格的独立和平等为前提，不是民事主体必须具备的权利。尽管称为权利，但在内容上，权利与义务彼此互相交融，甚至义务大于权利。例如，监护权对监护人而言，既是权利更是义务。

一、基于亲属关系产生的身份权

（一）配偶权

1. 概念与特征

配偶权是指婚姻关系存续期间，夫与妻互为配偶的一种身份权。配偶权有以下法律特征：

---

① 根据民法典的规定，父母对子女监护、教育以及子女被父母照顾、呵护，是基于血缘关系而与生俱来的一种权利，这种权利与身份关系密切相关，是一种人格利益，应当受到保护。行为人的行为如果阻碍了父母与子女间权利的行使，侵害了权利人的人格利益，即应当承担侵权民事责任。法院遂判决医院向原告书面赔礼道歉，并支付精神损害赔偿金 14 万元。

（1）配偶权主体的特定性，只有存在合法婚姻关系的男女才互享配偶权；

（2）配偶权的客体是配偶利益，包括夫妻姓名权、住所决定权、同居义务、互相忠实的义务、日常家事代理权以及离婚权利等；

（3）配偶权具有排他性，即夫妻以外的人都是义务主体，都具有不作为的义务，不得实施干扰、妨害、侵犯配偶权的行为；

（4）配偶权是权利和义务的统一，即权利义务不可分割。配偶权的核心是性权利，这种权利义务的实现需要双方同时履行和协调配合，因此配偶双方既是权利主体，又是义务主体，缺一不可。

2. 配偶权的取得与丧失

配偶这种身份因男女合法缔结婚姻而产生；因夫妻离婚或者配偶一方死亡而终结。因此配偶权是因结婚而获得，因离婚或者配偶一方死亡而丧失。

《中华人民共和国民法典》明确禁止重婚；禁止有配偶者与他人同居；禁止家庭暴力；禁止家庭成员间的虐待和遗弃；夫妻应当互相忠实，互相尊重，互相关爱；家庭成员应当敬老爱幼，互相帮助，维护平等、和睦、文明的婚姻家庭关系；夫妻在婚姻家庭中地位平等；夫妻双方都有各自使用自己姓名的权利；夫妻双方都有参加生产、工作、学习和社会活动的自由，一方不得对另一方加以限制或者干涉；夫妻有相互扶养的义务；需要扶养的一方，在另一方不履行扶养义务时，有要求其给付扶养费的权利；夫妻一方因家庭日常生活需要而实施的民事法律行为，对夫妻双方发生效力，但是夫妻一方与相对人另有约定的除外；夫妻之间对一方可以实施的民事法律行为范围的限制，不得对抗善意相对人；夫妻有相互继承遗产的权利。

（二）亲权

1. 亲权的概念与特征

亲权是指父母基于其身份对未成年子女在人身和财产方面的管教和保护的权利和义务。这种权利专属于父母，包括生父母（包括婚生和非婚生）、养父母以及与未成年子女有事实抚养关系的继父母。

亲权是基于父母身份获得，专门针对未成年子女的人身和财产方面的管教与保护设立的，具有专属性和绝对性。因此亲权的主体是未成年子女的父母；亲权的内容具有权利和义务的一致性；亲权设立的目的是教育和保护未成年子女，使其能健康成长。

民法典第一千零六十八条规定："父母有教育、保护未成年子女的权利和义务。未成年子女造成他人损害的，父母应当依法承担民事责任。"

2. 亲权的内容

（1）从人身方面来看

首先，保护权。父母对未成年子女的身心健康及生命安全负有保护的权利与义务。

其次，教育权。父母有对未成年子女身心健康和思想道德进行教育的权利，防止其接受不良诱导，沾染不良习气。

最后，法定代理权。父母是未成年子女的法定代理人，代表子女对外进行意思表示。限制民事行为能力的未成年子女从事与其年龄及智力因素不相符的民事活动，须经法定代理人的同意方可进行。

（2）从财产方面来看

首先，管理权。为维护未成年子女的权益，父母对未成年子女的财产享有保存与管理的权利。父母未尽职责，造成未成年子女财产损失的，应赔偿其损失。

其次，处分权。为了子女的利益与需要。父母对未成年子女的财产可以依法进行处分。

最后，使用权和收益权。在不毁损财物或无损财产权利的情况下，父母可以支配未成年子女的财产以获取收益。

3. 亲权的取得与丧失

（1）亲权的取得原因，一般是基于子女的出生获得，也可以是基于收养关系以及父母再婚的行为产生。

（2）亲权的丧失原因，可以是父母死亡、虐待子女或者子女成年而丧失。此外根据我国民法典的规定，养子女与养父母的收养关系一旦产生，养子女与生父母的亲子关系消亡。

（三）亲属权

亲属是由婚姻、血缘和收养产生的人与人之间的社会关系。民法典第一千零四十五条规定："亲属包括配偶、血亲和姻亲。"因此亲属权是指父母与成年子女、祖父母与孙子女、外祖父母与外孙子女、兄弟姐妹间的身份权。具体包括：

1. 父母与成年子女之间的权利与义务

例如，法律规定：成年子女不履行赡养义务时，无劳动能力的或生活困难的父母，有要求子女付给赡养费的权利；成年子女生活确有困难，有能力的父母有扶助的义务；父母和子女有相互继承遗产的权利；等等。

2. 祖父母与孙子女、外祖父母与外孙子女间的权利与义务

如果父母死亡，有能力的祖父母、外祖父母对未成年的孙子女、外孙子女有抚养义务；反过来，有负担能力的孙子女、外孙子女，对于子女已经死亡的祖父母、外祖父母有赡养义务；他们相互间有继承权。

此外根据民法典的规定：孙子女、外孙子女在父母死亡情况下对祖父母、外祖父母的财产享有代位继承权；对于父母已经死亡或者没有监护能力的未成年人的祖父母、外祖父母可以担任监护人，享有监护权等。

3. 兄弟姐妹间的权利与义务

父母死亡或者父母没有抚养能力，有抚养能力的兄、姐对未成年的弟、妹，有抚养义务；反过来，有能力的弟妹有义务扶养丧失劳动能力，不能独立生活的兄姐；兄弟姐妹之间相互享有继承权。此外，他们之间有进行行为能力宣告、失踪宣告、死亡宣告的申请权，以及在一方失踪后另一方进行财产代管的权利。

二、基于监护身份而产生的身份权

监护权是指对未成年人和无民事行为或限制民事行为能力的成年人的生活和财产进行监督和保护的权利。监护权是随着监护人身份关系的确立而成立的，一旦监护人变更，监护权也随之消灭。所以监护权也应属于身份权的范畴。

民法典第二十七条规定："父母是未成年子女的监护人。未成年人的父母已经死亡或者没有监护能力的，由下列有监护能力的人按顺序担任监护人：

（一）祖父母、外祖父母；

（二）兄、姐；

（三）其他愿意担任监护人的个人或者组织，但是须经未成年人住所地的居民委员会、村民委员会或者民政部门同意。"

　　崔乙（2011年2月25日出生）系崔甲与刘某婚生子。2013年9月27日，崔甲与刘某自愿办理离婚登记，离婚协议约定，崔乙由崔甲抚养，刘某有探视权。离婚后，崔乙由崔甲抚养。2014年10月26日，刘某在香港与他人办理结婚登记。2014年12月25日，崔甲再婚，并生育一女。2015年3月26日，刘某将崔乙带走。崔甲为此前往深圳及重庆多次寻找未果。刘某及家人断绝与崔甲的电话联系，致使崔甲一直无法探视崔乙。问：刘

某的行为如何定性？①

三、基于其他身份产生的身份权

基于其他身份产生的身份权主要是指知识产权中的身份权，主要是著作权法中的署名权、发表权、修改权和保护作品完整权。

发表权是指决定作品是否公之于众的权利；署名权是指表明作者身份，在作品上署名的权利；修改权是指修改或者授权他人修改作品的权利；保护作品完整权是指保护作品不受歪曲、篡改的权利。这四项权利专属于作者。

2014 年 4 月 15 日，台湾著名作家琼瑶向中国广电总局举报于正侵权，称于正编写的《宫锁连城》多处剧情抄袭其多年前写的小说《梅花烙》，并提交了相关证据。同年 4 月 28 日，琼瑶正式起诉于正和湖南卫视等播出单位侵权。2014 年 12 月 25 日，北京市第三中级人民法院判决《宫锁连城》侵犯了《梅花烙》的改编权，于正被要求向琼瑶公开赔礼道歉，5 家被告则共计赔偿原告 500 万元人民币。

与一般人身权不同，著作权中的人身权建立在作品的基础之上。第一，作品一经完成，作者即享有该项权利，因此著作权领域的人身权专属于创作者。第二，根据相关法律规定，享有著作权领域中人身权的权利人可以是自然人，也可以是法人。第三，著作权法上的人身权即使主体死亡，也可单独存在，如署名权。只要作品一直存在，署名权专属于创作者。第四，著作权法上的人身权中的部分权利可以转让和继承。第五，侵犯著作权中的人身权的行为主要表现为对作品的非法使用。

思考题

1. 什么是人身权？人身权的种类及彼此间存在什么关系？

2. 简述人格权的具体种类。

3. 简述身份权的具体种类。

4. 河南郑州市民王女士的头发留了 7 年，长约 65 厘米，因发质较好且一直没有烫过，不仅吸引不少女性的目光，也引起了很多收头发商贩的注意。常有商贩跟在她身后吆喝"高价收头发"，但是喜爱长发的王女士一直没舍得剪掉。

_____

① 刘某的行为侵犯了崔甲的监护权，应当承担相应的民事法律责任。

2010年7月24日早上6时40分，王女士在陇海路郑州市骨科医院门前坐上了T5路公交车。当时，车上只有她一名乘客，王女士就坐在了离后门较近且靠窗的位置。当行至大学路郑大东门站时，上来了一个男子。该男子径直坐在王女士身后靠窗的座位上，至郑州大学一附院站附近，王女士准备下车，她习惯性地用手捋了一下身后的长发，却突然捋空了，再往头上摸，才发现长发只剩下参差不齐的一小截了。惊呼之中，王女士立即回头看，只见一男子手里拿着一把剪刀和她的长发，飞速从车窗处跳车而逃。由于无法下车，王女士眼看着该男子跳车后，很快逃得没影了。王女士说，当时车速较慢，且公交车又是旧车，噪声很大，一直没发现长发被剪。① 问：如何认定该男子的行为？

---

① 施书芳. 一捋才发现 长发被人偷剪了［N］. 大河报，2010-07-26.

第五章

公民财产权的法律保护

财产是公民生存的物质基础，是公民获得自由、实现经济利益的重要手段。

财产权是公民、法人、其他组织通过合法途径获得财产以及对财产享有的占有、使用、收益、处分的权利。

公民财产权包括私有财产权与继承权。私有财产权是指公民个人合法所有的财产，如物权、债权、知识产权等生产、生活资料。继承权是指有继承资格的继承人依法获得被继承人个人合法财产的权利。

由于继承权与身份关系密切，又与公民的日常生活息息相关，因此继承权将在婚姻家庭继承权章节详细学习，本章专门学习公民私有财产权的法律保护。

第一节　公民物权的法律保护

2021年2月13日，家住上海奉贤的王女士发现，自家鱼池养殖的10余条锦鲤被盗。民警根据公共视频很快抓获偷鱼贼，却发现他已经将价值近5万元的锦鲤，在阳台上晒成了鱼干。经查，犯罪嫌疑人王某经过王女士家时看到鱼池里养的景观鱼，动起了"顺手牵羊"的心思。本以为只是几条鱼，不值多少钱，不想景观鱼竟价值5万余元。王某的行为侵犯了王女士的个人财产，数额巨大，构成盗窃罪，应当承担刑事责任。

法律上的物是指能满足人们需要，具有一定的稀缺性，并能为人们现实所支配和控制的各种物质资源。根据民法典的规定，物分为动产和不动产。动产是指能够移动，移动之后价值、形状、性能不会发生毁损、改变的物，如桌子、椅子、凳子等；反之，不动产则是指不能移动，移动之后价值、形状、性能会发生毁损、改变的物，如房屋、土地及土地的附着物等。

物权是指权利人在法律规定的范围内对特定的物享有的直接支配和排他的

权利，是民事主体依法享有的一项重要的财产权利。由于物权是直接支配物的权利，因而物权又被称为"绝对权"。物权的权利人享有物权，任何其他人都不得非法干预，物权的权利人以外的任何人都是物权的义务人，因此物权又被称为"对世权"。物权包括所有权、用益物权和担保物权三种。

一、物权的种类

（一）所有权

所有权是指权利人依法对自己的不动产和动产享有全面支配的权利。所有权具有四项权能，即占有、使用、收益和处分。

占有是对财产的实际控制，包括有权占有和无权占有。其中，法律只保护有权占有，无权占有不受法律的保护。例如，借用他人的物品，到期不还。这种情况也是一种占有，只是从有权占有转变为无权占有。如果无权占有的物品有价值，则可能构成不当得利；如果价值较大，则构成侵占；如果价值巨大（超过6万元），根据刑法的规定，构成侵占罪，要追究其刑事责任。占有人返还原物的请求权，自侵占发生之日起一年内未行使的，该请求权消灭。

使用是指对物的性能的利用。收益是指利用原物所取得的新增经济利益，如母鸡生蛋。基于对母鸡的所有权，母鸡的所有权人获得鸡蛋的所有权。处分是指所有人对其财产依法进行处置的权利，如房屋的所有权人基于对房屋的所有权，可以出售、出租该房屋。

> 乔某家的一只母羊领着三只小羊跑进薛某的地里。薛某以乔某的羊损坏了自己的庄稼为由，将该母羊牵回自己家中。二人发生争执，后经村干部调解，薛某愿意将该羊送回。但主张需乔某先赔偿其损失，乔某向法院起诉，请求薛某返还财产。问：法院如何处理本案？①

此外，根据民法典的规定，以下财产属于国家所有即全民所有，由国务院代表国家行使所有权。法律另有规定的，依照其规定。

矿藏、水流、海域；无居民海岛；城市的土地以及法律规定属于国家所有的农村和城市郊区的土地；森林、山岭、草原、荒地、滩涂等自然资源，但法律规定属于集体所有的除外；法律规定属于国家所有的野生动植物资源；无线电频谱资源；法律规定属于国家所有的文物；国防资产；铁路、公路、电力设

---

① 乔某需要赔偿薛某的损失，薛某应该返还乔某的羊。

施、电信设施和油气管道等基础设施，依照法律规定为国家所有的。

另外，民法典对于建筑物区分所有权也有规定。建筑物区分所有权是指小区业主对建筑物内的住宅、经营性用房等专有部分享有所有权，对专有部分以外的共有部分享有共有和共同管理的权利，包括建筑区划内的道路、绿地、其他公共场所、公用设施和物业服务用房等。占用业主共有的道路或者其他场地用于停放汽车的车位，也属于业主共有。业主对建筑物的共有部分，享有权利，承担义务；不得以放弃权利为由不履行义务。

> 某楼底层为商业用房，层高4.2米，建筑面积362.04平方米，产权属被告某实业公司所有。二至六层为居住房，由原告2钟某等19户居住使用，产权部分属原告1房产公司所有，部分由住户按房改政策购买。1998年3月，被告将底层部分的填充墙拆除，地面部分下挖至0.9米~1.2米深，准备增建夹层，由此引起与原告方的纠纷。尽管被告委托某市房屋安全鉴定处（下称安鉴处）就其在该楼底层增设夹层进行鉴定，结论为：经持证设计单位出具的正规施工图，能满足安全使用要求。某省建设委员会抗震办审核同意被告在该楼底层加一夹层；某市公安局消防科经审核，同意被告按所报图纸进行施工。但是1999年1月，原告仍向人民法院起诉，要求被告恢复房屋原有的主体结构，拆除夹层，将下挖的部分恢复原状，并对受损的给排水系统及主体结构的基础框架柱采取补救加固措施。
>
> 问：法院如何处理？①

相邻权指不动产的所有人或使用人在处理相邻关系时所享有的权利。相邻权是指在相互毗邻的不动产的所有人或者使用人之间，任何一方为了合理行使其所有权或使用权，享有要求其他相邻方提供便利或是接受一定限制的权利。因此相邻权实际上是对所有权的限制和延伸。

相邻不动产的所有人或使用人在行使自己的所有权或使用权时，应当以不损害其他相邻人的合法权益为原则。如果因权利的行使，给相邻人的人身或财产造成危害的，相邻人有权要求停止侵害、消除危险和赔偿损失。在处理相邻关系时，相邻各方应该本着有利生产、方便生活、团结互助、公平合理的原则，互谅互让，协商解决。协商不成，可以请求人民法院依法解决。

---

① 本案被告的行为虽得到所在市规划建设部门的批准，并经房屋质量安全检测部门鉴定对建筑物的整体安全尚不构成危害，但根据建筑物区分所有权的理论，被告的行为已构成侵权。最终二审法院判决要求被告恢复原状。

贾某和曾某的住宅东西相邻。贾某院中有一棵百年古树。根系延伸到曾某房屋的地下。将曾某的墙壁和火炕拱裂，危及房屋和曾某家人的人身安全。曾某要求贾某砍掉古树，贾某不同意，要求其砍断树根，贾某仍然不同意。曾某诉请法院判决贾某砍断树根，不得因越界树木根枝影响乃至威胁自己的人身财产安全。问：法院如何处理？①

(二) 用益物权

用益物权是指权利人对他人所有的不动产或者动产，依法享有占有、使用和收益的权利，如土地承包经营权、建设用地使用权、宅基地使用权、地役权、居住权等。由于是以对他人所有的不动产或者动产为使用、收益的目的而设立的，因而被称作"用益物权"。

土地承包经营权是指农民集体所有和国家所有由农民集体使用的耕地、林地、草地以及其他用于农业的土地，依法实行土地承包经营制度。

建设用地使用权是指使用权人依法对国家所有的土地享有占有、使用和收益的权利，有权利用该土地建造建筑物、构筑物及其附属设施。

宅基地使用权是指权利人依法对集体所有的土地享有占有和使用的权利，有权依法利用该土地建造住宅及其附属设施。

1981年2月，黄某以一户三人——黄某与妻子张某、大儿子的名义申请了宅基地建房，同年12月，小儿子出生。2002年大儿子结婚，黄某因车祸去世。2003年，小儿子因结婚另行申请了宅基地建房，大儿子也将房屋拆除，在原宅基地上建了新房，张某随大儿子居住。2006年，大儿子居住房屋面临拆迁，获得了拆迁补偿款10万余元和宅基地使用权补偿款36万余元。小儿子得知后认为，宅基地补偿款属于申请宅基地时的黄某、张某和大儿子共同所有，三人应各享有12万元。父亲黄某已经去世，其享有的12万元，理应作为遗产由母亲、哥哥和自己共同继承。大儿子反对，双方对簿公堂。问：法院如何处理本案？②

---

① 贾某应当采取相应措施，防止古树给曾某带来各种人身、财产损害。

② 宅基地使用权作为一项特殊的用益物权，与农民个人的集体经济组织成员资格紧密相连，因出生而获得，因死亡而消灭。黄某于2002年因车祸死亡，自然失去其集体经济组织成员的资格，不再是宅基地使用权的主体，宅基地补偿款当然也无权享有。因此其小儿子要求分割宅基地补偿款的诉请，于法无据，判决驳回。

　　居住权是指权利人有权按照合同约定，对他人的住宅享有占有、使用的用益物权，以满足生活居住的需要。

　　　徐某峰与梁某华于 2006 年登记结婚，双方均系再婚，婚后未生育子女，梁某连系梁某华之弟。梁某华于 2016 年 3 月去世，生前写下遗嘱，其内容为："我名下位于平安区幸福路 12 号房屋遗赠给我弟弟梁某连，我丈夫徐某峰没再婚前拥有居住权，此房是我毕生心血，不许分割、不许转让、不许卖出……"梁某华离世后，梁某连等人与徐某峰发生遗嘱继承纠纷并诉至法院。法院判决被继承人梁某华名下位于 A 市平安区幸福路 12 号房屋所有权归梁某连享有，徐某峰在其再婚前享有该房屋的居住使用权。判决生效后，徐某峰一直居住在该房屋内。2021 年年初，徐某峰发现所住房屋被梁某连挂在某房产中介出售，其担心房屋出售后自己被赶出家门，遂向法院申请居住权强制执行。问：徐某峰的诉求能否得到法院的支持？①

　　地役权是指权利人有权按照合同约定，利用他人的不动产，以提高自己不动产的效益。

　　　某甲房地产开发公司拍得某市区河畔一块土地，准备以观景为理念，设计并建造一所高层观景商品住宅楼，但该地前面有一平房制衣厂。为了该住宅楼业主能在房间里欣赏河畔风景，双方约定，制衣厂在 30 年内不得在该土地上兴建三层高以上的建筑。作为补偿，甲每年向制衣厂支付 20 万元，三年后，制衣厂将该土地使用权转让给乙公司。乙公司在该土地上动工修建高层电梯公寓，甲公司得知后，要求乙公司立即停止新建，但遭到拒绝。甲于是向法院提起诉讼，请求法院判决乙公司停止施工，同时要求制衣厂承担违约责任。问：法院如何处理本案？②

---

① 可以，案涉房屋所有权虽为梁某连所有，但是梁某华通过遗嘱方式使得徐某峰享有案涉房屋的居住使用权，故根据民法典第三百六十八条等关于居住权的规定，最终裁定将梁某连所有的案涉房屋的居住权登记在徐某峰名下。此后，只要徐某峰不发生再婚的事实，就可以一直在案涉房屋中居住生活，梁某连无权将其赶走；一旦徐某峰再婚，其居住权即告消灭，梁某连应当及时到相关部门办理注销登记。

② 甲、乙制衣厂之间的地役权合同没有到登记机关登记，不得对抗善意的第三人，作为受让供役地人的乙公司没有义务遵守地役权合同的约定，乙公司可以在不妨碍相邻权人的相邻权的情况下任意使用该土地，包括修建高层电梯公寓。但甲公司可以要求制衣厂承担违约责任。

（三）担保物权

担保物权是为了确保债务履行而设立的物权，当债务人不履行债务时，债权人就担保财产依法享有优先受偿的权利。担保物权对保证债权实现、维护交易秩序、促进资金融通，具有重要作用。根据民法典物权编的规定，我国的担保物权包括抵押权、质押权和留置权。

1. 抵押权

抵押权是指为担保债务的履行，债务人或者第三人不转移财产的占有，将该财产抵押给债权人，债务人不履行到期债务或者发生当事人约定的实现抵押权的情形，债权人有权就该财产优先受偿的权利。根据民法典的规定，抵押可以用动产抵押，也可以用不动产抵押。抵押的另一个特点就是"不转移财产的占用"，这样能最有效地物尽其用。例如，张三将汽车抵押给某银行，汽车仍然由张三控制并占用，并不用交付给银行占用。

抵押物包括：建筑物和其他土地附着物；建设用地使用权；海域使用权；生产设备、原材料、半成品、产品；正在建造的建筑物、船舶、航空器；交通运输工具；法律、行政法规未禁止抵押的其他财产。

但是土地所有权，宅基地、自留地、自留山等集体所有土地的使用权（法律有规定的除外），学校、幼儿园、医疗机构等为公益目的成立的非营利法人的教育设施、医疗卫生设施和其他公益设施，所有权、使用权不明或者有争议的财产，依法被查封、扣押、监管的财产，法律、行政法规规定不得抵押的其他财产等不得抵押。

2. 质押权

质押权又称质权，是指债权人与债务人或债务人提供的第三人以协商订立书面合同的方式，转移债务人或者债务人提供的第三人的动产或权利的占有，在债务人不履行债务时，债权人有权以该财产价款优先受偿。与抵押不同的是设立质权必须转移财产的占用，因此质权又称为动产质权。例如，如果张三将汽车质押给银行，则张三必须将汽车交给银行实际控制。

此外，除动产外，债务人或者第三人有权处分的下列权利可以出质：汇票、本票、支票；债券、存款单；仓单、提单；可以转让的基金份额、股权；可以转让的注册商标专用权、专利权、著作权等知识产权中的财产权；现有的以及将有的应收账款；法律、行政法规规定可以出质的其他财产权利。

3. 留置权

留置权是指在债务人不履行到期债务时，债权人有权依照法律规定留置已经合法占有的债务人的动产，并就该动产优先受偿的权利。

与抵押、质押属于意定担保物权不同，留置权首先是法定的担保物权。其次，行使留置权的前提是债权人已经合法取得了这个物的占用。留置只能针对动产进行。

张三送衣服去干洗店干洗，张三与干洗店成立了一个干洗衣物的合同。如果张三无法支付干洗费，则干洗店可以不经张三同意直接将衣服留置下来；约定履行期满后，通过拍卖、变卖等方式冲抵干洗费，多余部分退还给张三。其中，衣服是动产，张三将衣服送到干洗店，干洗店则合法占有该衣服；如果张三不支付干洗费用，干洗店必然不会将衣服交给张三，张三在约定的期间内不支付干洗费，期满，干洗店就可以将衣服处理掉，多出干洗费的部分退还给张三。

二、物权变动

物权变动是指物权设立、变更、转让和消灭的行为。一般情况下，不动产物权变动以登记为标志；动产则以交付为标志。

（一）不动产登记

根据民法典的规定，不动产物权的变动应当登记，登记是一种公信，目的是对抗第三人。

甲将自己名下的房屋卖给了 A，但是没有过户；不久房屋价格暴涨，甲又将该房屋卖给了 B，并且办理了过户手续。现在 A、B 之间因为房屋的归属发生争议，问房屋到底归谁所有？

毫无疑问，房屋归 B 所有，因为甲已经将房屋登记到 B 的名下；A 只能要求甲承担违约责任。

李某将自己所有的房屋一套卖给易某。房价为 38 万元，约定交易费用和办理物权登记手续由买方承担。李某收到房款后将房子和房证一起交给易某。易某搬入居住。但一直未办理物权变更登记。三年后，李某得知情况，以不动产登记的权利人身份，诉请法院判决解除该房屋买卖合同，退还房款，返还房屋。易某则以已经交付了房款并占有房屋房证为由，主张自己对该房屋的所有权。要求驳回李某的诉讼请求。问：法院如何处理？①

利害关系人对房屋等不动产登记簿记载的权利有异议并记入登记簿的行为称为"异议登记"。异议登记是因为权利人不同意更正错误后，利害关系人采取的补救措施。一旦登记机关予以异议登记，则第三人不能主张基于登记而产生的公信力。异议登记申请人在异议登记后 15 天内不起诉的，异议登记失效；异议登记不当，造成权利人权利受损的，权利人有权向申请人请求损害赔偿。

甲名下有一套房屋，乙认为这套房屋是自己出资购买的，因为某个原因登记在甲的名下，现在原因消除，因此向甲提出更正登记，遭到了甲的拒绝，为此，乙向房管部门提出异议登记，房管部门同意予以异议登记。此时，如果甲将房屋出卖给丙，丙不能以房屋登记簿的名字是甲为由，主张房屋所有权，因为房屋登记簿上登记了"异议"字样，明知该房屋所有权存在争议仍然购买，其行为不能得到法律的支持。乙在异议登记后，必须在 15 天之内向法院起诉，否则异议失效。异议失效后，如果房屋价格大跌，导致甲因此受损的，甲可以向乙主张权利。

（二）动产交付

动产物权的变动应当交付。只要权利人将动产的占有转移给受让人，受让人即取得该动产的所有权。交付的法律意义就是公示，表示动产物权的变更事实。但是有一部分特殊动产法律规定需要登记对抗第三人。如船舶、航空器、机动车。

（三）善意取得

无处分权人将动产或者不动产转让给第三人，如果受让人在取得该财产时主观善意，则受让人合法取得该物的所有权。

善意取得必须体现在以下方面：一是标的物是动产或者是不动产；二是出卖人对该财产没有处分权；三是受让人受让财产时主观善意；四是受让人支付了合理的对价；五是转让的财产已经交付或者变更登记。

甲将一块自称祖传的玉卖给了乙，实际上这块玉是丙委托甲保管的。

---

① 驳回易某的起诉，因为房屋仍然归李某所有。根据民法典规定，不动产以公示、公信为原则，登记在谁的名下，谁就拥有房屋的所有权；但易某可以更换起诉请求，要求李某继续履行合同。

乙不知情，并支付了合理的价格，甲将这块玉交付给了乙，那么乙因为善意取得该玉的所有权。丙只能向甲主张自己的权利。

此外，民法典规定，盗赃物、遗失物以及非法获得的物，任何时候均不适用善意取得制度。

第二节　公民债权的法律保护

债权是指要求他人为一定行为（包括作为或者不作为）的权利，只在特定的人之间产生，是特定相对人之间权利与义务的关系，因此又称为"相对权""对人权"。例如：房屋出租，根据合同约定，出租人有交付出租屋的义务，收取租金的权利；承租人有使用房屋的权利，给付租金的义务。

根据债务发生的原因，民法典将债权分为意定之债和法定之债。意定之债就是合同之债，是基于约定，在特定当事人之间产生的权利与义务关系。法定之债就是指根据法律的规定，在特定当事人之间产生的权利与义务关系，具体包括侵权责任之债、无因管理、不当得利和缔约过失责任之债。立法者通常将缔约过失责任之债放到合同之债中规定。

债权具有以下特征：一是债权仅仅是财产上的请求权，不得通过限制债务人的人身来实施。二是债权是相对权，债权人只能向特定的债务人主张权利，不得向债务人以外的第三人主张权利。三是债权同时具有相容性和平等性。债权的相容性和平等性是指同一标的物上可以成立内容相同的数个债权，并且其相互间是平等的，在效力上不存在排他性和优先性。四是债权为有期限权利，不得设定无期限债权。债权一旦没有期限设定，债权人的权利无法保护。

一、合同之债

合同是平等的民事主体之间设立、变更、终止民事权利义务关系的协议。合同之债是合同双方当事人因合同而产生的权利与义务纠纷。婚姻、收养、监护等有关人身关系的协议除外，不适用合同法的相关规定。

原告某食品贸易公司与被告某粮油公司签订了一份大米购销合同。合同规定，原告向被告出售1500吨大米，每吨单价1100元。在三月底于某火车站交货，货到三天后付款。几天后，原告又与第三人某粮油进出口公司

79

签订了一份同样数量的大米购销合同。第三人在合同订立后，立即向原告汇出500吨大米的货款。原告在收到该款后，即向第三人通过火车发送了500吨大米。十天后，原告又向被告发送了1000吨大米。至三月中旬，原告不能收集到余下500吨大米给被告，被告多次发函催要，原告遂申请第三人向被告履行500吨大米的给付义务。同时询问被告的意见，被告表示同意。第三人由于货到后，一部分大米被处理，剩下400吨尚未销售，遂征求被告的意见。被告同意先发400吨，并愿意向第三人支付400吨大米的价款。被告在收到货物以后，以尚欠100吨大米为由要求原告补足，同时拒绝向原告支付货款。原告多次催讨未果，向法院起诉，要求被告支付1000吨大米的货款，问：法院如何处理？①

（一）合同的订立

1. 订立的方式

根据民法典的规定，当事人订立合同，可以采用书面形式、口头形式或者其他形式。其中，书面形式是指合同书、信件、电报、电传、传真等有形表现所载内容的形式。例如，以电子数据交换、电子邮件等方式能够有形地表现所载内容，并可以随时调取查用的数据电文，视为书面形式。

2. 合同的内容

合同的内容由当事人约定，一般包括下列条款：当事人的姓名或者名称和住所；标的；数量；质量；价款或者报酬；履行期限、地点和方式；违约责任；解决争议的方法；等等。为了方便老百姓的适用，相关部门还制定了不少合同范本，当事人可以参照各类合同的示范文本订立合同。

3. 合同订立的程序

当事人订立合同可以采取要约、承诺方式或者其他方式。

（1）要约

要约是希望与他人订立合同的意思表示。法律规定，有效的意思表示应当包括以下方面：一是内容具体确定；二是表明经受要约人承诺，要约人即受该意思表示约束。

---

① 法院应当支持原告的诉求。原被告之间1500吨大米的合同通过事后的行为发生了变更，被告同意原告履行1000吨大米的合同义务，500吨大米由第三人履行，现在是因为第三人的原因导致还有100吨大米不能履行，根据合同相对性原理，被告应该支付原告已经交付的1000吨大米的货款。

要约邀请则是指希望他人向自己发出要约的意思表示。例如，拍卖公告、招标公告、招股说明书、债券募集办法、基金招募说明书、商业广告和宣传、寄送的价目表等，都属于要约邀请。

（2）承诺

承诺是受要约人同意要约的意思表示。法律规定承诺应当以通知的方式作出，根据交易习惯或者要约表明可以通过行为作出承诺的除外；承诺应当在要约确定的期限内到达要约人。要约没有确定承诺期限的，承诺应当依照下列规定到达：要约以对话方式作出的，应当即时作出承诺；要约以非对话方式作出的，承诺应当在合理期限内到达。

（二）合同的效力

依法成立的合同，自成立时生效，但是法律另有规定或者当事人另有约定的除外。例如，合同中如果约定了下列免责条款，其约定无效：造成对方人身损害的，因故意或者重大过失造成对方财产损失的。

此外，如果合同不生效、无效、被撤销或者终止，不影响合同中有关解决争议方法的条款的效力。

（三）合同的履行

当事人应当按照约定全面履行自己的义务。如果合同约定不明确，当事人应当遵循诚信原则，根据合同的性质、目的和交易习惯履行通知、协助、保密等义务。当事人在履行合同过程中，应当避免浪费资源、污染环境和破坏生态。

> 某日，董某骑自行车到百货大楼购买衣服，顺手将自行车放在百货大楼右侧的广告牌下，该处明显设置不得存放自行车的告示牌。方某是该处负责保管、存放自行车的人员。每次存车收费 0.5 元。当他发现该车以后，便将该车推到自己管理的存车处存放。约一个小时之后，董某从百货大楼出来，发现自己的自行车不见了，便四处寻找，找到方某询问，告知该车已被推到这里看管。董某表示感谢，并交了 0.5 元看车费。当方某带董某前去取车时，发现该车已经丢失，无从查找。董某要求方某赔偿，方某认为自己未受委托看管，且车是被他人偷盗，与自己无关，故主张可退还看车费，但不予赔偿。董某起诉到法院，请求方某承担损害赔偿责任。问：

法院如何处理?①

此外，为了满足社会发展、经济发展的需要，法律对某些非传统性合同的履行有特别规定。例如网购：如果合同的标的为交付商品并采用快递物流方式交付的，收货人的签收时间为交付时间；如果合同的标的是提供服务的，生成的电子凭证或者实物凭证中载明的时间为提供服务时间；如果合同的标的物为采用在线传输方式交付的，合同标的物进入对方当事人指定的特定系统且能够检索识别的时间为交付时间。电子合同当事人对交付商品或者提供服务的方式、时间另有约定的，按照其约定。如果相关网购凭证没有载明时间或者载明时间与实际提供服务时间不一致的，以实际提供服务的时间为准。

（四）合同的变更和转让

当事人协商一致，可以变更合同；当事人对合同变更的内容约定不明确的，推定为未变更。

债权人可以将债权的全部或者部分转让给第三人，但是有下列情形之一的除外：根据债权性质不得转让；按照当事人约定不得转让；依照法律规定不得转让。当事人约定非金钱债权不得转让的，不得对抗善意第三人。当事人约定金钱债权不得转让的，不得对抗第三人。

（五）合同的解除

合同的解除是指在合同有效成立后，因一方或双方当事人的意思表示而使合同关系终了的制度。合同解除后，未履行的部分不必再履行，已经履行的部分，根据具体情形各自保有（如继续性合同）或进行清算、相互返还（如非继续性合同）。

合同解除的方式包括约定解除、法定解除两种。法律规定法定解除的原因包括：不可抗力导致合同目的不能实现；拒绝履行；迟延履行经催告后仍未履行；不完全履行导致合同目的不能实现。

合同自通知到达对方时解除。对方有异议的，可以请求人民法院或者仲裁机构确认解除合同的效力。

合同一旦解除，当事人免除履行合同的义务，恢复原状；因此给一方造成损害的，另一方承担损害赔偿的责任。

---

① 本案董某与方某之间通过事后追认的方式，双方存在保管合同关系。方某未能按照合同约定妥善保管董某的自行车，因此要承担违约责任。

二、法定之债

法定之债是指债的发生及其内容均由法律予以规定的债，包括侵权行为之债、不当得利和无因管理。

（一）侵权行为之债

侵权指侵害他人的民事权益，包括人身权、财产权等，并依法应当承担民事责任的行为。基于侵权行为而产生的债被称为"侵权之债"，这是一种典型的法定之债。

侵权之债具有以下特征：一是主观故意或者过失；二是客观上实施了侵权行为；三是侵权行为造成了损害后果；四是侵权行为与损害后果之间存在因果关系；五是依据法律的规定，要承担相应的法律责任。

> 张某 1999 年参加高考，录取的时候，由于是学校扩招的名额，所以某大学寄发录取通知书迟到，直到 1999 年 10 月 2 日才到达张某所在的邮局。邮局及时将邮件送达到张某所在的村，交给收发员并且签字。收发员将该标有大学录取通知书字样的邮件放起来就算了事儿，没有交给张某。2000 年 4 月，这封信被发现，张某才知道自己被某大学录取。经与该大学联系，学校同意按照休学一年处理。但是要交一年的费用，为了补偿损失，张某向法院起诉。经查：1995 年邮局曾与该村委会签订"代收报刊"的协议，并给付一年的费用。以后没有再签协议也没有再给过费用。法院将邮局、村委会一并列为被告，判决两方共同赔偿原告延误学习的费用 4936 元、就业一年的工资 12000 元、精神损失费 20000 元。问：法院的处理是否合适？①

随着互联网的兴起，利用网络实施侵权的行为越来越多，要特别注意防范。

> 2009 年 10 月 12 日，一位自称来自河北容城县的女子闫某，在自己的博客上公布了 279 名曾与自己发生过性关系的男性手机号码，并称自己身染艾滋病。一条《河北容城"艾滋女"与 279 名"嫖客"发生关系》的帖子连同数百张不雅照出现在互联网上，迅速被众多境内外网站转载，一些

---

① 合适。邮局应该将录取通知书交给张某本人；村委会尽管没有义务替邮局转交录取通知书，但邮局将通知书交给村委会收发室，收发室没有拒绝，视为接受邮局的委托，理应按照受托人的要求，将录取通知书交给张某本人。

媒体竞相报道，舆论哗然。

此后，闫某主动提出进行 HIV 抗体检测，检测结果证实她并没有感染艾滋病毒。她同时表示，帖子所称个人博客并非其本人所写，整个事件是前男友杨某猛恶意毁谤。问：如何处理本案？[①]

（二）不当得利

不当得利是指没有法定或者约定的事由，一方得利另一方因此受损的行为。

1. 不当得利的构成要件

一方获得利益，他方受到损失；获得利益和受到损失之间有因果关系；获得利益没有合法根据。

2. 法律后果

得利人没有法律根据取得不当利益的，受损失的人可以请求得利人返还取得的利益并依法赔偿损失。受损人还可以请求第三人在相应范围内承担返还义务。

如果是为履行道德义务进行的给付、债务到期之前的清偿、明知无给付义务而进行的债务清偿不构成不当得利，不需要返还。

得利人不知道且不应当知道取得的利益没有法律根据，取得的利益已经不存在的，不承担返还该利益的义务。

2014 年 1 月 29 日 11 时 3 分 10 秒，唐某通过网银账号错把 36500 元打入孙某的银行账户内，同日，唐某向公安机关进行求助，但孙某没有归还款项。后经过唐某多次和孙某沟通，孙某于 2014 年 2 月 28 日在银行向唐某银行卡上现存 12000 元。问：孙某的行为如何定性？法院应当如何处理？[②]

（三）无因管理

无因管理是指没有法定或者约定的义务，为避免他人利益受损失而进行管理的人，有权请求受益人偿还由此支出的必要费用。

1. 无因管理构成要件

（1）管理人管理了本人的事务。

（2）管理人没有义务管理本人的事务，包括法定义务和约定义务。

[①] 如果查证属实，那么杨某的行为构成网络侵权。

[②] 孙忠的行为构成不当得利，法院应该判决孙忠返还不当得利本金及利息。

（3）管理人有为他人利益而管理的意思。是指管理人认识到他所管理的是他人的事务，且有为他人谋利益的意思。

2. 无因管理的法律后果

构成无因管理的，管理人有权要求受益人偿还必要的费用；管理人因此受损的，可以请求受益人适当补偿。

> 牟某自己开办一奶牛场。饲养了数十头奶牛，其中一头奶牛患病，病因不明，医治无效，非常瘦小，且无法产奶，又有传染其他奶牛造成更大损失的可能。故牟某用车将该奶牛拉到野外丢弃。次日，农民唐某在耕作归途中发现了该奶牛，见其气息奄奄，不忍其饿死于野外，便将该奶牛牵回家中，精心调治。不到三个月，该牛竟病状全消，健壮如初，这一消息一年后传到牟某的耳中。牟某认为自己是牛主，理所当然可以将该奶牛领回，便找到唐某，要求其将奶牛交还给他，唐某不同意。牟某又提出可以和唐某结算治疗费用，唐某仍予以拒绝。牟某随即状诉至法院，要求唐某返还不当得利。问：法院如何处理？①

第三节　公民知识产权的法律保护

知识产权是权利人依法就下列客体享有的专有的权利：作品；发明、实用新型、外观设计；商标；地理标志；商业秘密；集成电路布图设计；植物新品种；法律规定的其他客体。知识产权法是调整在创造、使用、转让和保护智力成果或工商业标志过程中发生的社会关系的法律规范的总称。包括著作权法、专利法、商标法等专门法律和其他法律、法规、规章以及中国参加的巴黎公约、伯尔尼公约等国际条约。

一、著作权

著作权是指自然人、法人或者其他组织对文学、艺术和科学作品享有的财产权利和精神权利的总称。著作权是有期限的保护著作人知识财产的权利，分

---

① 唐某不构成不当得利，因为该奶牛是牟某的抛弃物，唐某基于先占取得。如果唐某将奶牛归还牟某，牟某应该支付必要的费用，因为唐某的行为构成无因管理。

为著作人格权与著作财产权。著作权经过一定期限后,著作财产权即归于失效,而属公有领域,任何人皆可自由利用。

(一) 著作权保护的对象

著作权保障的是作品。要求作品应当具有独创性,属于文学、艺术和科学范畴思想的表达形式,但不保护思想本身。根据我国民法典的规定,著作权法保护的作品分为以下几类:文字作品;口述作品;音乐、戏剧、曲艺、舞蹈、杂技艺术作品;美术、建筑作品;摄影作品;视听作品;工程设计图、产品设计图、地图、示意图等图形作品和模型作品;计算机软件以及符合作品特征的其他智力成果。

为保护国家或社会公众利益的需要,法律、法规,国家机关的决议、决定、命令和其他具有立法、行政、司法性质的文件及其官方正式译文;时事新闻;历法、通用数表、通用表格和公式等不受著作权法保护。

(二) 著作权的归属

一般情况下著作权属于作者,另有规定的除外。具体而言,谁在作品上署名,谁享有著作权。符合法律规定的公民、法人或者其他组织均可以为作者。

合作作品的著作权由合作作者共同享有;汇编作品,其著作权由汇编人享有,但行使著作权时,不得侵犯原作品的著作权。

委托作品著作权的归属由委托人和受托人通过合同约定。合同未作明确约定或者没有订立合同的,著作权属于受托人。

视听作品的著作权由制片者享有,但编剧、导演、摄影、作词、作曲等作者享有署名权,并有权按照与制片者签订的合同获得报酬。电影作品和以类似摄制电影的方法创作的作品中的剧本、音乐等可以单独使用的作品的作者有权单独行使其著作权。

自然人为完成法人或者非法人组织工作任务所创作的作品是职务作品。除法律另有规定外,著作权由作者享有,但法人或者非法人组织有权在其业务范围内优先使用。作品完成两年内,未经单位同意,作者不得许可第三人以与单位使用的相同方式使用该作品。

有下列情形之一的职务作品,作者享有署名权,著作权的其他权利由法人或者非法人组织享有,法人或者非法人组织可以给予作者奖励:主要是利用法人或者非法人组织的物质技术条件创作,并由法人或者非法人组织承担责任的工程设计图、产品设计图、地图、示意图、计算机软件等职务作品;报社、期刊社、通讯社、广播电台、电视台的工作人员创作的职务作品；法律、行政法规规定或者合同约定著作权由法人或者非法人组织享有的职务作品。

计算机软件著作权人指依法享有软件著作权的自然人、法人或者其他组织。软件著作权自软件开发完成之日起产生。

王某、程某二人系郎舅关系，2018 年年底，二人在定远县重操旧业，先是购买了成都鑫某瑞数控系统并将数控系统芯片拆解下来，又以数万元的价格聘请北京市海淀区某科技公司陈某帮助破解数控系统芯片程序。陈某在未经著作权拥有方鑫某瑞公司许可的情况下，帮助王某、程某破解系统程序。陈某将破解后的系统程序改名植入空白芯片内，以每块芯片 4 元的价格批量销售给王某、程某。2020 年 6 月 30 日 17 时许，安徽定远县公安局组织 20 余名警力成立抓捕组，在华某源公司生产厂房内当场抓获犯罪嫌疑人王某、程某，并现场查扣成品机床数控系统 23 件，编程器、主板、芯片等零部件共计 3000 余件。[①]

（三）著作权的内容

著作权的内容包括人身权和财产权两项。

著作人身权又称著作精神权利，是指作者通过创作表现个人风格的作品而依法享有获得名誉、声望和维护作品完整性的权利。著作人身权没有直接财产内容，该权利由作者终身享有，不可转让、剥夺和限制。作者死后，一般由其继承人或者法定机构予以保护。根据中国著作权法的规定，著作人身权包括：发表权、署名权、修改权、保护作品完整权。

著作财产权是作者对其作品的自行使用和被他人使用而享有的以物质利益为内容的权利。著作财产权的内容具体包括：复制权、发行权、出租权、展览权、表演权、放映权、广播权、信息网络传播权、摄制权、改编权、翻译权、汇编权以及应当由著作权人享有的其他权利。

1994 年，美国道琼斯公司总裁康彼德向我国著名书法家、全国政协委员关东升求了一幅"道"字书法作品。事隔多年后，关东升发现道琼斯将这个"道"字作为它的商标使用，他认为，此举侵犯了他的著作权，于是

---

① 谢月，张强. 安徽警方侦破一起特大侵犯著作权案 涉案金额 2000 万元 ［EB/OL］. 光明网，2020-12-17.

向道琼斯提出 500 万元的索赔要求。问：法院如何处理？①

（四）著作权保护期限

作者的署名权、修改权、保护作品完整权的保护期不受限制。

作品的作者是公民的，著作权保护期限至作者死亡之后第 50 年的 12 月 31 日；合作作品的著作权保护期截止于最后死亡的作者死亡后第 50 年的 12 月 31 日。

作品的作者是法人、其他组织的，著作权保护期限到作者首次发表后第 50 年的 12 月 31 日。但作品自创作完成之后，50 年内未发表的，不受著作权法的保护。

（五）著作权保护的限制

法律规定，特定情况下使用作品可以不经著作权人（包括出版者、表演者、录音录像制作者、广播电台、电视台）许可，不向其支付报酬，但应当指明作者姓名、作品名称，并且不得侵犯著作权人依照本法享有的其他权利：

1. 不经著作权人同意无偿使用作品的情况

（1）为个人学习、研究或者欣赏，使用他人已经发表的作品。

（2）为介绍、评论某一作品或者说明某一问题，在作品中适当引用他人已经发表的作品。

（3）为报道时事新闻，在报纸、期刊、广播电台、电视台等媒体中不可避免地再现或者引用已经发表的作品。

（4）报纸、期刊、广播电台、电视台等媒体刊登或者播放其他报纸、期刊、广播电台、电视台等媒体已经发表的关于政治、经济、宗教问题的时事性文章，但作者声明不许刊登、播放的除外。

（5）报纸、期刊、广播电台、电视台等媒体刊登或者播放在公众集会上发表的讲话，但作者声明不许刊登、播放的除外。

（6）为学校课堂教学或者科学研究，翻译或者少量复制已经发表的作品，供教学或者科研人员使用，但不得出版发行。

（7）国家机关为执行公务在合理范围内使用已经发表的作品。

---

① 2003 年 9 月 22 日，北京市第一中级人民法院作出判决：被告道琼斯公司自判决生效之日起，立即停止将原告书写的"道"字作品作为商业标识使用的侵权行为，赔偿原告经济损失 405680 元人民币，并向原告书面道歉。

（8）图书馆、档案馆、纪念馆、博物馆、美术馆等为陈列或者保存版本的需要，复制本馆收藏的作品。

（9）免费表演已经发表的作品，该表演未向公众收取费用，也未向表演者支付报酬。

（10）对设置或者陈列在室外公共场所的艺术作品进行临摹、绘画、摄影、录像。

（11）将中国公民、法人或者其他组织已经发表的以汉语言文字创作的作品翻译成少数民族语言文字作品在国内出版发行。

（12）将已经发表的作品改成盲文出版。

2. 不经著作权人同意有偿使用作品的情况

为实施九年制义务教育和国家教育规划而编写出版的教科书，除作者事先声明不许使用的外，可以不经著作权人许可，在教科书中汇编已经发表的作品片段或者短小的文字作品、音乐作品或者单幅的美术作品、摄影作品，但应当按照规定支付报酬，指明作者姓名、作品名称，并且不得侵犯著作权人依照本法享有的其他权利。

二、专利权

（一）概念与特点

1. 概念

专利，顾名思义就是专有权利与利益，是由国家政府机关根据申请人的申请而颁发的一种证明文件，目的是鼓励、激励申请人积极参与科学研究活动，以推动社会、经济发展。

专利权是指发明创造人或其权利受让人对特定的发明创造在一定期限内依法享有的独占实施权。专利权具有排他性、时间性、地域性特点。

2. 特点

（1）排他性，也称"独占性"或"专有性"。专利权人对其拥有的专利权享有独占或排他的权利，未经其许可或者出现法律规定的特殊情况，任何人不得使用，否则即构成侵权。这是专利权（知识产权）最重要的法律特点之一。

（2）时间性，是指法律对专利权所有人的保护不是无期限的，而是有限制的，超过这一时间限制则不再予以保护，专利权随即成为人类共同财富，任何人都可以利用。

（3）地域性，是指任何一项专利权，只有依一定地域内的法律才得以产生并在该地域内受到法律保护。除非有相关国际公约、条约的规定。

（二）专利权的范围

专利权的范围包括发明、实用新型和外观设计。发明，是指对产品、方法或者其改进所提出的新的技术方案；实用新型是指对产品的形状、构造或者其结合所提出的适于实用的新的技术方案。外观设计又称为"工业产品外观设计"，是指对产品的形状、图案或者其结合以及色彩与形状、图案相结合所作出的富有美感并适于工业上应用的新设计。

授予专利权的发明、实用新型应当具备新颖性、创造性和实用性；授予专利的外观设计应当具备新颖性。

（三）专利权的内容

1. 实施许可权。实施许可权是指专利权人可以许可他人实施其专利技术并收取专利使用费的权利。许可他人实施专利的，当事人应当订立书面合同。

2. 转让权。专利权可以转让。转让专利权的，当事人应当订立书面合同，并向国务院专利行政部门登记，由国务院专利行政部门予以公告，专利权的转让自登记之日起生效。中国单位或者个人向外国人转让专利权的，必须经国务院有关主管部门批准。

3. 标示权。它是指专利权人享有在其专利产品或者该产品的包装上标明专利标记和专利号的权利。

4. 独占实施权。除专利法另有规定的以外，任何单位或者个人未经专利权人许可，都不得实施其专利，即不得为生产经营目的制造、使用、许诺销售、销售、进口其专利产品，或者使用其专利方法以及使用、许诺销售、销售、进口依照该专利方法直接获得的产品。

搜狗公司拥有名为"一种用户词参与智能组词输入的方法及一种输入法系统"的发明专利。而百度在线网络技术（北京）有限公司、北京百度网讯科技有限公司则制作发布了百度输入法。

2015年11月16日，搜狗公司向上海知识产权法院提起诉讼，认为百度在线网络技术（北京）有限公司、北京百度网讯科技有限公司未经许可，以生产经营为目的实施了搜狗公司享有的涉案专利的技术方案，侵犯了搜狗公司的专利权利，请求法院判令两百度公司立即停止侵害行为，包括——立即停止制作侵害搜狗公司专利权的百度输入法,立即停止在自己或者第三方经营的网站或者应用平台上发布侵害搜狗公司专利权的百度输入法供公众用户下载,立即停止将侵害专利权的百度输入法提供给手机生产厂商让其预装在所生产销售的手机中。同时,搜狗公司请求判令天熙公司也立即停止许诺销售、销售预装有侵害搜狗公司专利权的百度输入法的手机;两百度公司赔偿搜狗公司各类经济损失人民币 1000 万元,其中 5 万元由天熙公司连带赔偿,诉讼费用由三被告共同承担。

后经工业和信息化部软件与集成电路促进中心知识产权司法鉴定所鉴定:百度输入法软件的部分技术特征与搜狗公司的相关专利技术特征不相同也不等同;一审法院组织搜狗公司和两百度公司代理人及专家辅助人、技术调查官、相关鉴定专家对百度输入法软件源代码进行了勘验,均认为不构成侵权。据此上海市知识产权法院一审判决驳回原告诉求,2020 年 3 月 30 日,上海市高级人民法院二审维持原判,驳回上诉。[①]

（四）专利权保护时间

发明专利权的期限为 20 年,实用新型专利权和外观设计专利权的期限为 10 年,均自申请日起计算。

专利权期限届满后,专利权终止。专利权期限届满前,专利权人可以书面声明放弃专利权。

三、商标权

（一）概念

商标是经营者为了使自己的商品或服务与他人的商品或服务区别而使用的标记。文字、图形、字母、数字、三维标志、颜色组合和声音等,以及上述要素的组合,均可以作为商标申请注册。商标包括商品商标和服务商标、集体商标和证明商标、联合商标和防御商标、注册商标和未注册商标、驰名商标。

商标权是民事主体享有的在特定的商品或服务上,以区分来源为目的,排他性使用特定标志的权利。

（二）商标权取得的原则

根据法律的规定,商标权的取得按照使用在先取得原则或者是注册取得原

[①]　上海市高级人民法院（2018）沪民终 134 号民事判决书。

则。即使利害关系人没有注册商标，只要能证明使用在先，那么利害关系人仍可以继续使用该商标。

（三）商标权取得的条件

首先，法律、行政法规规定必须使用注册商标的商品，必须申请商标注册，未经核准注册的，不得在市场销售。其次，申请注册和使用商标，应当遵循诚实信用原则。再次，商标必须具有显著的标志，便于识别，能够将自然人、法人或者其他组织的商品与他人的商品区别开。最后，申请注册的商标不得与他人先取得的合法权利相冲突。

此外，根据法律规定，商标不得使用下列文字、图形：同中华人民共和国的国家名称、国旗、国徽、军旗、勋章相同或者近似的；同外国的国家名称、国旗、国徽、军旗相同或者近似的；同政府间国际组织的旗帜、徽记、名称相同或者近似的；同"红十字""红新月"的标志、名称相同或者近似的；本商品的通用名称和图形；直接表示商品的质量、主要原料、功能、用途、重量、数量及其他特点的；带有民族歧视性的；夸大宣传并带有欺骗性的；有害于社会主义道德风尚或者有其他不良影响的。

（四）商标侵权行为

1. 未经商标注册人的许可，在同一种商品上使用与其注册商标相同的商标的。

2. 未经商标注册人的许可，在同一种商品上使用与其注册商标近似的商标，或者在类似商品上使用与其注册商标相同或者近似的商标，容易导致混淆的。

3. 销售侵犯注册商标专用权的商品的。

4. 伪造、擅自制造他人注册商标标识或者销售伪造、擅自制造的注册商标标识的。

5. 未经商标注册人同意，更换其注册商标并将该更换商标的商品又投入市场的。

6. 故意为侵犯他人商标专用权行为提供便利条件，帮助他人实施侵犯商标专用权行为的。

7. 给他人的注册商标专用权造成其他损害的。

此外，将他人注册商标、未注册的驰名商标作为企业名称中的字号使用，误导公众，构成不正当竞争行为的，还可以依照《中华人民共和国反不正当竞争法》处理。

2015年起，美致公司法定代表人李某等人复制乐高玩具，生产出大量含有"乐拼"中文及英文字样系列标识的玩具产品，其中多款标识侵犯了"乐高"商标标识，构成商标侵权；同时乐拼的商标名称与乐高公司有一定影响力的商品名称相似，构成不正当竞争。因此一审广州知识产权法院判决被告赔偿乐高各项损失300万元。双方不服，诉至广东高院，广东高院二审查明："乐高"系列商标经长期使用与宣传，在玩具市场上具有极高知名度，早已成为相关公众用于识别乐高商品的主要标识。美致公司使用"乐拼"的一系列标识，在颜色组合、表现形式、整体视觉效果等方面均与"乐高"极为相似，极易导致公众混淆，从而削弱"乐高"系列商标的显著性，对其市场声誉造成毁贬。美致公司复制乐高玩具持续四年之久，侵害乐高公司8个注册商标和1个具有一定影响的商业名称。该公司负责人李某指使他人注册系列侵权商标，组织工厂进行生产，通过在美致两分公司经营场所、广州国际玩具及模型展览会、代理商经营场所等实地陈列和大量销售，还通过邮件、公司网站、微信公众号，以及发展代理商等多种渠道进行宣传、销售。根据相关刑事裁定书认定，仅自2017年9月11日至2019年4月23日，美致公司生产销售侵权产品的非法经营额已达到3.3亿元，另依据淘宝网络公司提供的"乐拼"商品销售数据，可合理推定侵权产品的销售金额超过5亿元。经参考相关行业利润率合理估算，所涉侵权产品的整体获利应远超1.6亿元。

据此，广东高院认为，美致公司侵权持续时间长、规模大、获利多，且极富设计性和组织性，攀附和模仿乐高公司的恶意明显，属严重侵权行为，应从重判赔，遂对乐高公司提出的赔偿主张予以全额支持，改判"乐拼"赔偿"乐高"相关经济损失3000万元。①

思考题

1. 试析公民财产权的种类。

2. 试述债权与物权的区别。

3. 简述债权的概念、种类及其特点。

4. 简述物权的概念、种类及其特点。

5. 简述知识产权的概念、特点、种类。

---

① 章程，曾洁赟，黄慧懿. 天价赔偿！恶意攀附和模仿知名玩具品牌，判了！[N]. 广州日报，2021-04-01.

第六章

公民婚姻家庭继承权的法律保护

　　婚姻家庭法是指调整婚姻家庭关系的法律规范的总称,包括婚姻关系与家庭关系两方面。由宪法、民法、刑法、行政法、诉讼法等法律、法规中有关婚姻家庭的法律规范组成,内容包括结婚、离婚、家庭关系、继承等。

第一节　概　述

一、婚姻家庭法的基本原则

　　维护和形成平等、和谐、文明的家庭关系,是我国依法调整婚姻家庭关系的出发点和最终归宿。家庭是社会的最小单位,将道德准则融入婚姻家庭的法律规范之中,在法律调整婚姻家庭关系过程中,体现社会主义道德和法律的高度一致,是道德原则法律化的典范。将家庭建设放在了首位,强调"优良家风""家庭美德"和"家庭文明"的建设,与社会主义核心价值观融入民法典形成呼应。

　　(一)婚姻自由

　　婚姻自由是指男女双方有依法缔结或解除婚姻关系而不受对方强迫或他人干涉的自由,包括结婚自由、离婚自由。婚姻自由属于人身自由的内容。

　　(二)一夫一妻原则

　　一夫一妻是指男女只能在未婚或者丧偶或者离异的情况下结为夫妻关系。这是人类历史发展的必然结果,也是社会文明进步的标志之一。

　　2012 年甲与乙结婚,2014 年丙与丁登记结婚。甲与丙平时关系较好,后两人关系暧昧。2015 年甲带丙到朋友家，谎称自己已与原妻离婚，丙是新娶之妻。此后，甲、丙便公开以夫妻名义借住在甲朋友家，共同生活 2 年零 4 个月，且生养一子。问：如何判断甲、丙的行为？①

（三）男女平等原则

男女平等原则是指男女两性在婚姻和家庭生活的各方面都享有平等的权利，承担平等的义务。具体包括以下内容。

1. 男女双方在婚姻方面的权利平等。民法典规定："结婚必须男女双方完全自愿。不许任何一方对他方加以强迫或任何第三者加以干涉。"结婚的同意权只能由当事人亲自行使。例如，男女享有同等的结婚自由和离婚自由。

2. 夫妻在家庭中的地位平等。无论是人身方面还是财产方面，夫妻都享有平等的权利，承担平等的义务。

3. 其他男女家庭成员在家庭中的地位平等。如子女有平等的赡养父母的义务，有平等的继承父母遗产的权利。

（四）保护妇女、儿童和老人的合法权益原则

长期以来重男轻女的落后、腐朽观念导致中国妇女地位低下，不利于社会发展。为了消除重男轻女的落后观念，就要特别立法尊重和保护妇女的合法权益，反对歧视和迫害妇女。

儿童是国家与民族的未来，是社会与家庭的希望，在其成长过程中，需要得到物质与精神的照顾与培养。

尊老爱幼是我国的传统美德，老人对社会做了贡献，为抚育和教育子女付出了心血，理应在年老体弱时获得尊重与回报。

2010 年 1 月，甲的爷爷去世时，给甲留下 2 万元遗产，由甲父以甲的名义存入银行。同年 5 月，甲父因做生意需要资金，把 2 万元存款从银行取出。问：甲父的行为有何不妥之处？②

（五）计划生育原则

计划生育是指有计划地调节人口的发展速度，提高人口素质。根据第七次

---

① 甲、丙的行为构成重婚罪。明知对方有配偶仍以夫妻名义同居，还生了一个孩子，后果严重，构成重婚罪。

② 甲父的行为侵犯了甲的合法权益。作为监护人只能从事对被监护人有利的行为，做生意风险大，对被监护人不利，因此不能拿甲的钱做生意。

人口普查结果，目前我国的计划生育政策调整为：一对夫妻可以生育三孩。

（六）家庭成员间敬老爱幼、互相帮助原则

家庭成员间敬老爱幼、互相帮助原则是婚姻自由、一夫一妻、男女平等和保护妇女儿童老人合法权益原则的延续和必要补充，是对社会主义婚姻观和家庭观的充分肯定。

就家庭成员而言，"敬老爱幼""互相帮助"是家庭功能呈现和社会稳定的基石。

（七）夫妻互相忠实、互相尊重原则

"忠实"和"尊重"是夫妻之间最为本质的、最有人情味的处事原则和行为方式，是对婚姻自由、一夫一妻、男女平等等原则更为深入的阐释，是夫妻关系的本质要求，是婚姻的专一性和排他性的集中体现，更是调适婚姻关系的法宝。

第二节　公民婚姻权益的法律保护

王小姐与李某结婚3年，因感情不和准备离婚。2年前，李某的父母出资30万元购买一套住房，产权在丈夫李某的名下。离婚时他们对该套房屋的归属发生争议。丈夫李某认为，在他名下的房屋是由他父母出资购买的，应归他所有；王小姐认为他说的没有道理，应该对该房产进行平均分割。双方争执不下，诉至法院。问：法院如何处理？①

一、结婚
结婚是按照法律的规定，确立夫妻关系的法律行为。民法典规定，结婚必

① 根据司法解释的相关规定：当事人结婚前，父母为双方购置房屋出资的，该出资应当认定为对自己子女的个人赠与，但父母明确表示赠与双方的除外。当事人结婚后，父母为双方购置房屋出资的，该出资应当认定为对夫妻双方的赠与，但父母明确表示赠与一方的除外。要证明是"明确表示"过的，则需要有书面赠与协议，最好经过公证，否则在将来的离婚诉讼中要承担举证不能的不利后果。本案中，对于李某的父母因买房而出资的20万元，在法律上属于一种赠与行为，除非李某父母在赠与时，明确表示赠与李某个人，否则应当认定是对夫妻二人的赠与。综上分析，李某名下的房屋是夫妻共同财产，离婚时应由双方共同分割。

须满足以下条件。

（一）结婚的法定条件

1. 必须是男女两性的结合

通常情况下，以公安部门的户籍登记为依据。如果户籍登记有误，则当事人可以申请变更；如果当事人做了变性手术，则当事人要携带相关医院的证明到户籍部门进行变更登记。

2. 符合法定婚龄

民法典规定，结婚时男不得低于 22 周岁，女不得低于 20 周岁。周岁是指实足年龄，以出生时 0 岁为基数计算的实际年龄，是国际通用的计算方式。例如，甲男 2000 年 12 月 31 日出生，则甲年满 22 周岁是从 2023 年 1 月 1 日起算。

3. 男女双方必须完全自愿

（1）必须是无条件的自愿，附加于结婚合意的条件被视为"无条件"或者说无效力。

（2）是结婚当事人自己的自由意志。

（3）双方的完全自愿必须是自主的和完整的，不存在任何的胁迫、欺诈、错误等。

（4）双方完全自愿必须是"当时的"，即结婚的意思表示必须是在婚姻缔结时作出。

> 李某与女青年矣某于 1995 年起确立自由恋爱关系，1999 年 6 月矣某向李某提出分手，李某不同意。2000 年 3 月 22 日上午，双方在镇政府民政办公室商量双方关系问题，李某要求矣某回心转意继续与自己相好，矣某不同意合好，为此双方发生争执。李某遂从衣服口袋里拿出事先准备好的小刀架在矣某脖子上威胁矣某，迫使矣某说："我不想死，你不要杀我，不要把刀架在我脖子上，我俩领结婚证，我跟你过得了。"当地民政部门为缓解势态，现场为双方开具了结婚证书。后来经过两个多小时公安及有关部门的法律政策教育，李某放开矣某，将刀交给公安干警归案。①

4. 必须符合一夫一妻制。男女双方只能是未婚或者离异或者丧偶的情况下缔结婚姻，这是男女平等的体现，也是历史发展的必然结果。

---

① 李某的行为构成暴力干涉他人婚姻自由，后果严重，构成犯罪。

（二）禁止结婚的条件

在人类长期发展、进化的过程中，人们发现亲缘关系越近的男女，生育的子女的夭折率越高，亲缘关系越远的男女，生育的子女的生存率越高。因此，人类开始有意识地禁止一定血亲关系的男女结婚。我国民法典明确规定：直系血亲和三代以内的旁系血亲禁止结婚。

直系血亲是指与自己有直接血缘关系的人，包括生育自己的和由自己所生育的上下各代亲属；旁系血亲是指血缘上与自己同出一源的亲属，三代以内旁系血亲是指从自己上溯至同一血缘的亲属，再向下数2代。

> 张某与刘某甲是姨表兄弟，刘某乙是刘某甲的女儿。1993年30岁的张某与21岁的刘某乙准备登记结婚，遭到两家共同反对，理由是他俩属不同辈分的表亲关系。问：他们能不能结婚？①

（三）结婚的程序

结婚是一种法律行为，民法典规定：男女双方必须到指定机关，按照法定程序登记结婚。

1. 结婚登记机关是民政部门。城市男女到住所地县、区民政局登记结婚；乡镇男女则到乡、镇人民政府登记结婚。

2. 结婚登记的程序：根据民法典第一千零四十九条规定，要求结婚的男女双方应当亲自到婚姻登记机关申请结婚登记。符合本法规定的，予以登记，发给结婚证。完成结婚登记，即确立婚姻关系。未办理结婚登记的，应当补办登记。

> 2005年，甲（男）20岁，经父母同意，与乙（女）按当地风俗举行婚礼。婚后乙与公婆生活，并承担所有家务，甲外出打工，定期给家寄钱。2015年，甲打工认识了当地丙（女），两人同居生活并打算结婚，甲要求与乙解除婚约，乙不同意。2017年，甲与丙登记结婚。于是乙向法院起诉，希望依法能解除甲、丙的婚姻，并保护其与甲的事实婚姻。问：甲与乙、甲与丙的婚姻哪一个有效？②

---

① 可以结婚，不属于禁止结婚的亲属关系范围。
② 甲、丙婚姻有效，甲、乙婚姻无效。

（四）婚姻无效与婚姻可撤销

1. 婚姻无效

婚姻无效是指婚姻自始无效。导致婚姻无效的原因包括重婚、有禁止结婚的亲属关系、未到法定婚龄等。

2. 婚姻可撤销

可撤销的婚姻是指当事人因意思表示不真实而成立的婚姻，或者当事人成立的婚姻在结婚的要件上有欠缺，法律赋予当事人撤销婚姻的请求权，该当事人可以通过行使撤销婚姻的请求权，使已经发生法律效力的婚姻关系失去法律效力。

（1）因胁迫结婚的，受胁迫的一方可以向人民法院请求撤销婚姻。请求撤销婚姻的，应当自胁迫行为终止之日起一年内提出。被非法限制人身自由的当事人请求撤销婚姻的，应当自恢复人身自由之日起一年内提出。

（2）一方患有重大疾病的，应当在结婚登记前如实告知另一方；不如实告知的，另一方可以向人民法院请求撤销婚姻。请求撤销婚姻的，应当自知道或者应当知道撤销事由之日起一年内提出。

无效的或者被撤销的婚姻自始没有法律约束力，当事人不具有夫妻的权利和义务。同居期间所得的财产，由当事人协议处理；协议不成的，由人民法院根据照顾无过错方的原则判决。对重婚导致的无效婚姻的财产处理，不得侵害合法婚姻当事人的财产权益。当事人所生的子女，适用民法典关于父母子女的规定。婚姻无效或者被撤销的，无过错方有权请求损害赔偿。

赵某（男）与孙某（女）均已达到法定婚龄，双方的母亲是姐妹，二人于 2002 年 5 月发生两性关系导致孙某怀孕，在父母的敦促下，于同年 12 月隐瞒姨表兄妹关系，办理了结婚登记，并于 2003 年 2 月生下一个有智力缺陷的女儿。2003 年 5 月，赵某的祖父向人民法院提请要求宣告赵、孙的婚姻关系无效。经审理，查实双方确系禁止结婚的亲属，且均不愿意抚养女儿。人民法院随即判决双方婚姻关系无效，其女儿由孙某抚养，赵某承担部分抚养费用。孙某不服，提出上诉，认为：第一，赵某之祖父无权提出宣告婚姻无效的诉请；第二，人民法院审理中未进行调解即宣告婚姻无效，违反法定程序；第三，为了保护女方权益，即使婚姻无效，双方所生女儿也应由男方抚养。请问，二审人民法院应否支持孙某的主张？①

二、离婚

离婚是指夫妻双方依法解除婚姻关系的行为。离婚是婚姻自由原则的内容之一，但是为了维护婚姻家庭的稳定性，维护社会的公序良俗，我们反对轻率离婚。

据《深圳商报》报道，2004年2月14日，王女士和刘先生在罗湖区民政局婚姻登记处办理了结婚登记；同年3月23日，这对新婚夫妻又走进婚姻登记处，但这次是来办理离婚的。3月26日，离婚不到一周，王女士和刘先生带着新拍的结婚照和双方户口本及身份证，第三次来到婚姻登记部门。这次，他们是来修补这段婚姻的，当场又办理了复婚手续。此后，两人徘徊在离婚和结婚之间，一共多达6次。分分合合中，这对夫妻的离婚协议书上，或是写着感情不和或是写着了解不够。②

（一）离婚的条件

离婚的条件是感情确已破裂。感情是维系男女双方婚姻关系的唯一基础，因此当双方感情确已破裂，可以依据婚姻自由原则，解除双方之间的婚姻关系。例如，重婚或者与他人同居；实施家庭暴力或者虐待、遗弃家庭成员；有赌博、吸毒等恶习屡教不改；因感情不和分居满两年；其他导致夫妻感情破裂的情形。

此外，一方被宣告失踪，另一方提起离婚诉讼的，应当准予离婚。经人民法院判决不准离婚后，双方又分居满一年，一方再次提起离婚诉讼的，应当准予离婚。

---

① 赵某与孙某之间的婚姻自始无效，任何人都可以向有关部门检举、揭发，因为赵某与孙某属于禁止结婚的血亲关系；一般情况下，离婚后，不满两周岁的子女，以由母亲直接抚养为原则。已满两周岁的子女，父母双方对抚养问题协议不成的，由人民法院根据双方的具体情况，按照最有利于未成年子女的原则判决。子女已满八周岁的，应当尊重其真实意愿。
② 一对夫妻一年内离婚三次 [N]. 南京晨报，2004-09-09.

（二）离婚的方式

1. 协议离婚

协议离婚是指男女双方自愿离婚，并对子女抚养教育和夫妻财产分割等问题达成协议，到婚姻登记机关申请离婚的行为。

为了防止夫妻草率离婚，民法典规定了 30 天冷静期。自婚姻登记机关收到离婚登记申请之日起 30 日内，任何一方不愿意离婚的，可以向婚姻登记机关撤回离婚登记申请。前款规定期限届满后 30 日内，双方应当亲自到婚姻登记机关申请发给离婚证；未申请的，视为撤回离婚登记申请。

2. 诉讼离婚

诉讼离婚是指一方要求离婚，另一方不同意离婚，前者诉请法院，请求法院判决离婚。如果法院确认夫妻感情确已破裂，则判决离婚；反之法院将驳回起诉或者判决不予离婚。

完成离婚登记，或者离婚判决书、调解书生效，即解除婚姻关系。离婚后，男女双方自愿恢复婚姻关系的，应当到婚姻登记机关重新进行结婚登记。

> 甲与乙经人介绍认识，2010 年 4 月 11 日，甲瞒着家人与乙偷偷领了结婚证。婚后双方常因家庭琐事吵闹，乙还时常殴打甲，把租的房子玻璃都砸碎了，结婚证也撕了，中秋节、春节也未给甲的娘家送节礼。2010 年 11 月甲父住院期间，乙在甲娘家殴打甲，甲头上起了一个大包，甲的 96 岁的爷爷被吓得在沙发上躺了十几天。甲在娘家被打之后，一直在娘家居住，乙一次也没来看过。问：他们的感情是否已经完全破裂了？①

（三）离婚的特殊规定

1. 保护军婚。法律明确规定现役军人的配偶要求离婚的，须征得军人的同意，但军人有重大过错的除外。

2. 保护妇女的特殊权益。女方在怀孕期间、分娩后 1 年内或者终止妊娠 6 个月内，男方不得提出离婚，但女方提出离婚或人民法院认为确有必要受理男方离婚请求的，不在此限。

> 王某（女）和刘某（男）于 1997 年结婚，婚后生一女孩 A，现年 5 岁。双方因性格各异，1998 年以来，夫妻关系紧张。2001 年 12 月，王某计

---

① 存在家庭暴力，符合法律规定感情破裂的表现。

划外生一女孩 B，双方同意送他人收养。2002 年 1 月，刘某决心与王某离婚。(1) 刘某要求离婚，按我国法律规定可以选择什么法律程序？(2) 假设刘某选择诉讼离婚，受案法院对本案应当如何处理？(3) 假设刘某于 2002 年 12 月 31 日再次向法院提出离婚要求，法院应当如何处理？①

（四）离婚的法律后果

夫妻关系一旦解除，对于男女双方而言，夫妻人身关系消灭、分割夫妻共有财产以及确定子女抚养权归属。

1. 分割夫妻共有财产与共同债务

（1）分割夫妻共有财产

离婚时，夫妻的共同财产由双方协议处理；协议不成的，由人民法院根据财产的具体情况，按照照顾子女、女方和无过错方权益的原则判决。对夫或者妻在家庭土地承包经营中享有的权益等，应当依法予以保护。

夫妻一方因抚育子女、照料老年人、协助另一方工作等负担较多义务的，离婚时有权向另一方请求补偿，另一方应当给予补偿。具体办法由双方协议；协议不成的，由人民法院判决。

> 甲和乙在结婚前签订了一份财产协议，约定婚后各自财产归各自所有，生活开支 AA 制。如果有了孩子，乙在家照顾孩子，甲每月给乙生活费 3000。两人结婚两年后儿子出生，乙就辞职在家照顾儿子。儿子三岁时，甲提出离婚，乙认为自己为了照顾孩子才辞职成为家庭主妇，自己的经济能力比较弱，离婚后生活会比较困难，因此乙提出了家务补偿。双方协商不成，法院最终判决甲支付乙补偿款 5 万元。

（2）分割夫妻共同债务

离婚时，夫妻共同债务应当共同偿还。共同财产不足清偿或者财产归各自所有的，由双方协议清偿；协议不成的，由人民法院判决。

---

① (1) 可以诉讼离婚也可以协议离婚；(2) 应当驳回原告的起诉，因为被告刚刚分娩，属于分娩后一年内男方不得提出离婚的规定；(3) 可以受理。如果感情确已破裂，法院应当判处双方离婚。

（3）其他规定

因一方过错（重婚；与他人同居；实施家庭暴力；虐待、遗弃家庭成员；有其他重大过错）导致离婚的，无过错方有权请求损害赔偿：

夫妻一方隐藏、转移、变卖、毁损、挥霍夫妻共同财产，或者伪造夫妻共同债务企图侵占另一方财产的，在离婚分割夫妻共同财产时，对该方可以少分或者不分。离婚后，另一方发现有上述行为的，可以向人民法院提起诉讼，请求再次分割夫妻共同财产。

2. 对生活确有困难的一方予以经济帮助

离婚时，如果一方生活困难，有负担能力的另一方应当给予适当帮助。具体办法由双方协议；协议不成的，由人民法院判决。

3. 子女抚养权的确定

父母与子女间的关系，不因父母离婚而消除。离婚后，子女无论由父或者母直接抚养，仍是父母双方的子女。离婚后，父母对于子女仍有抚养、教育、保护的权利和义务。离婚后，不满两周岁的子女，以由母亲直接抚养为原则。已满两周岁的子女，父母双方对抚养问题协议不成的，由人民法院根据双方的具体情况，按照最有利于未成年子女的原则判决。子女已满八周岁的，应当尊重其真实意愿。

一方抚养子女，另一方协助抚养子女，且享有探视权。离婚后，不直接抚养子女的父或者母，有探望子女的权利，另一方有协助的义务。行使探望权利的方式、时间由当事人协议；协议不成的，由人民法院判决。父或者母探望子女，不利于子女身心健康的，由人民法院依法中止探望；中止的事由消失后，应当恢复探望。

原告甲（女）和被告乙（男）于1988年结婚，婚后生有一女取名吴某，目前正在中学读书。2001年7月，双方因感情不和，经某市某区人民法院判决离婚。在离婚判决中确认女儿吴某随其父亲乙共同生活，甲每月负担抚育费200元，至吴某满18周岁时止。同时判定，甲可于每个月最后一个周末接吴某到自己家中共同生活1天。离婚后，甲不但每月将女儿接回家中1次，而且常常到女儿所在的中学看望女儿。由于原、被告在离婚之前的争吵给女儿的心理造成不良影响，加之吴某对母亲从前喜欢打麻将非常不满，对甲的探望经常流露出冷漠，甚至厌烦的情绪。2002年2月的一个周末，甲将女儿接到自己住处，晚上来了几个朋友一起玩牌，场面一片喧哗，吴某非常反感，认为影响了自己复习功课，背起书包回到自己家中。此后，甲再到学校看望吴某，吴某均拒绝会见，即使是法院规定的会见日，吴某仍拒绝去甲的家中。甲认为女儿的表现是由乙指使的，2002年5月，甲一纸诉状将乙告上法庭，请求法庭保护其探望权。乙提出反诉，要求中止甲的探望权。问：法院应当如何处理该案？①

民法典司法解释规定：父或者母向人民法院起诉请求否认亲子关系，并已提供必要证据予以证明，另一方没有相反证据又拒绝做亲子鉴定的，人民法院可以认定否认亲子关系一方的主张成立。

原告温某与被告张某经人介绍相识。随着感情的发展，二人在婚前即有同居行为。2001年6月，二人结婚。婚后7个月，即2002年1月，张某生下一女，取名温辉。随着温辉的长大，周围的人都说她长得一点也不像温某。温某曾经产生过怀疑，但当时夫妻感情尚好，加之张某一口咬定孩子是温某的，故温某没有深究。后双方感情逐渐恶化，经常发生争吵，其间温某曾与张某商量做亲子鉴定，遭到张某拒绝。2004年5月，温某诉至某县人民法院要求与张某离婚，同时要求法院确认温辉与自己没有血缘关系。问：法院如何处理本案？②

第三节　公民家庭权益的法律保护

家庭关系是以婚姻、血缘和收养关系为基础而形成的家庭成员间的权利和义务关系。包括夫妻关系，父母子女关系，祖父母外祖父母、孙子女外孙子女关系，兄弟姐妹关系。

一、夫妻之间的权利与义务关系

夫妻关系是由合法婚姻而产生的男女间的人身和财产方面的权利义务关系。

（一）夫妻人身关系

夫妻人身关系是指夫妻双方在婚姻中的身份、地位、人格等多方面的权利

---

① 驳回原告的诉求，支持被告的反诉。
② 支持原告的两个诉求。

义务关系，包括姓名权、人身自由权、住所决定权、夫妻之间的忠实义务、计划生育的义务等。

1. 姓名权是指夫妻一方可合法、自愿地行使、处分其姓名权。对子女姓名的决定权，由夫妻双方平等享有。

> 甲与乙离婚，2001 年乙再婚，未经甲允许，擅自将甲乙的婚生女儿改姓。甲得知后，要求乙恢复女儿姓名，遭拒绝，甲向法院起诉。问：法院如何处理？①

2. 人身自由权是指夫妻双方都有参加生产、工作、学习和社会活动的自由，他方不得加以限制和干涉。

3. 住所决定权是指夫妻一方可以成为另一方家庭的成员，夫妻应有权协商决定家庭住所，可选择男方或女方原来住所或另外的住所。

4. 夫妻之间的忠实义务主要是指不重婚；不与配偶以外的第三人以夫妻名义持续、稳定地共同居住，如通奸与姘居；不从事性交易等。

总之，我国法律规定：夫妻在婚姻家庭中地位平等；夫妻双方都有各自使用自己姓名的权利；夫妻双方都有参加生产、工作、学习和社会活动的自由，一方不得对另一方加以限制或者干涉；夫妻双方平等享有对未成年子女抚养、教育和保护的权利，共同承担对未成年子女抚养、教育和保护的义务；夫妻有相互扶养的义务；夫妻一方因家庭日常生活需要而实施的民事法律行为，对夫妻双方发生效力，但是夫妻一方与相对人另有约定的除外；夫妻之间对一方可以实施的民事法律行为范围的限制，不得对抗善意相对人。

> 刘某是一名孤儿，经营一家饭馆，其妻李某为某学校教师。双方于 2003 年结婚，住在刘某婚前购买的一套价值 50 万元的房屋中。结婚时双方书面约定，刘某婚前购买的房屋归双方共有，双方婚后所得归各自所有。约定中特别写明，刘某经营的饭馆无论盈亏均由其个人负责，与李某无关。婚后不久刘某即在游泳时溺水死亡，其经营的饭馆负债 15 万元。请问：(1) 双方的财产约定是否有效；(2) 刘某死后，他和李某共有房屋应如何处理，刘某的哪些财产可由李某继承；(3) 刘某经营中的 15 万元债务，应

---

① 法院应当支持原告的诉求。

当如何偿还？①

（二）夫妻财产关系

夫妻财产关系是指夫妻双方在财产方面的权利和义务关系。这种财产关系因结婚而产生，因配偶死亡或离婚而终止。包括夫妻财产制、夫妻之间的扶养义务、夫妻间的相互继承权。

根据男女平等原则，我国法律规定夫妻财产关系主要包括：夫妻双方对夫妻共同财产享有平等的处理权；夫妻双方有相互扶养的义务，一方不履行义务的，需要扶养的一方有要求对方付给扶养费的权利；夫妻双方有相互继承遗产的权利。

1. 夫妻财产制

夫妻财产制又称"婚姻财产制"，是指夫妻关系存续期间，规定夫妻财产关系的法律制度。内容包括各种夫妻财产制的设立、变更与废止，夫妻婚前财产和婚后所得财产的归属、管理、使用、收益、处分，以及家庭生活费用的负担，夫妻债务的清偿，婚姻终止时夫妻财产的清算和分割问题。具体分为约定财产制和法定财产制。

约定夫妻财产制是指夫妻双方书面协议处理婚前、婚后财产归属的财产制度。民法典规定，男女双方可以约定婚姻关系存续期间所得的财产以及婚前财产归各自所有、共同所有或者部分各自所有、部分共同所有。约定应当采用书面形式。夫妻对婚姻关系存续期间所得的财产以及婚前财产的约定，对双方具有法律约束力。

法定夫妻财产制是指夫妻双方没有约定或约定不明确的，直接适用有关法律规定的夫妻财产制度。

2. 夫妻对夫妻共同财产享有平等的所有权

夫妻的共同财产是指婚姻关系存续期间各自所得。民法典规定，夫妻在婚姻关系存续期间所得的下列财产，为夫妻共同财产，归夫妻共同所有：工资、奖金、劳务报酬；生产、经营、投资的收益；知识产权的收益；继承或者受赠的财产（法律有规定的除外）、其他应当归共同所有的财产。夫妻对夫妻共同财

---

① （1）有效；（2）房屋的一半由李某继承，刘某名下的财产还完债后由李某继承；（3）由刘某的个人财产偿还，不足的部分由李某承担。因为双方约定对内有效，对外不能对抗善意第三人。

产享有平等的所有权。

夫妻个人财产是指依照法律规定或夫妻约定属于夫妻个人的财产。包括一方的婚前财产；一方因受到人身损害获得的赔偿或者补偿；遗嘱或者赠与合同中确定只归一方的财产；一方专用的生活用品；其他应当归一方的财产。

3. 夫妻共同负担的债务，由夫妻共同所有财产清偿；夫妻一方所负的债务，由其个人所有的财产清偿。

夫妻双方共同签名或者夫妻一方事后追认等共同意思表示所负的债务，以及夫妻一方在婚姻关系存续期间以个人名义为家庭日常生活需要所负的债务，属于夫妻共同债务。夫妻一方在婚姻关系存续期间以个人名义超出家庭日常生活需要所负的债务，不属于夫妻共同债务，但债权人能够证明该债务用于夫妻共同生活、共同生产经营或者基于夫妻双方共同意思表示的除外。

总而言之，夫妻共同债务具体包括：婚前一方借款购置的财产已转化为夫妻共同财产，为购置这些财产所负的债务；夫妻为家庭共同生活所负的债务；夫妻共同从事生产、经营活动所负的债务，或者一方从事生产经营活动，经营收入用于家庭生活或配偶分享所负的债务；夫妻一方或者双方治病以及为负有法定义务的人治病所负的债务；因抚养子女所负的债务；因赡养负有赡养义务的老人所负的债务；为支付夫妻一方或双方的教育、培训费用所负的债务；为支付正当必要的社会交往费用所负的债务；夫妻协议约定为共同债务的债务；其他应当认定为夫妻共同债务的债务。

2016 年 8 月，中介公司的员工带领王某及其妻子赵某前往石某的房屋实地看房。2016 年 9 月 27 日，石某、王某、中介公司签订《房屋买卖合同》，约定石某以 574 万元的价格将别墅一栋出售给王某。合同中约定王某于 2016 年 10 月 10 日前一次性支付石某 150 万元，于 2016 年 12 月 26 日前将剩余房款全部结清。如王某违约，则须赔偿石某 20% 购房款为违约金。合同签订时，王某妻子赵某及王某的姐姐亦在场。合同签订后，王某陆续支付了石某 50 万元购房定金与 150 万元购房款。

2016 年 10 月 28 日至 2016 年 12 月 15 日，王某妻子赵某多次与中介公司员工通过微信沟通，索要户型图、不动产权证书照片，并要求中介公司与其一起找证据证明房主有过错，迫使房主同意把房款全部退还。2016 年 12 月 25 日，王某以《房屋买卖合同》约定的面积与实际的面积不符为由要求退款并解除合同，此后王某也并未按照《房屋买卖合同》关于付款时间的约定支付购房款。石某认为王某的行为属于违约，遂诉诸法院要求王某、王某的妻子赵某支付石某违约金 114.8 万元，中介公司与王某、赵某承担连带责任。

庭审中，赵某辩称自己不是合同相对人，不是本案适格被告，不应承担任何责任。另查明，房屋买卖合同签订之前，王某与其妻子赵某实地查看过诉争房屋 2 次。王某的姐姐也居住于诉争房屋所在的小区内，其曾陪同王某、赵某去看过诉争房屋。问：法院如何处理？①

4. 夫妻之间有相互扶养的义务

夫妻之间的扶养义务是相互的、对等的。夫妻双方都应当自觉履行扶养义务，特别是在一方年老、多病或丧失劳动能力、生活困难的情况下，有负担能力的一方，更应当主动承担扶养义务。一方不履行扶养义务时，需要扶养的一方，有权要求对方履行扶养义务。

许某和于某系夫妻关系。2017 年 10 月，于某被检查出患有胃癌，住院期间花费各项医疗费用共计 52324.5 元。出院后，于某遵医嘱在家休养，夫妻之间产生诸多矛盾，夫妻关系开始僵化。今年 1 月，许某将于某赶出家门，后于某回到老家生活，在此期间许某一直没有前去探望，亦拒绝给付于某后续治疗费用。之后，于某将许某诉至法院，请求判令许某履行扶养义务，并给付医疗费 20000 元。庭审中，于某提交医院的诊断证明等，证实其患有胃癌未治愈，尚需后期治疗，影响其劳动能力；并提交了通话录音等材料，证实其多次要求许某给付后期治疗费用，许某均以种种理由拒绝。问：法院如何处理本案？②（经法院依职权调查取证，于某无其他收入来源，许某在家养殖生猪，现有生猪 20 余头，年收入 3 万余元，高于当地最低的生活保障水平。）

5. 夫妻有相互继承遗产的权利

女青年小赵和男青年小苏在 2007 年 10 月 1 日领取了结婚证，准备在 2008 年元旦摆酒席。其间，两人将各自的钱凑起来买了一套房和家电等用品。但同年 12 月小苏因车祸去世。之后，小赵要求继承小苏的遗产，而小苏的父母不同意，认为东西是儿子的，小赵未过门，不能继承儿子的遗产，

---

① 原告诉请被告王某支付的违约金属于夫妻共同债务，其妻赵某应该承担该债务。
② 法院支持了原告诉求。

双方发生争执。小赵遂向当地法院起诉，要求依法处理。问：法院如何处理本案?①

二、父母子女关系和其他近亲属的权利与义务关系

（一）父母子女关系

父母子女关系又称"亲子关系"或"血亲关系"，指父母与子女之间的权利与义务关系。亲为父母，子为子女，分为自然血亲和拟制血亲。自然血亲是指源于同一祖先，有自然血缘联系的亲属。拟制血亲是指本来没有血缘关系，或没有直接的血缘关系，但法律确定其地位与血亲相同的亲属。

1. 拟制血亲的形成方式

（1）收养

收养是指按照法律的规定，收养人与被收养人之间产生亲子关系的行为。民法典规定收养必须同时符合以下条件。

被收养人必须是未成年人；收养八周岁以上未成年人的，应当征得被收养人的同意。

收养人应当同时具备下列条件：无子女或者只有一名子女；有抚养、教育和保护被收养人的能力；未患有在医学上认为不应当收养子女的疾病；无不利于被收养人健康成长的违法犯罪记录；年满30周岁。有配偶者收养子女，应当夫妻共同收养；无配偶者收养异性子女的，收养人与被收养人的年龄应当相差四十周岁以上。配偶一方死亡，另一方送养未成年子女的，死亡一方的父母有优先收养的权利。

收养必须按照法定程序进行。县级以上人民政府民政部门应当依法进行收养评估。收养应当向县级以上人民政府民政部门登记。收养关系自登记之日起成立。收养关系当事人愿意签订收养协议的，可以签订收养协议。收养关系当事人各方或者一方要求办理收养公证的，应当办理收养公证。

收养关系一旦成立，养父母与养子女之间产生亲子关系；生父母子女之间亲子关系消灭。

① 法院经审查后认为，小赵与小苏已经是合法夫妻，夫妻间有相互继承遗产的权利。根据法律规定，小苏与小赵购置的财产有二分之一是小赵的财产，二分之一属于小苏的遗产，由小赵和小苏的父母各继承三分之一。

　　李某（男）于1992年因酒后驾车、犯交通肇事罪被判处有期徒刑5年。其妻关某一人抚养不满一岁的儿子李予，生活十分困难。1993年李某和关某离婚。关某为了能顺利改嫁，将儿子送给了蔡某夫妇收养。蔡某时年41岁，与妻结婚多年未育，双方达成了收养协议。当双方到民政部门办收养手续时，被告知还必须征得孩子生父的同意。在狱中的李某虽毫无心理准备，但苦于自己不能抚养孩子，又不能拖累妻子，无奈在收养协议上签了字。1997年，李某出狱，借钱做起了买卖。经过几年努力，日子逐渐富裕起来。为了领回儿子李予，李某起诉到法院，以当初迫于无奈才同意送养、现在自己有能力抚养为由要求解除收养关系。问：法院应否支持李某的诉讼请求，为什么？①

　　收养人在被收养人成年以前，不得解除收养关系，但是收养人、送养人双方协议解除的除外。养子女八周岁以上的，应当征得本人同意。收养人不履行抚养义务，有虐待、遗弃等侵害未成年养子女合法权益行为的，送养人有权要求解除养父母与养子女间的收养关系。送养人、收养人不能达成解除收养关系协议的，可以向人民法院提起诉讼。养父母与成年养子女关系恶化、无法共同生活的，可以协议解除收养关系。不能达成协议的，可以向人民法院提起诉讼。

　　收养关系解除后，养子女与养父母以及其他近亲属间的权利义务关系即行消除，与生父母以及其他近亲属间的权利义务关系自行恢复。但是，成年养子女与生父母以及其他近亲属间的权利义务关系是否恢复，可以协商确定。

　　收养关系解除后，经养父母抚养成年的养子女，对缺乏劳动能力又缺乏生活来源的养父母，应当给付生活费。因养子女成年后虐待、遗弃养父母而解除收养关系的，养父母可以要求养子女补偿收养期间支出的抚养费。

　　生父母要求解除收养关系的，养父母可以要求生父母适当补偿收养期间支出的抚养费；但是，因养父母虐待、遗弃养子女而解除收养关系的除外。

　　当事人协议解除收养关系的，应当到民政部门办理解除收养关系登记。

　　（2）继父母子女关系

　　继父母子女关系是由于父母再婚，其子女与其配偶之间产生的关系。继父母子女关系能否转化为拟制血亲关系取决于继父母与继子女之间是否有事实上

---

　　① 不支持。

的抚养与被抚养关系。

没有抚养关系的继父母子女关系随生父母与继母、继父间婚姻关系的消灭而消灭；有抚养关系的继父母子女关系，因其已形成了拟制血亲的父母子女关系，所以原则上不能解除，且不受继子女的生父与继母、继父与生母间婚姻关系消灭的影响。生父与继母或继父与生母离婚时，对受其抚养的继子女，继父或继母不同意继续抚养的，则继父母与继子女间的拟制血亲关系解除，仍由生父母抚养；但是如果生父母死亡的，继母或继父仍有义务继续抚养继子女。

> 甲的丈夫因病去世，后经人介绍，甲带着儿子乙（12 岁）和丙登记结婚。乙高中毕业后，在家庭的资助下买了一辆三轮车跑运输，将收入如数上交父母，一家三口都有收入，生活比较富裕。1988 年甲病死，1990 年乙在运输中不慎跌伤，右腿骨折。出院后，乙因伤势未愈，没有工作，生活困难，多次要求丙抚养，但继父丙态度冷淡，均予以拒绝。在此种情况下，乙向当地人民法院起诉。问：法院如何处理？①

2. 父母子女关系的内容

（1）父母对子女有抚养教育的义务

父母不履行抚养义务的，未成年子女或者不能独立生活的成年子女，有要求父母给付抚养费的权利。

民法典规定父母与子女间的关系，不因父母离婚而消除。离婚后，子女无论由父或者母直接抚养，仍是父母双方的子女。

离婚后，父母对于子女仍有抚养、教育、保护的权利和义务。离婚后，不满两周岁的子女，以由母亲直接抚养为原则。已满两周岁的子女，父母双方对抚养问题协议不成的，由人民法院根据双方的具体情况，按照最有利于未成年子女的原则判决。子女已满八周岁的，应当尊重其真实意愿。

离婚后，子女由一方直接抚养的，另一方应当负担部分或者全部抚养费。负担费用的多少和期限的长短，由双方协议；协议不成的，由人民法院判决。前款规定的协议或者判决，不妨碍子女在必要时向父母任何一方提出超过协议或者判决原定数额的合理要求。

> 2007 年 7 月 21 日，某大学三年级学生刘某因父亲拒绝支付其大学学习

---

① 应当支持原告的请求。原被告虽然属于继父母子女关系，但他们之间存在事实上的抚养与被抚养关系，因此存在拟制血亲关系，被告应当在原告困难的时候尽抚养义务。

费用，决定与父亲对簿公堂。刘某12岁时，其父母离婚。当时父母双方协议：他归母亲抚养，父亲每月支付他175元抚养费，直至他独立生活为止；教育费、医药费凭发票由父母双方各负担一半。2000年，刘某的父亲调到外地工作以后，经常无故拖欠抚养费。他主动找父亲，刚开始父亲还拿钱给他，后来，父亲经常以"没有钱"为借口拖欠不给。2004年7月，刘某收到了大学录取通知书，学费7400元，当刘某把考上大学的喜讯告诉父亲以后，父亲拒绝支付所有的学费。刘某在多次向父亲索要抚养费和教育费无果后，他决定通过法律来维护自己的权益。于是，他以父母当年的离婚协议为依据，向法院申请强制父亲履行支付抚养费和教育费的义务。问：法院如何处理本案？①

（2）父母有管教和保护未成年子女的权利和义务

父母有教育、保护未成年子女的权利和义务。未成年子女造成他人损害的，父母应当依法承担民事责任。

> 2019年9月6日，两岁的王某、李某在肃宁县某小区内驾乘电动四轮玩具车，不小心将推行轮椅的将近80岁的张某撞倒。事故发生后，张某被送往医院治疗，花费了大量的医疗费用。住院期间，王某、李某的父母垫付了部分医疗费用。但是张某的损失巨大，与王某、李某父母协商未果，于2020年4月17日将王某、李某及其父母起诉到肃宁法院。后经法官调解，原告将赔偿金额降低到13万元，原被告达成一致意见，被告将赔偿款项一次性支付完毕，原告撤诉。

如果父母不能履行教育、保护未成年子女的义务，相关部门可以依法变更未成年子女的监护人。

> 2021年10月，年仅16岁的小瑶来到杭州市人民检察院信访接待室，告诉检察官，她是个"事实孤儿"。其父亲因车祸去世多年，母亲因犯诈骗罪在山西省的监狱服刑，小瑶暂由外公外婆抚养，一家人租住在杭州一间小房子里。更不幸的是，她还查出患有白血病，每周独自往返于医院与住所，依靠微薄的救助支撑着高昂的医药费。

> 2020年年中，小瑶病危，接受了骨髓移植后需要按时吃药、定期复查，

---

① 其父亲拖欠的高中三年的教育费、医药费的一半7050元以及两个月的抚养费350元强制执行给了他，但不支持他索要大学学费的请求。

母亲已无法担负起对其监护职责；外公外婆年逾八十，平时靠打零工勉强维持生计，面对病重的外孙女已是心有余而力不足。监护的缺失，让 16 岁的小瑶陷入了生活困境。

通过实地走访调查，检察官发现小瑶从小与三个舅舅感情深厚，母亲入狱后，她一直由舅舅们代为照料，其中一位还为小瑶捐赠了骨髓。经多次协商，检察机关认为大舅倪某某是小瑶监护人的合适人选。2022 年 1 月 18 日，滨江区检察院支持倪某某向法院提起变更监护权之诉。通过释法说理，小瑶母亲当庭表示愿意放弃监护权，由大舅倪某某担任监护人，对小瑶进行抚养教育。①

（3）成年子女对父母有赡养扶助的义务

成年子女不履行赡养义务的，缺乏劳动能力或者生活困难的父母，有要求成年子女给付赡养费的权利。

王福和王禄均已结婚，与父母分居，单独生活。1998 年 2 月，他们请来舅父做见证人，达成"赡养协议"：王福负责父亲的生养死葬，王禄承担母亲生养死葬的义务。2003 年 6 月，其父因心脏病去世。2004 年 5 月，其母患癌症住院治疗，所需治疗费用甚多。王禄深感独支不力，与哥哥王福协商，要求哥哥承担一部分医疗费。王福以"赡养协议"约定了兄弟两人的赡养义务，且他已完成了自己对父亲的赡养义务为由，拒绝再承担母亲的医疗费。请回答：如何看待王福和王禄的"赡养协议"，王福应否分担母亲的治疗费用？②

（4）父母子女有相互继承遗产的权利

法律明确规定父母、子女、配偶均为被继承人的第一顺序继承人，有相互继承遗产的权利。

（5）非婚生子女享有与婚生子女同等的权利

非婚生子女是指男女双方无婚姻关系，或者存在无效婚姻关系，或者与配偶之外的人生育的子女。法律规定非婚生子女享有与婚生子女同等的权利，任

---

① 郭其钰. 为白血病"事实孤儿"变更监护权浙晋司法人员接力救助［EB/OL］. 中新网，2022-03-04.

② 父母均在，赡养协议部分有效，如果一方无力赡养父亲或者母亲，另一方仍然负有赡养的义务。父亲死后，赡养协议无效，子女对母亲均有赡养的义务，王福应当分担母亲的医疗费。

何组织或者个人不得加以危害和歧视。不直接抚养非婚生子女的生父或者生母，应当负担未成年子女或者不能独立生活的成年子女的抚养费。

王某婚后生育的一对龙凤胎中，男孩父亲是丈夫，女孩生父却是前男友。在经亲子鉴定发现这一事实后，王某丈夫断然选择离婚，留下男孩抚养，女孩则由王某抚养。此后，王某将生下女孩的消息告知前男友，但对方无动于衷。在女儿3岁时，王某将前男友告上法庭索要抚养费，但双方对此事争议较大，始终无法达成一致意见。面对如此特殊的案件，面对各执一词的当事人，面对年幼孩子的合法权益，法官将如何处理？①

（二）其他家庭成员间的权利与义务关系

1. （外）祖父母与（外）孙子女之间的关系

（1）有负担能力的祖父母、外祖父母对于父母已经死亡的未成年的孙子女、外孙子女，有抚养的义务。

（2）有负担能力的孙子女、外孙子女，对于子女已经死亡的祖父母、外祖父母，有赡养义务。此外，对子女虽未全部死亡但生存的子女无赡养能力的祖父母、外祖父母，孙子女也应予以赡养。

（3）祖孙之间存在继承关系。在没有第一顺序继承人时，祖父母、外祖父母可以继承孙子女的遗产；同样，孙子女、外孙子女在其父母先于祖父母、外祖父母死亡时，可以代位继承祖父母、外祖父母的遗产。

民法典规定，有负担能力的祖父母、外祖父母，对于父母已经死亡或者父母无力抚养的未成年孙子女、外孙子女，有抚养的义务。有负担能力的孙子女、外孙子女，对于子女已经死亡或者子女无力赡养的祖父母、外祖父母，有赡养的义务。

2. 兄弟姐妹之间的关系

民法典规定，有负担能力的成年兄、姐，对于父母已经死亡或者父母无力抚养的未成年弟、妹，有扶养义务。由兄、姐抚养长大的有负担能力的弟、妹，对于缺乏劳动能力又缺乏生活来源的兄、姐，有扶养义务。

---

① 孩子的生父应当承担抚养义务，直至孩子成年。

第四节　公民继承权的法律保护

　　王甲、王乙都是北京人，是姐弟关系。母亲早逝，2008年，父亲因病去世，未留有遗嘱，只留下北京市海淀区中关村附近一套两居室，无其他财产。王甲离婚后一直和父亲居住，尽到了照顾老人的义务。王乙虽然30多岁，但至今没有结婚，经常在外面居住。父亲去世后，王乙回家居住，这样王乙住一间，王甲住一间。很快，王乙经人介绍结了婚，这样王乙和爱人住一间显得有些狭窄，于是就把姐姐王甲赶出家门，欲独占该遗产。王甲认为自己对父亲尽了赡养义务，有权利居住在父母留下的房子中，因此向法院起诉，要求继承父亲留下的房产。问：法院如何处理？①

　　继承又称"财产继承"，是指公民死亡或宣告死亡后，按照法定程序，将其遗留的个人合法财产和其他合法权益转移给他人所有的一种法律制度。继承权是指继承人依法取得被继承人遗产的权利与资格，非以法律规定，任何人不能剥夺继承人的继承权。继承法是调整财产继承关系的法律规范的总称。我国关于继承权的具体规定主要是民法典及其相关的司法解释。

一、继承的基本原则

（一）男女平等原则

　　男女平等是指被继承人不论男女有平等的处分自己遗产的权利；同一顺序继承人不分男女都享有平等的继承权；夫妻都有继承对方遗产的权利。

（二）养老育幼原则

　　该原则主要体现在对生活有特殊困难的缺乏劳动能力的继承人，分配遗产时应当适当予以照顾；对于未出生的胎儿，保留其应继承的份额。

（三）互谅互让、和睦团结原则

　　继承人应当本着互谅互让、和睦团结的精神，协商处理遗产继承问题。分割遗产时适当考虑各继承人的经济状况、与被继承人的关系、对家庭的贡献等

---

　　①　王甲有权继承，因为对父亲尽了更多的赡养义务，因此可以适当多分。

各种因素，互相协商确定各自的继承份额，对生活有特殊困难的缺乏劳动能力的继承人，分配遗产时应予以照顾。

（四）权利和义务相一致原则

根据该原则，对被继承人尽了主要扶养义务的继承人可多分遗产；反过来有扶养能力而不尽扶养义务的继承人应当不分或少分遗产。

二、遗产的范围

根据我国民法典规定，遗产的范围是指公民死亡时遗留的个人的合法财产，包括公民的合法收入；公民的房屋、储蓄和生活用品；公民的林木、牲畜和家禽；公民的文物、图书资料；法律允许公民所有的生产资料；公民的著作权、专利权中的财产权利；公民的其他合法财产，如债权和有价证券等。

王老汉有三个女儿，女儿先后出嫁后感到寂寞，于是将侄子甲收养为子。父子俩开了一个铁匠作坊，收入可观，于是将原茅草房推倒，新建了8间瓦房。王老汉去世后，三个姐姐要求分割8间瓦房。甲提出他要3间，理由是他是父亲的儿子，且目前已有妻室，少了住不下。但三个姐姐认为，应均分，即每人2间。问：此案如何处理？①

三、继承开始的时间

被继承人死亡，继承开始。死亡包括生理死亡和宣告死亡两种。前者以相关机关出具的死亡证明为依据；后者以法院出具的死亡判决书为依据。

以相互有继承关系的数人在同一事件中死亡，难以确定死亡时间的，推定没有其他继承人的人先死亡。都有其他继承人，辈分不同的，推定长辈先死亡；辈分相同的，推定同时死亡，相互不发生继承。

甲和父亲带着12岁的儿子进山打猎，遭遇雪崩，三人全部遇难。闻听此讯，甲的妻子当即悲痛而死。甲的母亲和甲的岳父料理完丧事后，为争得甲父的12万元遗产和甲与妻子共有的18万元财产发生了争执，请问法

---

① 8间房是家庭共有财产，属于被继承人的遗产只有4间房，因此三个姐姐一人一间，甲可以分到5间房。

院将如何处理?①

四、转移遗产的方式

遗产转移的方式有四种:法定继承、遗嘱继承、遗赠、遗赠扶养协议。

(一)法定继承

法定继承是指继承人的范围、继承的顺序,以及遗产分配的原则,均是按法律规定处理的一种方式。法定继承人是指按照法律规定有资格继承被继承人遗产的人。

1. 法定继承人的范围和顺序

(1)法定继承人的范围

法定继承人的范围包括配偶、子女、父母、兄弟姐妹、祖父母、外祖父母。

(2)法定继承人的顺序

法定继承人分为第一顺序继承人和第二顺序继承人。第一顺序继承人包括配偶、子女、父母,如果丧偶的儿媳、女婿对公婆、岳父母尽了主要赡养义务的,视为第一顺序继承人。第二顺序包括兄弟姐妹、祖父母、外祖父母。先由第一顺序继承人继承,第二顺序继承人不能继承。没有第一顺序继承人继承的,由第二顺序继承人继承。

2. 法定继承的规则

(1)男女平等原则

继承人应当本着互谅互让、和睦团结的精神,协商处理继承问题,包括遗产分割的时间、办法和份额,由继承人协商确定。

(2)照顾弱者原则

对生活有特殊困难又缺乏劳动能力的继承人,在分配遗产时,应当予以照顾。

(3)权利与义务一致原则

对被继承人尽了主要扶养义务或者与被继承人共同生活的继承人,分配遗产时,可以多分。有扶养能力和有扶养条件的继承人,不尽扶养义务的,分配遗产时,应当不分或者少分。继承人协商同意的,也可以不等分。对继承人以

---

① 甲、甲父、甲子均有继承人,所以推定长辈先死,晚辈后死。最终甲母得到 10 万,甲的岳父得到 20 万。

外的依靠被继承人扶养的人，或者继承人以外的对被继承人扶养较多的人，可以分给适当的遗产。

（4）继承权的丧失

以下情形继承人将会丧失继承权：故意杀害被继承人；为争夺遗产而杀害其他继承人；遗弃被继承人，或者虐待被继承人情节严重；伪造、篡改、隐匿或者销毁遗嘱，情节严重；以欺诈、胁迫手段迫使或者妨碍被继承人设立、变更或者撤回遗嘱，情节严重。

（5）继承权的恢复

如果继承人遗弃、虐待、伪造篡改等妨碍遗嘱的行为，确有悔改表现的，被继承人表示宽恕或者事后在遗嘱中将其列为继承人的，该继承人不丧失继承权。

继承开始后，继承人放弃继承的，应当在遗产处理前，以书面形式作出放弃继承的表示；没有表示的，视为接受继承。

3. 代位继承

代位继承是指被继承人的子女先于被继承人死亡，由被继承人子女的晚辈直系血亲（不受辈数限制）代替继承被继承人的子女应继承的遗产的制度。被继承人的兄弟姐妹先于被继承人死亡的，由被继承人的兄弟姐妹的子女代位继承。

张三在其父之前去世，家中还有其母、其妻、其子，同时，张三有一哥一姐，请问其父去世后留有的 60 万遗产，如何分配？①

4. 转继承：被继承人死亡后，遗产分配开始之前，继承人死亡的，继承人的继承份额由其继承人继承。

小张结婚不久，作为家中独子，婚后仍然和父母（老张、老赵）生活在一起。小张在一次外出途中遭遇车祸，后被人送入医院抢救。老张听闻小张伤情后，因过于伤心与紧张突发脑出血而去世。两天后，小张也因伤势过重离世。老张生前留有巨额存款，按照法定继承小张可以继承父亲遗产 30 万元。但由于小张与父亲去世的时间间隔较近，老张的遗产尚未实际分割，小张之母老赵和其妻小蔡因小张应继承的 30 万元发生纠纷。问：法

---

① 张三之子代位继承张三应继承的份额，即张三父亲遗产的四分之一，其母、兄、姐各继承张三父亲遗产的四分之一。

院如何处理?①

（二）遗嘱继承

遗嘱是指被继承人生前按照法律规定的内容和方式，对自己的财产预做处分并在死亡时发生法律效力的法律行为。遗嘱继承是指在被继承人死后，按其生前所定的遗嘱内容，将其遗产转移给指定的法定继承人的一种继承方式。

1. 遗嘱的有效条件

遗嘱继承的前提是遗嘱有效。法律规定，遗嘱必须符合以下条件才有效：遗嘱人立遗嘱时必须具有行为能力；遗嘱必须是遗嘱人真实意思的表示；遗嘱不得取消或减少，缺乏劳动能力又没有生活来源的继承人以及未出生的胎儿对遗产应继承的份额；遗嘱人必须按照法律规定的形式立遗嘱；遗嘱的内容必须合法。

> 1998 年 3 月 3 日，李某与郭某顺登记结婚。2002 年郭某顺以自己的名义购买了建筑面积为 45.08 平方米的 306 室房屋，并办理了房屋产权登记。2004 年 1 月 30 日，李某和郭某顺共同与原南京军区南京总医院生殖遗传中心签订了人工授精协议书，对李某实施了人工授精，后李某怀孕。2004 年 4 月，郭某顺因病住院，其在得知自己患了癌症后，向李某表示不要这个孩子，但李某不同意人工流产，坚持要生下孩子。5 月 20 日，郭某顺在医院立下自书遗嘱，声明他不要这个人工授精生下的孩子，并将 306 室房屋赠与其父母郭某和、童某某。5 月 23 日郭某顺病故。李某于当年 10 月 22 日产下一子，取名郭某阳。因郭某顺遗产分割问题引发争议，李某请求法院确认郭某顺的遗嘱部分无效。问：法院应该如何处理本案?②

2. 遗嘱的形式

遗嘱的形式分别是自书遗嘱、代书遗嘱、打印遗嘱、录音录像遗嘱、口头遗嘱、公证遗嘱。

---

① 老赵和小蔡转继承小张应继承的父亲遗产，各自 15 万元。
② 最高人民法院指导案例 50 号：李某、郭某阳诉郭某和、童某某继承纠纷案［EB/OL］.中华人民共和国最高人民法院官网，2015-04-23. 为了保护胎儿的利益，我国继承法明确规定，被继承人应当在遗嘱中给胎儿留下应继份额，否则，遗嘱部分无效。本案中，尽管郭某顺单方面表示不要郭某阳这个儿子，但是从法律的角度来看，郭某阳仍然是郭某顺的儿子。遗嘱剥夺了郭某阳的继承权，违反法律的禁止性规定，因此遗嘱内容部分无效。

（1）自书遗嘱是指由遗嘱人亲笔书写，签名，注明年、月、日。

（2）代书遗嘱是指应当有两个以上见证人在场见证，由其中一人代书，并由遗嘱人、代书人和其他见证人签名，注明年、月、日。

（3）打印遗嘱：应当有两个以上见证人在场见证。遗嘱人和见证人应当在遗嘱每一页签名，注明年、月、日。

（4）录音录像形式的遗嘱：应当有两个以上见证人在场见证。遗嘱人和见证人应当在录音录像中记录其姓名或者肖像，以及年、月、日。

（5）口头遗嘱：遗嘱人在危急情况下，可以立口头遗嘱。口头遗嘱应当有两个以上见证人在场见证。危急情况消除后，遗嘱人能够以书面或者录音录像形式立遗嘱的，所立的口头遗嘱无效。

无民事行为能力人、限制民事行为能力人以及其他不具有见证能力的人，继承人、受遗赠人，与继承人、受遗赠人有利害关系的人都不能做代书遗嘱、录音录像遗嘱、口头遗嘱的见证人。

（6）公证遗嘱是指遗嘱人亲自到公证机关口述或书写遗嘱，公证人员要对遗嘱的真实性、合法性进行认真审查，在确认其有效性后，由公证员出具《遗嘱公证书》的方式。

3. 遗嘱的无效

无民事行为能力人或者限制民事行为能力人所立的遗嘱，受欺诈、胁迫所立的遗嘱。伪造的遗嘱均无效；遗嘱被篡改的，篡改的部分无效。

4. 遗嘱效力等级

立有数份遗嘱的，以设立时间最后的遗嘱为准；若立遗嘱后又实施了与遗嘱相反的法律行为，视为对遗嘱相反内容的撤回；公证遗嘱效力不再优先。

邹某早年丧妻，有长子甲、次女乙和三子丙。甲、乙已结婚，乙在外地居住，丙只有 14 周岁。邹某、丙和甲夫妻共同生活。邹某因偏爱儿子，于 1983 年 5 月立下亲笔遗嘱，决定其死后，全部遗产存款 2 万元和房屋 1 套由甲继承。但甲在其妻挑唆下，对邹某的生活和身体状况不闻不问，邹某被迫搬到乙家居住，受到乙夫妇的周到照顾。遂又立下亲笔遗嘱，决定将其 1 万元存款给乙，房屋 1 套给未成年的丙。1983 年 8 月邹某病重住进医院，正值此时，丙和同学打架致残，甲对邹某的病情不关心，邹某极为恼怒，在其弥留之际，当着 3 个医生的面立下口头遗嘱，将其所有遗产由乙 1 人继承。邹某去世后，甲持邹某的自书遗嘱，乙根据邹某的口头遗嘱均要求继承其父遗产。问题：邹某的口头遗嘱是否有效？邹某的遗产应依哪份遗嘱继承？①

（三）遗赠

遗赠是指被继承人通过遗嘱的方式，将其遗产的一部分或全部赠与国家、社会或者法定继承人以外的公民的一种民事法律行为。包括概括遗赠、特定遗赠和附义务或附条件的遗赠。

概括遗赠是指遗赠人将自己全部的财产权利和义务都遗赠给国家、集体或法定继承人以外的公民。

特定遗赠是指遗赠人在遗嘱中，特别指定将自己的某项财产赠给某受遗赠人。

附义务或附条件的遗赠是指遗赠人在遗赠中附有某种义务，受遗赠人只有履行了该义务，才能获得受赠财产。

1. 遗赠的特征

遗赠是遗赠人死亡后发生法律效力的行为；遗赠是一种要式法律行为，遗赠必须采取遗嘱的 6 种法定方式之一；遗赠是单方法律行为，遗赠人不需要征得任何人的同意；遗赠人行使遗赠权不得违反法律的规定，如不得以遗赠方式逃避其应当承担的法定义务；遗赠还必须为缺乏劳动能力又没有生活来源的法定继承人保留必要的遗产份额；遗赠的标的仅是财产上的权利，不能是遗赠人财产中的义务，如果债务大于财产，清偿遗赠人的债务优先于执行遗赠。

接受遗赠的权利人具有不可替代性。如果受遗赠人先于遗赠人死亡，则该遗赠无效。但是，如果继承开始后，受遗赠人已明确表示接受遗赠，则虽然其在遗产分配前死亡，但其接受遗赠的权利可以转移给其继承人。

2. 遗赠的条件

遗赠是否有效，一方面取决于立遗嘱人在立遗嘱时是否有完全行为能力；遗嘱意思表示是否真实、自愿合法；遗嘱人对财产是否享有处分权；遗嘱是否对缺乏劳动能力又没有生活来源的继承人保留必要的遗产份额。另一方面要求受遗赠人须在遗嘱生效时存在、未死亡；受遗赠人应当在知道受遗赠后 60 日内，作出接受或者放弃受遗赠的表示；到期没有表示的，视为放弃受遗赠。

---

① 口头遗嘱部分有效，自书遗嘱无效。丙是未成年人，没有劳动能力，没有收入来源，应当给其留下一定的份额。

　　南京市民小周的奶奶生前留下遗嘱，去世后将房子赠给小周。两年前，老人去世。不久前小周拿着奶奶留下的遗嘱去公证处办理遗嘱继承权公证，却被南京市石城公证处的公证员告知，根据法律的规定，他已自动放弃遗赠，房子可能拿不到了。①

3. 遗赠与遗嘱继承的联系与区别

　　遗赠和遗嘱继承都是被继承人生前留下遗嘱，死后生效，处分其财产的行为，都是被继承人真实的意思表示。但是遗赠与遗嘱继承仍有很多不同之处：

　　（1）受遗赠人与遗嘱继承人的范围不同。受遗赠人既可以是法定继承人以外的公民，也可以是国家、集体；而遗嘱继承人只能是法定继承人中的一人或数人。

　　（2）受遗赠权与遗嘱继承权客体的范围不同。受遗赠权的客体只是遗产中的权利，不包括义务，因而受遗赠人只享受遗产中的权利，不承担遗产中的义务。而遗嘱继承权的客体是遗产，既包括财产权利，也包括财产义务。

　　（3）受遗赠权与遗嘱继承权的行使方式不同。受遗赠人接受遗赠的，应于法定期间内作出接受遗赠的表示，否则视为放弃；而遗嘱继承中遗嘱继承人在继承开始后到遗产分割前，没有明确表示放弃继承的，视为接受继承。

（四）遗赠扶养协议

　　遗赠扶养协议是遗赠人与扶养人签订的、由扶养人承担遗赠人生养死葬的义务，遗赠人将自己的合法财产的一部分或全部于其死后转移给扶养人所有的协议。

1. 遗赠扶养协议特征

　　遗赠扶养协议是双方法律行为，必须在协议双方当事人之间达成一致；是有偿法律行为，双方当事人都承担一定的权利；自签订时生效，如撤销、变更遗赠扶养协议必须经当事人双方协商一致；是要式法律行为，应以书面形式订立。

　　扶养人或集体组织与公民订有遗赠扶养协议，扶养人或集体组织无正当理由不履行，致协议解除的，不能享有受遗赠的权利，其支付的供养费用一般不予补偿；遗赠人无正当理由不履行，致协议解除的，则应偿还扶养人或集体组

---

　　①　小周超过法定时间表示接受遗赠，因此视为放弃受遗赠；奶奶的房产按照法定继承的规定继承。

织支付的供养费。

2. 遗赠扶养协议的种类

根据遗赠扶养协议的签订主体不同可以分为公民与公民签订的遗赠扶养协议、公民与集体经济组织签订的遗赠扶养协议两种。

3. 遗赠扶养协议与遗赠的区别

（1）遗赠是单方面的法律行为，而遗赠扶养协议是双方法律行为。

（2）遗赠人在生前亦可单方取消该遗赠，受遗赠人没有义务，可以接受也可以不接受；遗赠抚养协议是一种协议行为，抚养人与遗赠人互负权利与义务。

（3）对主体的要求不同。遗赠对主体没有要求，遗赠扶养协议的扶养人必须具有抚养能力和抚养条件且没有法定的扶养义务。

（4）法律效力不同。遗赠扶养协议要求扶养人以扶养义务为前提，而遗赠则是在遗赠人死后才发生法律效力。

4. 遗赠扶养协议办理的程序

办理遗赠抚养协议必须公证，当事人应提交以下证件和材料。

（1）当事人（遗赠人、抚养人）的身份证明，如身份证、户口本；抚养人是集体所有制组织的，应提交法人资格证明、法定代表人身份证明，代理人应提交授权委托书及身份证明。

（2）遗赠人所在单位人事部门出具的其家庭成员情况证明及与抚养人相互关系的证明。遗赠人无工作单位的，以上证明可由其住所地街道办事处或乡镇人民政府出具。

（3）抚养人所在单位人事部门出具的抚养人家庭成员、经济状况的证明及与遗赠人相互关系的证明。

（4）遗赠财产的所有权凭证（如房屋产权证、存款单据、有价证券等）及财产清单。

（5）签订遗赠抚养协议书。

5. 办理遗赠抚养协议公证应注意的问题

（1）抚养人应是遗赠人的法定继承人以外的公民或集体组织。

（2）当事人的意思表示要真实，协议条款要完备，双方的权利义务要明确。

（3）遗赠人处分的财产是否为个人所有，有无债务。

（4）抚养人已婚，或有成年子女与之共同生活的，要征求其配偶及成年子女的意见，并应与其配偶共同为一方，与遗赠人签订协议。

（5）协议如设立了担保条款，担保人的意思表示须真实，同时还应提供担保人的财产情况。

五、遗产的处理

一般情况下，遗赠抚养协议的法律效力高于遗赠和遗嘱继承；遗赠与遗嘱继承的法律效力一样，都是遗嘱人单方意思表示，两者内容相抵触时，何者效力优先取决于立遗嘱的时间早晚；法定继承的法律效力最低。

（一）无人继承又无人受遗赠的遗产，归国家所有，用于公益事业；死者生前是集体所有制组织成员的，归所在集体所有制组织所有。

2022 年 10 月 28 日，上海一七旬老人一生未婚，无子无女无兄弟姐妹，离世后留下了大笔遗产。姑姑、表弟、堂妹都觉得自己尽到了主要抚养义务，应当多分财产，于是堂妹将另两方起诉至法院。法院审理后认为，张老伯自身无须三人提供经济支持，故均不存在供养关系；虽其曾身患癌症，但一直保持独立生活能力。最终法院认定，三个亲戚都属于一般亲朋间的日常往来，达不到法律规定的抚养较多的程度，判决驳回全部诉讼请求。张老伯遗产属于无人继承又无人受遗赠的遗产，张老伯非集体所有制组织成员，其遗产归国家所有，用于公益事业。

（二）继承人以所得遗产实际价值为限清偿被继承人依法应当缴纳的税款和债务，超过遗产实际价值部分，继承人自愿偿还的不在此限。继承人放弃继承的，对被继承人依法应当缴纳的税款和债务可以不负清偿责任。执行遗赠不得妨碍清偿遗赠人依法应当缴纳的税款和债务。

（三）既有法定继承又有遗嘱继承、遗赠的，由法定继承人清偿被继承人依法应当缴纳的税款和债务；超过法定继承遗产实际价值部分，由遗嘱继承人和受遗赠人按比例以所得遗产清偿。

（四）遗嘱继承或者附义务的遗赠，继承人或者受遗赠人应当履行义务。没有正当理由不履行义务的，经利害关系人或者有关组织请求，人民法院可以取消其接受附义务部分遗产的权利。

王某某和孤寡老人李某某是邻居，李某某老人无儿无女、配偶早年去世，老人的兄弟姐妹也先于李某某老人去世。王某某平时对老人李某某不错，李某某为了晚年有人照顾，就希望与王某某订立抚养协议。后双方找人起草了一份协议，该协议约定：李某某由王某某赡养，待李某某百年之后由王某某取得李某某所有的房屋一套，面积86平方米。随后王某某尽心尽力地照顾了李某某的日常生活，3年后，李某某老人因病医治无效去世。李某某老人的侄子魏某某得知老人去世的消息后要求继承老人的房产。王某某与魏某某发生争议。王某某认为根据自己和李某某老人签订的协议，自己应当取得李某某老人遗留的房产。而魏某某认为老人无儿无女，自己是李某某的侄子应当继承遗产，协议不属于合同，没有效力。双方无法达成一致，于是魏某某起诉至法院，请求法院判令由自己继承李某某老人的遗产。问：法院如何处理？①

思考题

1. 如何正确理解婚姻自由原则？

2. 我国法律规定，结婚需要具备哪些条件？结婚条件的缺失，会导致什么法律后果出现？

3. 如何理解亲属的概念？亲属有哪些种类？亲属关系发生和终止的原因是什么？

4. 什么是离婚？离婚的方式有哪些？法律规定的离婚条件是什么？

5. 什么是继承？继承的方式有哪些？彼此之间的效力等级如何确定？

6. 简述遗嘱继承的条件以及各种遗嘱的法律要件。

7. 简述遗嘱继承与遗赠的区别与联系。

---

① 按照遗赠扶养协议的要求，李某某老人的遗产归王某某所有。

第七章

公民文化教育权的法律保护

文化教育权是指公民在教育和文化领域享有的权利和自由，包括受教育权、公民进行科学研究文学艺术创作以及其他文化活动的权利与自由、宗教信仰自由。

第一节　公民受教育权的法律保护

张先生和汪女士于 2008 年 4 月登记结婚，一年后生下了女儿张小小。因感情不和，汪女士于 2017 年 5 月向法院起诉离婚。经法院判决，张小小由父亲张先生抚养，母亲汪女士每月支付抚养费 700 元，直到女儿 18 周岁为止，每周可以探望女儿两次。离婚后，张先生总是以各种理由拒绝汪女士正常探望女儿。汪女士于 2019 年向法院申请变更张小小的抚养权，但是未获得法院支持。

2020 年，张先生失业了，加上要照顾阿尔茨海默病的母亲以及患有抑郁症的姐姐，生活窘困。2021 年 2 月起，张先生开始不间断为张小小在学校请假，并拒绝老师家访，不让张小小继续到学校接受义务教育，并以疫情为由长时间不让汪女士探望女儿。汪女士为了女儿的健康成长，能够正常上学，2022 年再次向法院起诉要求变更抚养权。

法院经审理认为，张先生作为张小小的法定监护人，应当尊重并保障未成年人受教育的权利，接受并完成义务教育。根据检察院、社区、妇联提供的大量材料证明，张先生作为法定监护人剥夺了张小小的受教育权，严重影响到张小小的身心健康发展，侵犯了未成年人的合法权益。为了保护张小小的合法权益，保证未成年人的健康成长，法院在事实证据充分的情况下，依法判决变更了张小小的抚养关系，改由母亲汪女士抚养。①

一、受教育权的法律性质

受教育权是指公民接受教育的机会和获得受教育的物质帮助的权利。受教育对公民而言既是一种权利也是一种义务。我国宪法第四十六条明确地规定："中华人民共和国公民有受教育的权利和义务。"

（一）作为一种基本权利，公民享有受教育权的权利需要国家来承担实现和保障公民受教育权的相应义务

1. 公民可以通过接受教育来提高自身的政治素养，从而更好地参与到政治生活中。

2. 公民只有接受教育，才能更好地获得一定的社会生存能力，具有明显的经济效益，也是公民选择并完善自我人格的权利。

（二）作为一种基本义务，公民自身还是受教育的义务主体，需要履行受教育的义务

1. 对于国家或者民族来说，教育涉及整个国家、民族的生存、发展和延续，所以受教育又不能完全看成是个人的私事。政府、适龄儿童及青少年的父母或监护人有责任敦促适龄儿童和青少年，接受以基础教育为内容的义务教育，并从社会条件上来保障每一个未成年人在进入社会前，接受必要的社会化的训练。

2. 教育必须为社会主义现代化建设服务，必须与生产劳动相符合，培养德、智、体等方面全面发展的社会主义事业接班人。因此根据宪法等相关法律规定，公民有接受相应教育的义务。

二、受教育权的内容

不同的角度，公民受教育权的内容不同。

（一）按照教育阶段划分

1. 学前教育权

学前教育是指学龄前儿童教育，好的学前教育对学龄前儿童顺利过渡到初

---

① 以案释法. 震惊!! 某少女的教育权竟被父亲所侵犯［EB/OL］. 法治陵水，2023-03-13.

等教育具有积极的意义，为初等教育的顺利开展奠定基础。

2. 初等教育权

根据《世界全民教育宣言》的观点，初等教育是"除家庭教育外对儿童进行基础教育的主要传授系统。初等教育必须普及以确保所有儿童的基本学习需要得到满足，并考虑社区的文化、需要和机会"。根据国际公约的规定，初等教育必须具备两个特征：第一为义务性；第二是免费且可获得性。

在我国，初等教育相当于义务教育。根据《中华人民共和国义务教育法》（以下简称"义务教育法"）的规定：国家实行九年义务教育制度。义务教育是国家统一实施的所有适龄儿童、少年必须接受的教育，是国家必须予以保障的公益性事业。实施义务教育，不收学费、杂费。国家建立义务教育经费保障机制，保证义务教育制度实施。

3. 中等教育权

中等教育是指在初等教育基础上实施的中等普通教育和专业教育，担负的是为更高级别学校输送合格新生和培养后备合格劳动力的任务。实施中等教育的学校一般是普通高中、中等专业技术学校、中等师范学校等。例如，高中毕业生可以参加高考，通过高考进入普通高校接受高等教育。

由于中等教育是完成基本教育并为人的终身学习及人格发展巩固基础，因此国家尽管必须优先提供免费初等教育，但同样也有义务采取切实步骤努力实现免费中等教育。

4. 职业技术教育权

职业技术教育是指为了满足从事一定社会生产劳动的需要，使受教育者获得某种职业技能或职业知识，形成良好的职业道德的一种教育活动。职业技术教育侧重于实践技能和实际工作能力的培养，目的是培养应用型人才，培养出来的劳动者能更好地满足岗位的要求，劳动者的社会价值、自我价值更能得到充分的体现。因此国家应该保障公民的职业技术教育权。

5. 高等教育权

高等教育是培养高级专门人才的教育活动，因此只能根据能力平等获得。目前，我国高等教育权必须通过高考才能获得。

（二）按照受教育权的过程划分

1. 公平优质学习机会权

学习机会是接受任何等级教育的起点，学习机会权是受教育权存在与发展的前提性和基础性权利。公平优质学习机会权具体包括以下三方面。

（1）入学、升学机会平等权。对于义务教育而言，入学升学机会权是实质平等权，凡达到法律规定年龄的儿童、少年，都依法享有进入或升入国家设立的义务教育学校学习的同等机会；对于非义务教育而言，入学升学机会权只是给予所有公民平等竞争的学习机会，是法律形式上的平等权。

（2）接受教育的种类、学校、教师等自由选择的平等权利，以及对学生身份的平等保护权利。

（3）享有在符合国家办学标准的优质教育机构学习的权利。该权利要求提供学习机会的学校等教育机构是符合国家办学标准的优质教育机构，不只是"有学上"，而且要"上好学"。

2. 公平优质学习条件权

学习条件权是指符合国家质量标准的学习条件权，包括优质物质资源、优质教师资源、优质课程资源、优质教育财政资源等。公平优质学习条件权是学生在学期间行使受教育权的主要内容，包括教育条件利用权、教育条件建设请求权和获得教育资助权三种。

（1）公平教育条件利用权，是指对于已有的教育条件，每个受教育者享有平等的利用权，包括参加教育教学活动权和使用教育教学设施权。具体而言，受教育者享有参加教育教学计划安排的各种活动，使用教育教学设施、设备、图书资料的权利。

（2）公平教育条件建设请求权。当教育条件不具备或不充分时，每个受教育者都可以平等地向国家主张教育条件建设请求权，主要包括教育设施建设请求权和教育财政措施请求权。

（3）获得教育资助权。对于按成绩和能力有资格接受教育但无力负担教育费用的学生，应该平等地享有从国家获得教育资助的权利。例如，按照国家有关规定获得奖学金、贷学金、助学金等。

3. 公平优质学习成功权

学习成功权是公民在受教育结果阶段所享有的一项权利，处于公平优质受教育权的最高层次，是追求实现受教育权的最终目的和教育的最终目标。公平优质学习成功权可分为形式标准与实质标准两种。

（1）形式标准是获得公正评价权和获得学业证书学位证书权。

（2）实质标准包括品行标准、知识标准、能力标准等。品行标准要求通过学习来发展人的个性，培养负责公民的价值观，促进人格健康发展；知识标准要求通过学习掌握规定的基础知识与专业知识，学业成绩优良；能力标准是指创新能力、实践能力、生活能力、从事所学专业实际工作和研究工作的能力等。

显然实质标准比形式标准要求更高级。

三、受教育权的法律规定

关于受教育权的法律规定，除了宪法的规定外，主要在教育法、义务教育法、职业教育法和高等教育法中。

（一）宪法

宪法第四十六条规定："中华人民共和国公民有受教育的权利和义务。国家培养青年、少年、儿童在品德、智力、体质等方面全面发展。"表明：受教育是公民的一项基本权利；国家对公民受教育的实现负有主要的义务和责任；父母或其监护人有义务使其子女接受义务教育。

（二）教育法

教育法（1995 年制定，2021 年修正）是迄今对受教育权规定最为全面的教育立法，充分体现了其作为教育基本法的地位和功能。不仅重申了宪法第四十六条的规定，确认公民有受教育的权利和义务，还明确规定了受教育者享有的五项具体权利。

1. 参加教育教学计划安排的各种活动，使用教育教学设施、设备、图书资料。

2. 按照国家有关规定获得奖学金、贷学金、助学金。

3. 在学业成绩和品行上获得公正评价，完成规定的学业后获得相应的学业证书、学位证书。

4. 对学校给予的处分不服向有关部门提出申诉，对学校、教师侵犯其人身权、财产权等合法权益，提出申诉或者依法提起诉讼；

于某某是 B 大学历史学系 2013 届博士毕业生。2014 年 8 月，学术期刊《国际新闻界》曝光曾为 B 大学历史系博士生的于某某所发论文大篇幅抄袭国外专著。2015 年 1 月 10 日 B 大学决定撤销于某某博士学位。2015 年 7

月，于某某将 B 大学诉至法院。问：法院应当如何处理本案？①

5. 法律、法规规定的其他权利。

（三）义务教育法

义务教育法（1986 年制定，2018 年修正）规定：国家实行九年义务教育制度。实施义务教育，不收学费、杂费。凡具有中华人民共和国国籍的适龄儿童、少年，不分性别、民族、种族、家庭财产状况、宗教信仰等，依法享有平等接受义务教育的权利，并履行接受义务教育的义务。各级人民政府及其有关部门应当履行本法规定的各项职责，保障适龄儿童、少年接受义务教育的权利。适龄儿童、少年的父母或者其他法定监护人应当依法保证其按时入学接受并完成义务教育。

2017 年，云南发生了首例因辍学引发的"官告民"案件。2017 年 3 月，云南省兰坪县啦井镇新建村和某某等 5 名学生辍学回家，经啦井镇政府工作人员和学校老师反复做工作后，家长仍然没有送辍学子女返校就读。11 月 3 日，啦井镇政府以其家长不认真履行义务教育法律责任为由，向兰坪县人民法院依法提起诉讼。法院立案后，对被起诉的学生家长进行了走访调查，认为和某某等 5 名被告家长作为法定监护人，没有履行法定义务，以各种理由放任本应接受义务教育的子女辍学，违反了法律规定。庭审中，家长认识到了"不让孩子上学是违法的"，纷纷表示今后要好好教育孩子，尽力给孩子创造良好的学习环境。本案最终调解结案。

依法实施义务教育的学校应当按照规定标准完成教育教学任务，保证教育教学质量。社会组织和个人应当为适龄儿童、少年接受义务教育创造良好的环境。

2001 年 12 月 19 日下午，某小学三（1）班学生在学校的音乐教室里上音乐课。音乐老师丁某弹钢琴时，坐在下面的王同学一直在说话。丁老师开始"警告"王同学：在课堂上不要讲话了，如果再讲话，就用胶带纸把嘴巴封起来。但 9 岁的王同学没有听老师的话，又开始自言自语。这回，

---

① 2017 年 1 月 17 日，一审法院认为被告 B 大学所作的《决定》有违正当程序原则，也无明确法律依据，判定撤销。2017 年 6 月，二审法院作出终审判决，认定 B 大学作出的撤销于某某博士学位决定程序违法，亦缺乏明确法律依据，撤销之前 B 大学作出的撤销学位的决定，同时驳回了于某某要求恢复其博士学位证书法律效力的诉讼请求。

丁老师火了，立刻站起来，走到王同学跟前，掏出一段封箱胶带纸贴在了他的嘴上。在场所有的学生一下子哄堂大笑，而此刻的王同学却大哭起来，但丁老师见状，没有理会，继续上课。就这样，王同学被封住嘴巴上完了大半节音乐课，在同学们的笑声中一路哭回了教室。试从法律角度分析丁老师的行为性质？①

（四）职业教育法

职业教育法（1996年制定，2022年修订）规定"公民有依法接受职业教育的权利"；"各级人民政府应当将发展职业教育纳入国民经济和社会发展规划"；"有关行业主管部门、工会和中华职业教育社等群团组织、行业组织、企业、事业单位等应当依法履行实施职业教育的义务"。

（五）高等教育法

高等教育法（1998年制定，2018年修正）是目前我国调整高等教育活动的法律规范。该法规定：

1. 公民依法享有接受高等教育的权利。

2. 国家采取措施，帮助少数民族学生和经济困难的学生接受高等教育。如家庭经济困难的学生，可以申请补助或者减免学费；国家设立高等学校学生勤工助学基金和贷学金，并鼓励高等学校、企业事业组织、社会团体以及其他社会组织和个人设立各种形式的助学金，家庭经济困难的学生提供帮助。

3. 高等学校必须招收符合国家规定的录取标准的残疾学生入学，不得因其残疾拒绝招收。

4. 国家根据经济建设和社会发展的需要，制定高等教育发展规划，举办高等学校，并采取多种形式积极发展高等教育事业。

5. 国家鼓励企业事业组织、社会团体及其他社会组织和公民等社会力量依法举办高等学校，参与和支持高等教育事业的改革和发展。

（六）民办教育促进法

民办教育促进法（2002年制定，2018年修正）规定：民办学校的教师、受教育者与公办学校的教师、受教育者具有同等的法律地位。民办学校依法保障

① 丁老师的行为违背了义务教育法的规定，"教师应当尊重学生的人格，不得歧视学生，不得对学生实施体罚、变相体罚或者其他侮辱人格尊严的行为，不得侵犯学生合法权益"。

受教育者的合法权益。民办学校的受教育者在升学、就业、社会优待以及参加先进评选等方面享有与同级同类公办学校的受教育者同等权利。

第二节　公民进行科学研究、文艺创作和其他文化活动的权利与自由的法律保护

公民科学研究、文学艺术创作和其他文化活动的权利与自由可以细分为三种权利与自由：科学研究的权利与自由、文学艺术创作的权利与自由（又合称为"文艺创作"）以及其他文化活动的权利与自由。

国家对于从事教育、科学、技术、文学、艺术和其他文化事业的公民的有益于人民的创造性工作，给予鼓励和帮助。

一、科学研究的权利与自由

科学研究的权利与自由是指公民在从事社会科学和自然科学研究时，有选择科学研究课题、研究和探索问题、交流学术思想、发表个人学术见解的自由。

（一）科学研究的权利与自由的范围

自由是人类在获得基本生存保障的前提下，渴求实现人生价值，提高生活质量进而提高生命质量的行为取向和行为方式。与人身自由、物质自由相比，科学研究的权利与自由是一种精神自由，是自然人内心与灵魂层面的坚守自我、突破现状的活动。科学研究包括自然科学研究、社会科学以及人文科学研究等领域。科学研究的权利与自由贯穿整个科研活动全过程。[1] 包括：

（1）资料、信息的获取权。包括观点的保持权、信息和观点的交流权、接受信息和观点的权利。

（2）选择科学研究课题的自由权。研究者可以根据自己的科研水平、知识结构、科学发展现状、社会发展需求等自主确定自己的研究计划、研究目标。根据研究者拟定的研究计划选择、确定有关研究方法。

（3）研究的自由。主要是指研究者在研究过程中享有不受国家权力和其他学术以外势力的任意干预与影响，可以自由地发现与探究真相和真理，能够自

---

[1]　朱建忠. 试论科学研究自由权［J］. 科技进步与对策，2005（6）：69-71.

行选择研究对象、目的、方法、场所与时间的自由。

（4）获得物质帮助和奖励权。科学研究离不开国家的扶持与保障，尤其是浩大的工程。经过几代人的努力，中国终于成了航天大国，我们可以探索外空、遨游宇宙。实现此目标的背后，离不开国家的经费保障与人才培养。杨利伟曾经说过，一套宇航服就要花费 3000 万元人民币以上，何况培养合格的宇航员、制造火箭、太空站等费用。

科学研究是艰辛的工作，为了鼓励更多人投身科学研究，国家制定了各种奖励、鼓励政策。2020 年，国务院科学技术进步法修订了《国家科学技术奖励条例》。设立国家最高科学技术奖、国家自然科学奖、国家技术发明奖、国家科学技术进步奖、中华人民共和国国际科学技术合作奖，奖励在科学技术进步活动中做出突出贡献的个人、组织，更好地调动科学技术工作者的积极性和创造性，建设创新型国家和世界科技强国。

以国家最高科学技术奖为例，该奖每年评审一次，每次授予不超过两名，由国家主席亲自签署、颁发荣誉证书、奖章和 800 万元奖金，全部由获奖者个人支配。截至 2022 年 1 月，共有 35 位杰出科学工作者获得该奖，包括"水稻之父"袁隆平。

（5）科研成果的发表权。发表是指科研工作者的研究成果对外发表的权利与自由，也是研究者完成知识生产的最后环节。将自己的研究成果公之于众是研究者的研究成果得到公众承认与传播的必要路径，也是避免同行多走弯路、重复劳动、浪费时间与精力的有效方法，是推动科技发展、经济发展、社会发展的重要推手之一。

（二）科学研究权利与自由的限制

科学研究的目的是推动社会发展、人类进步，因此科学研究的权利与自由不能破坏社会整体及其他社会个体的利益。换句话说，当科学研究自由损害了社会整体进步及他人利益时，法律应该抑制科学研究自由；反之，法律将会鼓励、保护科学研究的权利与自由。法律明确规定禁止公民、法人从事以下科研活动。

1. 危害国家安全的科研活动。

2. 损害社会公共利益、危害人体健康、违反伦理道德的科研活动；

   2016 年，原南方科技大学副教授贺建奎认为人类胚胎基因编辑技术可获得商业利益，与广东省某医疗机构张仁礼、深圳市某医疗机构覃金洲共谋，在明知违反国家有关规定和医学伦理的情况下，通过伪造伦理审查材料，招募男方为艾滋病病毒感染者的多对夫妇实施基因编辑及辅助生殖，最终生下 3 名基因编辑婴儿。2018 年，深圳市南山区人民法院认为，他们没有取得医生执业资格，以非法牟利为目的，故意违反国家有关科研和医疗管理规定，逾越科研和医学伦理道德底线，贸然将基因编辑技术应用于人类辅助生殖医疗，扰乱医疗管理秩序，情节严重，其行为已构成非法行医罪，依法判处被告人贺建奎有期徒刑 3 年，并处罚金人民币 300 万元；判处张仁礼有期徒刑 2 年，并处罚金人民币 100 万元；判处覃金洲有期徒刑 1 年 6 个月，缓刑 2 年，并处罚金人民币 50 万元。

3. 存在科研不端行为的科研活动。科研不端包括科研造假、抄袭、剽窃和其他违背科学共同体惯例的行为。

2017 年，湖北科技学院的教师叶某利用指导学生毕业设计的便利条件，将本校 2015 年毕业的学生小孟的毕业设计据为己有，私自申报了 3 项专利，其行为构成剽窃。

4. 其他危害国家安全、社会发展、人类进步的科研活动。

二、文艺创作的权利与自由

文艺创作是文学创作与艺术创作的简称，是人类为自身审美需要而进行的精神生产活动，是一种独立的、纯粹的、高级形态的审美创造活动。文艺创作又可细分为文学创作和艺术创作两种。

（一）文艺创作的分类

文学创作表现在文学作品方面，是作家基于对生命的审美体验，通过艺术加工创作出可供读者欣赏的文学作品的创造性活动；艺术创作则是艺术家以一定的世界观为指导，运用一定的创作方法，通过对现实生活观察、体验、研究、分析、选择、加工、提炼生活素材，塑造艺术形象，创作艺术作品的创造性劳动。

文艺创作是新时代文化建设的重要组成部分，文艺作品是坚定习近平新时代中国特色社会主义文化自信的重要载体。[①] 实现中华民族伟大复兴要求新时代

---

① 张婧磊. 新时代中国特色社会主义文艺创作的基本遵循［N］. 中国社会科学报，2020-07-01.

中国特色社会主义文艺创作要彰显中国特色、时代特色与人民特色。要求文艺创作要讲好中国故事，弘扬中国精神，凝聚中国力量；坚持与时代同步，创作反映时代风貌的文艺精品；坚持创作为了人民，创作依靠人民，创作关注人民。

（二）文艺创作权利与自由的法律规定

有关文艺创作的法律规定除了宪法、著作权法的规定外，还有国务院《出版管理条例》的规定。

1. 权利性规定

公民依法行使出版自由的权利，各级人民政府应当予以保障。公民在行使出版自由的权利的时候，必须遵守宪法和法律，不得违反宪法确定的基本原则，不得损害国家的、社会的、集体的利益和其他公民的合法的自由和权利。

公民可以依照本条例规定，在出版物上自由表达自己对国家事务、经济和文化事业、社会事务的见解和意愿，自由发表自己从事科学研究、文学艺术创作和其他文化活动的成果。

2. 禁止性规定

任何出版物不得含有下列内容：反对宪法确定的基本原则的；危害国家统一、主权和领土完整的；泄露国家秘密、危害国家安全或者损害国家荣誉和利益的；煽动民族仇恨、民族歧视，破坏民族团结，或者侵害民族风俗、习惯的；宣扬邪教、迷信的；扰乱社会秩序，破坏社会稳定的；宣扬淫秽、赌博、暴力或者教唆犯罪的；侮辱或者诽谤他人，侵害他人合法权益的；危害社会公德或者民族优秀文化传统的；法律、行政法规和国家规定禁止的其他内容的。

三、公民从事其他文化活动的权利与自由

除了科研活动、文学艺术创作活动外，其他文化活动的范围很宽泛。只要与文化相关，旨在丰富文化生活的群体性事件都可算作文化活动。例如，书画展览、文艺演出、歌唱比赛、读书会以及各种形式的对于传统或现代文化的宣传、弘扬或学习等的活动。我国宪法规定："国家发展为人民服务、为社会主义服务的文学艺术事业、新闻广播电视事业、出版发行事业、图书馆博物馆文化馆和其他文化事业，开展群众性的文化活动。"

其他文化活动以人民群众为主体，主要偏重自娱自乐，目的是满足自身精神生活需要。开展健康、愉快、生动活泼、丰富多彩的群众性文化活动有利于社会主义精神文明建设，能够更好地培养有道德、有文化、有纪律的公民，提

高整个中华民族的思想道德素质。

第三节 公民宗教信仰自由

宗教信仰自由是指公民有信仰宗教和不信仰宗教的自由。每个公民既有信仰宗教的自由，也有不信仰宗教的自由；有信仰这种宗教的自由，也有信仰那种宗教的自由；在同一宗教里面，有信仰这个教派的自由，也有信仰那个教派的自由；有过去不信教而现在信教的自由，也有过去信教而现在不信教的自由。既尊重和保护信教的自由，也保护不信教的自由。

我国宪法规定："中华人民共和国公民有宗教信仰自由。任何国家机关、社会团体和个人不得强制公民信仰宗教或者不信仰宗教，不得歧视信仰宗教的公民和不信仰宗教的公民。国家保护正常的宗教活动。任何人不得利用宗教进行破坏社会秩序、损害公民身体健康、妨碍国家教育制度的活动。宗教团体和宗教事务不受外国势力的支配。"

宗教信仰自由历来是我国宪法和法律所保护的重要权利，但公民行使宗教信仰自由应遵循三原则，即合法性原则、宗教与国家教育制度相分离原则、独立办教原则。

一、合法性原则

宗教信仰自由只能在法律允许的范围内行使，受相关法律、法规的约束。

（一）宗教界人士与信教群众要在法律、法规允许的范围内从事宗教活动

宗教界人士和信教群众首先是中华人民共和国的公民，要把国家和人民的根本利益放在首位，承担遵守宪法、法律、法规和政策的义务。公民在行使宗教信仰自由权利的同时，有遵守宪法和法律的义务，任何人不能利用宗教破坏社会秩序、损害公民身体健康，更不允许利用宗教反对党的领导和社会主义制度，破坏国家统一和民族团结。

2011 年 1 月 10 日早晨 7 时许，河南省兰考县谷营乡谷东村的邪教"实际神"成员李某用剪刀割断自己仅有两个月大女儿的喉咙，将其残忍杀害。据悉，李某将自己在邪教内"降职"归因到女儿身上，认为女儿是小鬼，

处处纠缠她，致使其没有时间"信神""读书"，遂产生了杀女的想法。

（二）宗教必须在宪法、法律和政策范围内活动

各宗教一律平等。我国的佛教、道教、伊斯兰教、天主教和基督教不论信众多寡、影响大小，在法律面前一律平等。

（三）保护合法的宗教活动，反对邪教

中国政府对各种宗教一视同仁、不加歧视，任何国家机关、社会团体和个人不得损害宗教界的合法权益、干预正常的宗教活动、严厉打击邪教。

邪教是指冒用宗教、气功或者其他名义建立，神化首要分子，利用制造、散布歪理邪说等手段蛊惑、蒙骗他人，发展、控制成员，危害社会的非法组织。

各种邪教大多是以传播"宗教教义""拯救人类"为幌子，散布谣言，且通常有一个自称"开悟"的具有"超自然力量"的"教主"，以秘密结社的组织形式控制群众，一般以不择手段地敛取钱财为主要目的，扰乱社会秩序，危害公共安全。

> 陕西西安"全能神"信徒王某相信妻子被"邪灵"附体，需要消灭肉体才能消灭"邪灵"，再由"圣灵"带来重生。2012年3月4日上午9时，王某对妻子进行殴打、猛击后，用枕头捂住妻子的面部直至其窒息身亡。随后，王某又用菜刀向妻子尸体头部、胸部和腹部连砍十余刀。这一切结束后，王某还希望附在妻子身体上的"邪灵"尽快死去，期待着"神"的来临，能使妻子"死而复生"。

二、宗教与国家教育制度相分离原则

宗教信仰是人类历史发展的产物，是一种意识形态。在人类早期活动中，因为科学知识的缺乏，不能正确解释和解决当时发生的自然现象、社会问题，加上对某些现象（如天灾、人祸等）的恐惧，人类将根源归结于某种超自然的神秘力量或者实体的存在。伴随着人类社会的发展，人们在对这种神秘力量或实体敬畏且崇拜的过程中，逐渐产生信仰认知以及相应的一系列仪式活动，据此宗教产生。宗教作为一种精神力量，曾在历史的长河中发挥着重要作用，不仅渗透进人类生活的各方面，并且在今天的文化活动、国际事务和日常生活中仍有一定的影响。但是宗教也受到了科学发展的影响与挑战，原来无法回答的问题，现在能够得到合理、科学的回答，因此宗教对人类的影响逐渐削弱。

科技是第一生产力，学校的根本任务是培养德、智、体、美、劳全面发展的社会主义事业的建设者和接班人。因此，要培养青年学生树立科学的世界观、人生观、价值观，就必须做到宗教与国家教育制度的分离。任何组织和个人不得利用宗教干预学校教育和社会公共教育，不得利用宗教活动妨碍义务教育的实施。具体来说，就是任何人不得利用宗教进行妨碍国家教育制度的活动；任何组织和个人不得在学校进行宗教活动。严禁在学校传播宗教思想、发展教徒；严禁在学校设立宗教活动场所、举行宗教活动；严禁师生建立宗教团体和组织；严禁师生在校内外参加或组织参加宗教活动；严禁穿戴宗教服饰、佩戴宗教标志。任何组织或者个人都必须遵守法律法规的规定，不能在宗教院校以外的学校和其他教育机构传教、举行宗教活动、成立宗教组织、设立宗教活动场所。

三、独立办教原则

独立办教又称"独立自主自办"，是指中国的宗教事业由中国的宗教信徒自主办理，不受外国势力的支配和控制。

坚持独立自主自办，是基于我国曾经长期遭受帝国主义侵略和掠夺、有的宗教被帝国主义控制和利用的历史事实，是我国信教群众的自主选择，是我国各宗教处理对外关系的一条重要原则。《宗教事务条例》第五条明确规定："各宗教坚持独立自主自办的原则，宗教团体、宗教院校、宗教活动场所和宗教事务不受外国势力的支配。宗教团体、宗教院校、宗教活动场所、宗教教职人员在相互尊重、平等、友好的基础上开展对外交往；其他组织或者个人在对外经济、文化等合作、交流活动中不得接受附加的宗教条件。"

坚持独立自主自办原则，要把境外利用宗教进行渗透和宗教界的正常对外交往区别开来，鼓励和支持我国宗教界在独立自主、平等友好、互相尊重的基础上开展对外交往。例如，梵蒂冈是天主教中枢罗马教廷所在地，尽管中国有1000多万天主教信徒，但中国至今不与梵蒂冈建立外交关系，原因就在于基于"独立办教"的原则，中国天主教在政治、经济上与罗马教廷完全切割，仅在宗教文化方面存在历史传承关系。

思考题

1. 简述文化教育权的含义与性质。接受教育对公民有什么意义？提供适合的教育对国家又有什么意义?

  2. 简述公民科学研究权利与自由的范围。

  3. 简述公民文艺创作的权利与自由的范围。

  4. 什么时候宗教信仰自由?宗教信仰自由应该遵循哪些原则?

第八章

公民社会经济权的法律保护

公民的社会经济权利是指公民依照宪法规定参与社会经济活动，享有经济活动及物质利益的一系列基本权利的总称。广义的公民社会经济权利包括财产权、劳动权、休息权、物质保障权和物质帮助权。狭义的公民社会经济权利则只包括劳动权和社会保障权两种。

第一节　公民劳动权的法律保护

2013 年 4 月 24 日，张小姐入职某公司。双方签订的劳动合同约定张小姐工作岗位为导购，工作地点在北京某商场。张小姐户籍地为北京市西城区，家庭住址为北京市海淀区。2014 年 9 月 28 日，公司作出《调店通知》，通知张小姐已被调至公司下属天津店面，工资待遇按天津的标准执行，若张小姐逾期未到岗，公司将按自动离职予以处理。接到公司通知后，张小姐表示因工作地点距住所地太远，来往上班非常不便，拒绝接受公司做出的调岗决定。2014 年 10 月 8 日，公司向张小姐作出《处罚通告》，以张小姐不服从公司正常调店安排，未按要求准时到岗工作为由，解除了双方劳动合同。张小姐主张公司违法解除劳动合同，要求公司支付违法解除劳动合同赔偿金 12520 元。双方经过劳动仲裁之后，诉至法院。

法院认为：根据法律的规定，用人单位与劳动者应当按照劳动合同的约定，全面履行各自的义务。劳动合同约定张小姐的工作地点为北京，公司在未与张小姐协商一致情况下，擅自将张小姐的工作地点调至远离其经常居住地的地方，属不合理调岗，严重损害劳动者的合法权益。违法调岗情况下，公司以张小姐拒绝接受调店决定为由解除劳动合同，属违法，判令被告支付张小姐违法解除劳动合同的赔偿金。

劳动权又称"劳动保障权"，是指有劳动能力的公民享有获得劳动机会和适当的劳动条件，并按照其劳动的数量和质量取得劳动报酬的权利。

一、劳动权的特征

根据我国宪法的规定："中华人民共和国公民有劳动的权利和义务。"因此劳动权具有以下特征。

（一）劳动权具有双重性，既是公民的权利，也是公民的义务

首先，劳动是公民的权利。对于公民而言，生存是第一要务，为了生存，公民必须劳动，通过劳动获得生存资料。只有解决了生存问题，公民才有可能考虑发展问题，因此劳动权是其他权利行使的前提与基础。人权内容的丰富与享有同样是建立在生存权的基础之上，因此劳动是公民的基本权利。

其次，劳动是公民的义务。对于社会而言，社会的发展离不开人类劳动。社会的发展与人的发展相辅相成，互为条件。社会发展为人的发展创造外在条件；人的发展又是社会发展的动力源。劳动创造的价值与财富不仅改善了个人、家庭的生活条件，同时推动社会的发展。因此，从推动社会发展的角度来看，劳动是公民的基本义务。

（二）所有具有劳动能力的公民都有平等地参加社会劳动的机会

1. 具有劳动能力的公民享有劳动权

宪法规定："劳动是一切有劳动能力的公民的光荣职责。"劳动是一种行为，劳动者必须具有相应的行为能力。换言之，没有劳动能力的人不享有劳动权。

2. 具有劳动能力的公民享有的是平等参加社会劳动的机会

具有劳动能力的公民，不分种族、民族、性别、年龄、宗教信仰和居住地区等差别，都有平等的机会从事一定的社会劳动，不得因为某些方面的自然差异而予以歧视。

3. 国家应当为具有劳动能力的公民提供适当的劳动条件

我国宪法规定："国家通过各种途径，创造劳动就业条件，加强劳动保护，改善劳动条件，并在发展生产的基础上，提高劳动报酬和福利待遇。""国家对就业前的公民进行必要的劳动就业训练。"一方面，保护劳动者人身安全；另一方面，培养合格的劳动者，更好地为社会做贡献，创造更好、更多的物质财富

与精神财富。

（三）参加社会劳动的公民有权按照所提供的劳动数量和质量获得相应的报酬或收入

劳动不能与报酬脱节。尽管法律规定国有企业和城乡集体经济组织的劳动者都应当以国家主人翁的态度对待自己的劳动，提倡公民从事义务劳动。但是光劳动没有报酬，不能满足劳动者的个人需求、家庭需要，无法激发劳动者的积极性，因此国家还要提倡社会主义劳动竞赛，奖励劳动模范和先进工作者，实施按劳分配、按质取酬。

二、劳动权的主体

（一）劳动权的权利主体

劳动权尽管是一种权利，但是只有具有相应劳动能力的人才具有。因此劳动权的权利主体必须考虑以下因素。

1. 年龄：劳动权的权利主体年龄不得低于 16 周岁

《中华人民共和国劳动法》（以下简称"劳动法"）规定："禁止用人单位招用未满十六周岁的未成年人。文艺、体育和特种工艺单位招用未满十六周岁的未成年人，必须遵守国家有关规定，并保障其接受义务教育的权利。"义务教育法规定，年满六周岁的儿童必须接受义务教育；适龄的儿童和青少年必须接受九年义务教育。算起来，16 周岁以下的未成年人之所以不能享有劳动权，是因为他们还处于接受义务教育阶段。

2. 智力因素：劳动者必须完成义务教育，有时候还必须具有相应的岗位职业能力

随着社会的发展，劳动分工越来越细，不少岗位必须持证上岗。例如，教师要有教师资格证、律师要有律师证、医生要有医师执业证。因此，劳动者必须接受相应的岗位培训，具备相应的职业技能，才能从事相关工作，享有相应的劳动权。

3. 健康因素：有岗位所需的必要的劳动能力

没有行为能力的人，当然没有劳动能力；限制民事行为能力的人只能从事与其年龄、智力相适应的工作。因此，完全丧失劳动能力的残疾人不具有劳动权；部分丧失劳动能力的残疾人只能从事与其劳动能力相适应的工作；各个岗位的劳动者都不能够患有与岗位不适应的疾病。例如，色盲患者不能从事车辆

驾驶工作，因为他无法分辨红绿灯，无法准确按照交通指示灯的要求驾驶车辆；艾滋病患者不能从事服务业和餐饮业，因为有传播艾滋病的可能。

此外，禁止安排女职工从事危害妇女身心健康的岗位；女职工在孕期、哺乳期、经期内，不得安排其从事危害胎儿、婴儿、本人身体健康的工作。

（二）劳动权的义务主体

劳动权的义务主体是指负有义务保障有劳动能力的公民实现劳动权的人。根据我国法律规定，任何组织和个人都有义务不侵犯劳动者的劳动权。具体而言，劳动权的义务主体包括：中华人民共和国境内的企业、个体经济组织、国家机关、事业组织、社会团体等。

1. 企业、个体经济组织等用人单位应当依法建立和完善规章制度，保障劳动者享有劳动权利和履行劳动义务。

2. 国家采取各种措施，促进劳动就业，发展职业教育，制定劳动标准，调节社会收入，完善社会保险，协调劳动关系，逐步提高劳动者的生活水平。

国家提倡劳动者参加社会义务劳动，开展劳动竞赛和合理化建议活动，鼓励和保护劳动者进行科学研究、技术革新和发明创造，表彰和奖励劳动模范和先进工作者。

3. 用人单位、农村集体经济组织，劳动服务机构、失业保险机构等特定社会成员分别在劳动关系、劳动服务关系、失业保险关系等法律关系中对劳动者负有相应的义务。

三、劳动权的内容

劳动权是由一系列权利构成的权利系统，包括就业权、获得报酬权、休息权、职业安全权以及福利权等。在这个权利体系中，各种劳动权按照一定的分工紧密地结合在一起，共同发挥作用。

（一）就业权

就业权包括职业获得权、自由择业权和平等就业权。

1. 职业获得权

职业获得权包括两方面内容：一方面，表现为要求国家和社会提供工作机会的权利；另一方面，则是劳动者对抗用人单位无正当理由解雇的权利。前者称为"积极的就业权"，后者称为"消极的就业权"。

为劳动者提供就业机会，是国家不可推卸的义务。但是，国家履行这种义务的能力与国家经济发展和社会发展状况密切相关。国家经济繁荣稳定、结构平衡、人口适度，为劳动者职业获得权的实现提供了可靠的保证。

2. 自由择业权

自由择业权是指劳动者可以根据自己的意愿与能力选择职业的权利。事业还是职业给劳动者的感觉完全不同。职业仅仅是劳动者谋生的手段之一，事业却是可以为之努力奋斗终身的目标。劳动者如果能在兼顾理想与生活的前提下，自由选择自己热爱的职业，并为之奋斗终身，显然能更大地激发劳动者的能动性、创造性。

3. 平等就业权

平等就业权是指任何公民不因民族、种族、性别、年龄、文化、宗教信仰、经济能力等，平等地享有就业的权利和资格。具体在应聘某一职位时，任何公民都应该平等地参与竞争，任何人不得享有特权，也不得歧视任何人。

> 2014 年 6 月，郭某在网络上看到杭州市西湖区某职业技能培训学校招聘文案人员的广告，觉得该工作比较适合自己，于是按要求在网上提交了应聘简历，但是过了一段时间后没有得到任何答复。郭某又仔细阅读了相关网页，才发现该单位只招男性。郭某在没有得到任何合理解释的情况下，向法院起诉，状告该公司性别歧视，违反宪法规定的"公平原则"。最终杭州市西湖区人民法院判决认为，"被告不对原告是否符合其招聘条件进行审查，而直接以原告为女性、其需招录男性为由拒绝原告应聘，其行为侵犯了原告平等就业的权利，对原告实施了就业歧视"，赔偿其 2000 元精神损害抚慰金。①

(二) 获得报酬权

报酬权即取得劳动报酬的权利，主要表现为工资、奖金和津贴三种形式。报酬权的内容具体包括报酬协商权、报酬请求权和报酬支配权。

1. 报酬协商权

报酬协商权是劳动者与用人单位通过劳动合同协商确定劳动报酬的形式和水平的权利。尽管劳动合同的订立仍然以意思自治为基础，但是在劳动报酬的方面，劳动合同双方当事人的自由权利受到来自国家相关法律的强制性约束，劳动者与用人单位所协的劳动报酬不能低于集体合同的标准，更不能低于国

---

① 胡锦光. 2014 年中国十大宪法事例评析［M］. 北京：法律出版社，2016：91-100.

家的最低工资标准，否则劳动合同中的相关条款将会无效。

2. 报酬请求权

报酬请求权是指建立劳动关系后，劳动者付出了职业劳动之后有权请求用人单位按时、足额支付劳动报酬的权利，是法律绝对优先保护的权利之一。报酬请求权主要体现在用人单位歇业、清算或者宣告破产时。如《中华人民共和国企业破产法》规定，破产财产优先清偿破产企业职工的工资和劳动保险费用。

> 蔡某于 2017 年 12 月 11 日入职某影院技术服务公司，担任工程师。双方签订的劳动合同约定：合同有限期为 2017 年 12 月 11 日—2020 年 12 月 10 日；蔡某的月工资标准为 12000 元。2019 年 12 月 6 日，蔡某因个人原因离职。离职时，因 2018 年度累计有休息日加班 70 小时未调休，蔡某向公司提出要求支付上述 70 小时的休息日加班费。影院技术服务公司虽认可蔡某存在上述加班事实，但认为，根据其公司《人力资源管理手册》的规定，加班倒休周期为当年 1 月 1 日至 12 月 31 日，特殊情况可延长至次年 3 月 31 日，逾期未倒休，视为放弃相应权利，公司将不予支付加班费，且蔡某入职时已在《人力资源管理手册》上签字表示认可，故不同意向蔡某支付上述加班费。双方就此发生争议，蔡某于 2020 年 2 月向劳动人事争议仲裁委员会（以下简称"仲裁委"）提出仲裁申请。问：本案应如何处理？①

3. 报酬支配权

报酬支配权是指劳动者独立支配、管理和处分自己劳动报酬的权利。国家人力资源和社会保障部颁布的《工资支付暂行规定》中明确规定："工资应当以法定货币支付。不得以实物及有价证券替代货币支付。"换句话说，我的工资我做主，企业单位不能用购物卡等形式支付劳动者的工资。例如，2015 年 9 月，九江华联生活广场以冲抵工资的形式发给每个员工本超市 500 元购物卡，引发了员工的强烈不满。② 这种卡限定在华联超市使用，所以九江华联生活广场的行为侵犯了单位职工的报酬支配权。

---

① 支持蔡某的请求。根据劳动法第四十四条第（二）项规定："休息日安排劳动者工作又不能安排补休的，支付不低于工资的百分之二百的工资报酬。"《中华人民共和国劳动合同法》第二十六条第一款第（二）项规定，用人单位免除自己的法定责任、排除劳动者权利的，该劳动合同无效或者部分无效。

② 你遭遇过吗？九江华联生活广场被诉用 500 元购物卡抵工资［EB/OL］. 人民网，2015-09-22.

（三）休息权

休息权是指劳动者享有的休息和休养的权利，以保护劳动者身体健康和提高劳动效率。

保障劳动者休息权的目的一方面是为了缓解劳动者的疲劳，恢复其体力和精神，保护其身体健康；另一方面劳动者可以利用自己的闲暇时间处理家庭和个人的事务，包括利用业余时间学习，提高自己的业务水平，使自己成为工作能手。我国劳动法明确规定：

1. 国家实行劳动者每日工作时间不超过 8 小时、平均每周工作时间不超过 44 小时的工时制度。

2. 用人单位应当保证劳动者每周至少休息一日。

3. 用人单位在元旦、春节、国际劳动节、国庆节以及法律、法规规定的其他休假节日应当依法安排劳动者休假。

用人单位由于生产经营需要，经与工会和劳动者协商后可以延长工作时间，一般每日不得超过一小时；因特殊原因需要延长工作时间的，在保障劳动者身体健康的条件下延长工作时间每日不得超过 3 小时，但是每月不得超过 36 小时。

> 孔某为某物流公司员工，于 2017 年 1 月入职，月工资标准 6000 元，双方签订了为期三年的劳动合同。2019 年 1 月，孔某生育一子，并享受产假、哺乳假，当年度未休带薪年休假。2020 年 1 月，物流公司与孔某终止劳动合同，未支付其 2019 年度未休年休假工资报酬。某物流公司以孔某已享受产假及哺乳假，不符合享受带薪年休假的条件为由，不同意支付其 2019 年度未休年休假工资，双方因此发生争议。问：本案如何处理？①

（四）职业安全权

职业安全权是指劳动者在职业劳动中人身安全和健康获得保障，免遭职业伤害的权利。

劳动关系具有财产和人身双重属性。劳动者按照用人单位的要求提供合格的劳动，对用人单位负有忠诚的义务；用人单位支付劳动报酬给劳动者，对劳动者人身安全、身心健康负有保护的义务，使其免遭职业伤害。因此劳动者享

---

① 支持孔某的请求。根据《企业职工带薪年休假实施办法》第六条规定："职工依法享受的探亲假、婚丧假、产假等国家规定的假期以及因工伤停工留薪期间不计入年休假假期。"

有职业安全权。

根据职业安全权的规定，劳动者可以要求用人单位提供安全、卫生的劳动条件，建立、健全劳动安全卫生管理制度，严格执行国家劳动安全卫生规程和标准，防止职业危害。当用人单位不提供安全卫生的劳动环境和条件时，或者用人单位强令职工冒险作业时，劳动者可以拒绝从事劳动。

李某某是JL纸业有限公司（以下简称JL公司）造纸一车间的造纸工，于2006年10月20日0时至8时上夜班。凌晨5时45分左右，纸辊架上原有的半成品纸辊突然坍塌，砸向正坐在车间内门边休息打瞌睡的李某某，李某某躲闪不及，造成右脚踝骨骨折的事故。JL公司向J县劳动局提出工伤认定申请，J县劳动局作出了不符合《工伤保险条例》第十四条规定的工伤认定的情形，认定李某某不属于因工受伤。后原告李某某不服向J市劳保局提起行政复议，J市劳保局作出维持县劳动局的认定的决定。为此，原告于2007年2月5日向J县法院提起行政诉讼。被告J县劳动局辩称，原告虽然是在工作时间和工作场所内，但当时原告打瞌睡，而没有直接从事工作，非因工作原因而受伤，不符合国务院《工伤保险条例》第十四条第一款所规定的"在工作时间和工作场所内，因工作原因受到事故伤害"可以认定为工伤的条件。问：本案如何处理？[①]

我国极为重视劳动者职业安全方面的立法，先后颁布了大量劳动安全方面的法规和规章，例如矿山安全法、工会法、劳动法、职业病防治法、安全生产法等一系列重要法律。同时国务院及其劳动行政主管部门以及各地方政府还颁布了大量行政法规与规章，制定了100多项劳动安全国家标准，具体规定了劳动安全权利保护的内容和实施程序，基本形成了一个包括宪法在内的多层次立法相结合的法律体系。

（五）职业培训权

职业培训权又称"职业技能培训权"，包括就业前的培训和在职培训两种。

[①] 法院支持了原告的诉讼请求。法院经审理认为，原告是在其当班从事生产经营活动整个过程中受伤，其夜班工作期间，因生理原因打瞌睡违反劳动纪律，并不是排除其工作原因受伤的法律依据；此外，第三人JL公司存在着生产上的不安全隐患是导致原告受伤的内在原因，工作场所中纸辊坍塌才是导致原告受伤的直接原因。故应认定原告是在工作时间、工作场所内，因工作原因受伤，应当认定为工伤。因此被告作出的具体行政行为，虽然程序合法，但适用法规错误，应予以撤销。

就业前的培训一般属于受教育权的范围；在职培训又称为"岗位培训"，属于劳动权的范围。职业培训作为国民教育体系的组成部分，对于提高劳动者的职业素质和技能，促进社会生产力发展具有重要意义。

我国宪法规定："国家对就业前的公民进行必要的劳动就业训练。"在某些特种行业中，劳动者只有参加职业技能培训，才能适应工作岗位的要求。因此，职业培训权是劳动者有要求接受职业技能的教育和训练的权利，并可根据这一权利享受相应的待遇的权利。主要有：

1. 劳动者依法要求参加规定的各种技能职业培训，用工单位不得拒绝。

2. 对于按规定必须安排一定工作时间从事学习的，用人单位应当积极安排。

3. 按规定由用人单位负担的培训费用，用人单位应当支付，已经由劳动者代付的，用人单位必须依法返还。

4. 从事特种作业的劳动者有进行特殊培训的权利。如电焊工、切割工等岗位，必须进行特殊培训，经考核合格，持证上岗。

某街道应急管理所在例行安全检查中，发现某公司车间内，一名男子在没有任何防护措施的情况下进行电焊作业，现场火光四射，一不小心就可能引发火灾。经调查发现，该名员工未取得特种作业操作证，属于无证电焊作业。最终执法人员依法处罚了违法企业和违法人员。

5. 获得职业培训证书或资格证书的权利。

（六）民主管理权

民主管理权是劳动者可以对本单位的生产经营管理工作进行监督和提出建议的权利，是劳动者对社会主义企业和整个国民经济行使当家作主、实施管理的权利。劳动者通过职工代表大会或职工大会行使民主管理权利。

宪法第十六条规定："国有企业在法律规定的范围内有权自主经营。国有企业依照法律规定，通过职工代表大会和其他形式，实行民主管理。"

宪法第十七条规定："集体经济组织在遵守有关法律的前提下，有独立进行经济活动的自主权。集体经济组织实行民主管理，依照法律规定选举和罢免管理人员，决定经营管理的重大问题。"

（七）团结权

团结权即劳动者组织工会并参加其活动的权利，是宪法和劳动法确认的劳动者的基本权利，包括组织工会权、集体谈判权和劳动争议权。

我国工会法规定："工会是中国共产党领导的职工自愿结合的工人阶级群众组织"；"中华全国总工会及其各工会组织代表职工的利益，依法维护职工的合法权益"；"在中国境内的企业、事业单位、机关、社会组织中（以下统称用人单位）以工资收入为主要生活来源的劳动者，不分民族、种族、性别、职业、宗教信仰、教育程度，都有依法参加和组织工会的权利。任何组织和个人不得阻挠和限制"。

工会代表和维护劳动者的合法权益，依法独立自主地开展活动。劳动者依照法律规定，通过职工大会、职工代表大会或者其他形式，参与民主管理或者就保护劳动者合法权益与用人单位进行平等协商。

（八）特殊群体的劳动权保护

1. 对女职工的特殊保护

劳动法①规定："禁止安排女职工从事矿山井下国家规定的第四级体力劳动强度的劳动和其他禁忌从事的劳动。不得安排女职工在经期从事高处、低温、冷水作业和国家规定的第三级体力劳动强度的劳动。不得安排女职工在怀孕期间从事国家规定的第三级体力劳动强度的劳动和孕期禁忌从事的劳动。对怀孕七个月以上的女职工，不得安排其延长工作时间和夜班劳动。女职工生育享受不少于九十天的产假。不得安排女职工在哺乳未满一周岁的婴儿期间从事国家规定的第三级体力劳动强度的劳动和哺乳期禁忌从事的其他劳动，不得安排其延长工作时间和夜班劳动。"

2. 对未成年工的特殊保护

未成年工是指年满16周岁未满18周岁的劳动者。劳动法明确规定："不得安排未成年工从事矿山井下、有毒有害、国家规定的第四级体力劳动强度的劳动和其他禁忌从事的劳动。""用人单位应当对未成年工定期进行健康检查。"

第二节　公民社会保障权的法律保护

社会保障是指由国家立法强制规定，并以国家作为给付义务主体，对公民

---

① 根据国家标准化管理委员会发布的，标准号为 GB 3869-1997 体力劳动强度分级，体力劳动强度分为四级，一级劳动强度最小，四级最大。四级体力劳动是指 8 小时工作日平均耗能值为 11304.4 千焦耳/人，劳动时间率为 77%，即净劳动时间为 370 分钟，相当于"很重"强度劳动。

在年老、疾病、伤残、失业、生育、遭遇灾害、面临生活困难等情形时给予物质或服务帮助，旨在保障公民基本生活需要并提高生活水平、实现社会公平和社会正义的制度。社会保障具有强制性①、普遍性②、福利性③、社会公平性④、基本保障性⑤五个特征。

社会保障权是公民依法享有的在年老、疾病、伤残、失业、生育、死亡、遭遇灾害、面临生活困难等时，从国家和社会获得物质或服务帮助的权利，包括社会保险、社会救助、社会福利、社会优抚等四方面。

对公民而言，其中社会保险是未雨绸缪，社会救助是雪中送炭，社会福利是锦上添花。

一、社会保险

社会保险是指国家通过立法强制建立社会保险基金，对参加劳动关系的劳动者在丧失劳动能力或失业时给予必要的物质帮助的制度。社会保险对劳动者提供的是基本生活保障，只要劳动者符合享受社会保险的条件，即或者与用人单位建立了劳动关系，或者已按规定缴纳各项社会保险费，即可享受社会保险待遇。社会保险由养老保险、医疗保险、工伤保险、失业保险、生育保险等保险制度组成，是社会保障制度的中坚力量。

（一）养老保险

养老保险又称"基本养老保险"，是国家依据相关法律法规的规定为达到国

---

① 强制性是指社会保障是通过立法强制实施的，社会保障的内容和实施都是通过法律进行的。
② 普遍性是指社会保障要求社会化，凡是符合法律规定的所有企业和社会成员都必须参加。
③ 福利性是指社会保障不以营利为目的，实施社会保障完全是为了保障社会成员的基本生活。
④ 社会公平性是指社会保障作为一种分配形式具有明显的公平特征。一方面，社会保障中不能存在任何特殊阶层，同等条件下的公民所得到的保障是相同的；另一方面，在保障基金的募集和使用的过程中，按收入比例提取社保基金，按实际支付比例报销费用，个人享有的权利与承担的义务并不严格对等，从而使得收入高的多交、收入低的少交，不仅体现出一定程度的社会公平，也体现了社会保障的互助性。
⑤ 基本保障性是指社会保障的保障标准是满足保障对象的基本生活需要，根本目的是保证人们的收入稳定、生活安定，发挥社会稳定器的作用。

家法定退休年龄①或因完全丧失劳动能力等原因退出劳动岗位的劳动者提供基本生活需要而建立的社会保障制度。

我国社会保险法（2010 年颁布，2018 年修正）规定，社会保险分为职工基本养老保险和新型农村社会养老保险、居民养老保险、机关事业单位工作人员养老保险四种。

1. 职工基本养老保险

基本养老保险基金由用人单位和个人缴费以及政府补贴等组成，实行社会统筹与个人账户相结合。个人账户不得提前支取，记账利率不得低于银行定期存款利率，免征利息税。个人死亡的，个人账户余额可以继承。个人跨统筹地区就业的，其基本养老保险关系随本人转移，缴费年限累计计算。个人达到法定退休年龄时，基本养老金分段计算、统一支付。具体办法由国务院规定。

基本养老金根据个人累计缴费年限、缴费工资、当地职工平均工资、个人账户金额、城镇人口平均预期寿命等因素确定。国家建立基本养老金正常调整机制，根据职工平均工资增长、物价上涨情况，适时提高基本养老保险待遇水平。当基本养老保险基金出现支付不足时，政府给予补贴。

（1）投保主体与费用承担

职工养老保险由用人单位和职工共同投保；用人单位应当按照国家规定的本单位职工工资总额的比例缴纳基本养老保险费，记入基本养老保险统筹基金；职工按照国家规定的本人工资的比例缴纳基本养老保险费，记入个人账户。

无雇工的个体工商户、未在用人单位参加基本养老保险的非全日制从业人员以及其他灵活就业人员个人缴纳基本养老保险费。

公务员和参照公务员法管理的工作人员养老保险的办法由国务院规定。

（2）支付条件

只有达到法定退休年龄且累计缴费满 15 年的参加基本养老保险的个人，才能按月领取基本养老金。

如果达到法定退休年龄时累计缴费不足 15 年的，可以缴费至满 15 年，按月领取基本养老金；也可以转入新型农村社会养老保险或者城镇居民社会养老

---

① 目前我国法定退休年龄是：一般情况下，男职工 60 周岁、女职工 50 周岁（女干部 55 周岁）；从事高空、井下、高温等工作的，在满足具体条件后，男职工为 55 周岁、女职工为 45 周岁；因病或非因工致残，有医院证明并经劳动能力鉴定委员会确认完全丧失劳动能力的，男职工为 50 周岁、女职工为 45 周岁。

保险，按照国务院规定享受相应的养老保险待遇。

（3）支付项目

一是按月支付基本养老金。

二是丧葬补助金和抚恤金。因病或者非因工死亡的，其遗属可以领取丧葬补助金和抚恤金。

三是病残津贴。未达到法定退休年龄时因病或者非因工致残完全丧失劳动能力的，可以领取病残津贴。

2. 新型农村社会养老保险

农村社会养老保险是指通过个人、集体、政府多方筹资将符合条件的农村居民纳入参保范围，达到规定年龄时领取养老保障待遇，以保障农村居民年老时基本生活为目的，带有社会福利性质的一种社会保障制度。

与过去的农村社会养老保险仅仅依靠农民自我储蓄积累不同，新型农村社会养老保险制度强调了国家对农民老有所养承担的责任，明确了政府资金投入的原则要求。

新型农村社会养老保险制度实行基础养老金和个人账户养老金相结合的养老待遇计发办法，国家财政全额支付最低标准基础养老金；实行个人缴费、集体补助、政府补贴相结合的筹资办法，地方财政对农民缴费实行补贴。参加新型农村社会养老保险的农村居民，符合国家规定条件的，按月领取新型农村社会养老保险待遇。

3. 居民养老保险

年满 16 周岁（不含在校学生），非国家机关和事业单位工作人员及不属于职工基本养老保险制度覆盖范围的城乡居民，可以在户籍地参加城乡居民养老保险。居民养老保险主要由个人缴费、集体补助、政府补贴构成，由基础养老金和个人账户养老金构成。个人缴费、地方人民政府对参保人的缴费补贴、集体补助及其他社会经济组织、公益慈善组织、个人对参保人的缴费资助，全部记入个人账户。符合法定条件，按月领取养老金。

居民养老保险可以分为城镇居民养老保险和新型农村社会养老保险两种。

符合国家规定条件的城乡居民可以按月领取养老保险金。各地区可以根据实际情况，将城镇居民社会养老保险和新型农村社会养老保险合并实施。

4. 机关、事业单位工作人员基本养老保险

根据 2015 年《国务院关于机关事业单位工作人员养老保险制度改革的决

定》，机关、事业单位工作人员的基本养老保险由基本养老金和职业年金两部分组成。

（1）基本养老金

机关事业单位工作人员的基本养老金由基础养老金和个人账户养老金组成。由单位和个人共同承担。个人承担部分由单位代扣，其他有关缴费年限、条件、待遇等规定则参照《社会保险法》的规定。

（2）职业年金

机关事业单位工作人员职业年金基金由单位缴费、个人缴费、职业年金基金投资运营收益和国家规定的其他收入构成。职业年金基金采用个人账户方式管理，个人缴费实行实账积累。

（二）基本医疗保险

基本医疗保险是通过用人单位和个人缴费，建立医疗保险基金，参保人员患病就诊发生医疗费用后，由医疗保险经办机构给予一定的经济补偿，以避免或减轻劳动者因患病、治疗等所带来的经济风险。基本医疗保险是一种为了减轻劳动者因疾病风险造成的经济损失而建立的社会保险制度。

基本医疗保险分为两种：职工基本医疗保险和居民医疗保险。其中，居民医疗保险根据其居住地不同，又可以分为新型农村合作医疗、城镇居民基本医疗保险。

1. 职工基本医疗保险

（1）参保方式与缴费主体

职工应当参加职工基本医疗保险，由用人单位和职工按照国家规定共同缴纳基本医疗保险费。参加职工基本医疗保险的个人，达到法定退休年龄时累计缴费达到国家规定年限的，退休后不再缴纳基本医疗保险费，按照国家规定享受基本医疗保险待遇；未达到国家规定年限的，可以缴费至国家规定年限。

无雇工的个体工商户、未在用人单位参加职工基本医疗保险的非全日制从业人员以及其他灵活就业人员可以参加职工基本医疗保险，由个人按照国家规定缴纳基本医疗保险费。

（2）享有的待遇

符合基本医疗保险药品目录、诊疗项目、医疗服务设施标准以及急诊、抢救的医疗费用，按照国家规定从基本医疗保险基金中支付。

2. 居民基本医疗保险

居民基本医疗保险主要包括新型农村合作医疗制度与城镇居民基本医疗保险制度。

城乡居民大病保险是在居民基本医疗保障的基础上，对大病患者发生的高额医疗费用给予的更高比例的支付。目的是要解决群众反映强烈的"因病致贫、因病返贫"问题，使绝大部分人不会再因为疾病陷入经济困境。2012 年发布的《关于开展城乡居民大病保险工作的指导意见》规定："以力争避免城乡居民发生家庭灾难性医疗支出为目标，合理确定大病保险补偿政策，实际支付比例不低于 50%；按医疗费用高低分段制定支付比例，原则上医疗费用越高支付比例越高。"

（1）城镇居民基本医疗保险

城镇居民基本医疗保险实行个人缴费和政府补贴相结合。享受最低生活保障的人、丧失劳动能力的残疾人、低收入家庭六十周岁以上的老年人和未成年人等所需个人缴费部分，由政府给予补贴。

（2）新型农村合作医疗制度

新型农村合作医疗保险基金由个人缴费和财政补助两部分构成。农村建档在册的五保户、老复员军人、特困户等特困对象应缴纳的费用，由县财政在医疗救助资金中列支。

职工基本医疗保险、新型农村合作医疗和城镇居民基本医疗保险的待遇标准按照国家规定执行。参保人员医疗费用中应当由基本医疗保险基金支付的部分，由社会保险经办机构与医疗机构、药品经营单位直接结算。

（三）工伤保险

工伤保险，是指劳动者在工作中因遭受事故伤害或者患职业病而致伤、致病、致亡时，依法所享受的一种社会保险。

职工应当参加工伤保险，由用人单位缴纳工伤保险费，职工不缴纳工伤保险费。职工因工作原因受到事故伤害或者患职业病，且经工伤认定的，享受工伤保险待遇；其中，经劳动能力鉴定丧失劳动能力的，享受伤残待遇。

1. 因工伤发生的下列费用，按照国家规定从工伤保险基金中支付：

（1）治疗工伤的医疗费用和康复费用；

（2）住院伙食补助费；

（3）到统筹地区以外就医的交通食宿费；

（4）安装配置伤残辅助器具所需费用；

（5）生活不能自理的，经劳动能力鉴定委员会确认的生活护理费；

（6）一次性伤残补助金和一至四级伤残职工按月领取的伤残津贴；

（7）终止或者解除劳动合同时，应当享受的一次性医疗补助金；

（8）因工死亡的，其遗属领取的丧葬补助金、供养亲属抚恤金和因工死亡补助金；

（9）劳动能力鉴定费。

2. 因工伤发生的下列费用，按照国家规定由用人单位支付：

（1）治疗工伤期间的工资福利；

（2）五级、六级伤残职工按月领取的伤残津贴；

（3）终止或者解除劳动合同时，应当享受的一次性伤残就业补助金。

3. 工伤职工符合领取基本养老金条件的，停发伤残津贴，享受基本养老保险待遇。基本养老保险待遇低于伤残津贴的，从工伤保险基金中补足差额。

4. 职工所在用人单位未依法缴纳工伤保险费，发生工伤事故的，由用人单位支付工伤保险待遇。用人单位不支付的，从工伤保险基金中先行支付，再由用人单位偿还；用人单位不偿还的，社会保险经办机构可以依法追偿。

5. 由于第三人的原因造成工伤，第三人不支付工伤医疗费用或者无法确定第三人的，由工伤保险基金先行支付。工伤保险基金先行支付后，有权向第三人追偿。

6. 工伤职工有下列情形之一的，停止享受工伤保险待遇：

（1）丧失享受待遇条件的；

（2）拒不接受劳动能力鉴定的；

（3）拒绝治疗的。

（四）失业保险

失业是指具有劳动能力和劳动意愿的劳动者暂时丧失劳动机会的一种无业状态。失业保险是指国家通过立法强制建立失业保险基金，对因失业而中断生活来源的劳动者在法定期间内提供失业保险待遇以维持其基本生活，促进其再就业，并积极预防或避免失业人员产生的一项社会保险制度。

1. 失业保险待遇的支付条件

失业前用人单位和本人已缴纳失业保险费满一年；非因本人意愿中断就业；有就业能力；已经进行失业登记并有求职要求的可以领取失业保险金。

2. 失业保险待遇的标准

按照低于当地最低工资标准、高于城市居民最低生活保障标准的水平，由省、自治区、直辖市人民政府确定。

3. 失业保险待遇的内容

城镇企业事业单位职工失业后，应当持本单位为其出具的终止或者解除劳动关系的证明，及时到指定的社会保险经办机构办理失业登记。在法律规定的范围内，按月领取失业保险金、失业保险期间的医疗补助金；失业保险期间死亡的失业人员的丧葬补助金和其供养的配偶、直系亲属的抚恤金；失业保险期间接受职业培训、职业介绍的补贴（补贴的办法和标准由省、自治区、直辖市人民政府规定）；国务院规定或者批准的与失业保险有关的其他费用。

4. 失业保险金的支付与止付期限

失业保险金领取时间长短与缴费时间长短有关：

（1）失业人员失业前用人单位和本人累计缴费满 1 年不足 5 年的，领取失业保险金的期限最长为 12 个月；

（2）累计缴费满 5 年不足 10 年的，领取失业保险金的期限最长为 18 个月；

（3）累计缴费 10 年以上的，领取失业保险金的期限最长为 24 个月；

（4）重新就业后，再次失业的，缴费时间重新计算，领取失业保险金的期限与前次失业应当领取而尚未领取的失业保险金的期限合并计算，最长不超过 24 个月。

5. 失业保险待遇的停止情形

如果失业人员重新就业，或者应征服兵役，或者移居境外，或者享受基本养老保险待遇，或者无正当理由拒不接受当地政府指定部门或机构介绍的适当工作或提供的培训，丧失失业保险待遇。

（五）生育保险

生育保险，是指女职工因怀孕和分娩造成暂时丧失劳动能力、中断正常收入来源时，从国家和社会获得物质帮助的一种社会保险制度。其宗旨在于通过提供生育津贴、医疗服务和产假，维持、恢复和增进生育妇女身体健康，并使婴儿得到精心的照顾和哺育。

1. 缴费主体

职工应当参加生育保险，由用人单位按照国家规定缴纳生育保险费，职工不缴纳生育保险费。用人单位已经缴纳生育保险费的，其职工享受生育保险待遇；职工未就业配偶按照国家规定享受生育医疗费用待遇。所需资金从生育保险基金中支付。生育保险待遇包括生育医疗费用和生育津贴。

2. 保险待遇

（1）生育医疗费用，包括下列各项：生育的医疗费用，计划生育的医疗费用，法律、法规规定的其他项目费用。

（2）生育津贴，包括女职工生育享受产假，享受计划生育手术休假，法律、法规规定的其他情形。

生育津贴按照职工所在用人单位上年度职工月平均工资计发。

二、社会救助

社会救助，又称"社会救济"，是指国家对依靠自身努力难以满足基本生活需要的公民给予的物质或者服务帮助。社会救助的目的是维护公民的基本生存权，本质上是一种国民收入的重新分配机制，缩小低收入者与高收入者之间的差距。

不同的角度社会救助的分类不同。按救助内容来分，可以分为生活救助、灾害救助、专项救助、临时救助；按救助方式来分，可以分为现金救助、实物救助、服务救助；按救助时间来分，可以分为定期救助和临时救助。

为了加强社会救助，保障公民的基本生活，促进社会公平，维护社会和谐稳定，2014 年，国务院根据宪法的规定，制定了《社会救助暂行办法》（2019年修正）。该办法规定如下。

（一）最低生活保障

国家对共同生活的家庭成员人均收入低于当地最低生活保障标准，且符合当地最低生活保障家庭财产状况规定的家庭，给予最低生活保障。

（二）特困人员供养

国家对无劳动能力、无生活来源且无法定赡养、抚养、扶养义务人给予特困人员供养。内容包括：提供基本生活条件、对生活不能自理的给予照料、提供疾病治疗、办理丧葬事宜。

（三）受灾人员救助

国家建立健全自然灾害救助制度，给基本生活受到自然灾害严重影响的人员，提供生活救助。

1. 自然灾害发生前，设区的市级以上人民政府和自然灾害多发、易发地区的县级人民政府应当根据自然灾害特点、居民人口数量和分布等情况，设立自然灾害救助物资储备库，保障自然灾害发生后救助物资的紧急供应。

2. 自然灾害发生后，县级以上人民政府或者人民政府的自然灾害救助应急综合协调机构应当根据情况紧急疏散、转移、安置受灾人员，及时为受灾人员提供必要的食品、饮用水、衣被、取暖、临时住所、医疗防疫等应急救助；对住房损毁严重的受灾人员进行过渡性安置；对于因当年冬寒或者次年春荒遇到生活困难的受灾人员提供基本生活救助。

3. 自然灾害危险消除后，受灾地区人民政府民政等部门应当及时核实本行政区域内居民住房恢复重建补助对象，并给予资金、物资等救助。

（四）医疗救助

国家建立健全医疗救助制度，保障医疗救助对象获得基本医疗卫生服务。

最低生活保障家庭成员、特困供养人员、县级以上人民政府规定的其他特殊困难人员可以申请相关医疗救助。

（五）教育救助

国家对在义务教育阶段就学的最低生活保障家庭成员、特困供养人员，给予教育救助。

对在高中教育（含中等职业教育）、普通高等教育阶段就学的最低生活保障家庭成员、特困供养人员，以及不能入学接受义务教育的残疾儿童，根据实际情况给予适当教育救助。

教育救助根据不同教育阶段需求，采取减免相关费用、发放助学金、给予生活补助、安排勤工助学等方式实施，保障教育救助对象基本学习、生活需求。

（六）住房救助

国家对符合规定标准的住房困难的最低生活保障家庭、分散供养的特困人员，给予住房救助。

住房救助通过配租公共租赁住房、发放住房租赁补贴、农村危房改造等方式实施。

（七）就业救助

国家对最低生活保障家庭中有劳动能力并处于失业状态的成员，通过贷款贴息、社会保险补贴、岗位补贴、培训补贴、费用减免、公益性岗位安置等办法，给予就业救助。

最低生活保障家庭有劳动能力的成员均处于失业状态的，县级以上地方人民政府应当采取有针对性的措施，确保该家庭至少有一人就业。

（八）临时救助

国家对因火灾、交通事故等意外事件，家庭成员突发重大疾病等原因，导致基本生活暂时出现严重困难的家庭，或者因生活必需支出突然增加超出家庭承受能力，导致基本生活暂时出现严重困难的最低生活保障家庭，以及遭遇其他特殊困难的家庭，给予临时救助。

国家对生活无着的流浪、乞讨人员提供临时食宿、急病救治、协助返回等救助。公安机关和其他有关行政机关的工作人员在执行公务时发现流浪、乞讨人员的，应当告知其向救助管理机构求助。对其中的残疾人、未成年人、老年人和行动不便的其他人员，应当引导、护送到救助管理机构；对突发急病人员，应当立即通知急救机构进行救治。

三、社会福利

社会福利是国家和社会为提高国民的生活质量、不断丰富其物质和精神生活而采取的社会政策，以及通过社会化机制提供的相应服务和待遇。社会福利是社会保障体系中保障水平最高的组成部分。

（一）社会福利的特征

1. 保障对象的普遍性。社会福利面向全体国民，为所有公民提供，具有普惠性。

2. 保障水平高层次。社会福利的目标是提高全体国民的生活质量，使全体国民在既有生活水平的基础上"更上一层楼"。

3. 待遇标准的一致性。社会福利强调公平和"人人有份"，全体国民保持一致。

4. 以提供服务为主要保障方式。社会福利主要通过提供福利设施和相应服务来提升生活质量。

（二）社会福利的分类

社会福利分为公共福利和职业福利两种。现代国家的社会福利以公共福利为基础，职业福利为补充。公共福利面向全体国民，具有普惠性；职业福利因单位不同而有差异。其中公共福利又包括专项公共福利和特殊群体福利两种。

1. 公共福利

（1）专项公共福利

专项公共福利面向全体国民，涉及教育、文体、卫生等生活中的各方面，主要包括教育福利、卫生福利和文化福利。

教育福利是指公民受教育权的保障；卫生福利是指对国民健康权的保障，包括医疗、饮食、疾病预防等方面；文化福利是指对公民文化权利的保障，如完善文化体育设施，完善网络服务，加强图书馆、博物馆、美术馆等公共文化基础设施建设，等等。

（2）特殊群体福利

特殊群体福利主要指妇女、未成年人、老人、残疾人等社会特殊人群，因为自身条件较差，在社会生活中处于不利的地位，需要社会特殊关照而享有的福利。例如，对生活能力较弱的儿童、老人、母子家庭、残疾人、慢性精神病人等的社会照顾和社会服务，专为老年人提供的老年福利，为婴幼儿、少年儿童提供的儿童福利，为妇女提供的妇女福利，为残疾人提供的残疾人福利，等等。

特殊群体福利具体分为老年人福利、未成年人福利、妇女福利以及残疾人福利四种。

例如，老年人福利主要通过兴办社会福利院、敬老院、老年公寓、老年活动中心、老年康复中心等福利设施，为老年人（包括孤寡老人）提供免费或低收费的福利服务；残疾人福利主要是为残疾人提供就业、教育、康复、文化娱乐的条件和设施，生产残疾人使用的各种假肢和特殊用具，以及提高残疾人的社会地位等。

2. 职业福利

职业福利是指已经就业的职工享有的特殊福利，是所在单位为了创造和谐的工作环境，激励职工、吸引并留住优秀职工而提供的福利。

四、社会优抚

社会优抚是指国家和社会通过社会优待、社会抚恤和安置保障等措施保障烈士、军人、警察及其家属等群体的权益，使其生活不低于当地平均生活水平，以此来鼓励并褒扬其为保卫国家、维护社会秩序所做的特别贡献和牺牲行为。

向优抚对象提供的各种优待、抚恤或就业安置等优惠待遇和优先服务。社会优抚是中国社会保障制度的重要组成部分。

（一）社会优抚的特点

1. 对象特定。社会优抚的对象是为革命事业和保卫国家安全做出牺牲和贡献的特殊社会群体，由国家对他们的牺牲和贡献给予补偿和褒扬。

2. 责任主体特定。社会优抚的直接责任主体是政府和社区组织。

3. 标准较高。优抚具有补偿和褒扬性质，因此比一般的社会保障标准高，优抚对象能够优先优惠地享受国家和社会提供的各种优待、抚恤、服务和政策扶持。

4. 优抚内容具有综合性的特点。社会优抚与社会保险、社会救助和社会福利不同，它是特别针对某一特殊身份的人所设立的，内容涉及社会保险、社会救助和社会福利等，包括抚恤、优待、养老、就业安置等多方面的内容，是一种综合性的项目。

（二）社会优抚的内容

社会优抚包括社会优待、社会抚恤和安置保障三种。

社会优待是指国家和社会向烈士遗属、军人、警察及其家属等优待对象，在教育、医疗、就业、生活等方面提供优惠待遇。包括教育优待、医疗优待、就业优待、生活优待和优待金五种。

社会抚恤是指国家和社会向烈士遗属、残疾军人和警察、死亡军人和警察的遗属等抚恤对象提供褒扬金、抚恤金等待遇，包括死亡抚恤和残疾抚恤两种。

安置保障是指国家、社会向退役军人、离退休军人提供妥善安排其退役后生活的就业支持、资金资助等待遇。安置保障主要有四种方式：自主就业、安排工作、离退休安置和终身供养。其中，对自主就业的退役军人，国家和社会主要提供一次性退役金、就业服务与培训、创业就业扶助、继续完成学业等安置保障措施。

思考题

1. 什么是公民的劳动权？劳动对公民有什么重要意义？

2. 根据我国法律规定，公民享有的劳动权具体包括哪些权利？

3. 什么是社会保障权？社会保障权对公民有什么重要意义？

4. 简述社会保障权的具体种类。结合生活实践，你认为社会保障权中的哪一类权利对你非常重要，为什么？

5. 孙某丈夫胡某生前系某银行职工。2017 年 5 月 16 日，胡某在加班后回家途中发生交通事故死亡。次日，某银行向烟台市人力资源和社会保障局提出工伤认定申请，后者要求某银行补正交通事故认定书。2017 年 6 月 15 日，交警大队作出道路交通事故证明，载明该交通事故形成原因无法查清。2017 年 10 月 25 日，烟台市人力资源和社会保障局作出工伤认定决定书，认定孙某丈夫所受伤害不符合《工伤保险条例》第十四条、第十五条应当认定或者视同为工伤的规定，不是工伤。孙某不服，诉至法院。问：法院如何处理？

第三编 **03**

| 义务与责任 |

法律责任是指当负有法律义务的主体不履行或不适当履行自己的义务时承担相应的不利后果。根据性质，法律责任可以分为民事责任、行政责任以及刑事责任三种。

法律义务与法律责任既有联系也有区别。违背法律义务，如果没有法定免责的事由，一定要承担法律责任；但承担法律责任不一定是违背法律义务，也可能是违背了约定的义务。例如，合同一方违背合同的约定，如果没有法定或者约定的免责事由，也要承担法律责任。

第九章

民事责任

王某与傅某系同事关系。傅某为追求王某，不断拨打王某电话，频繁向王某发送骚扰短信，内容低俗、语言污秽。王某不堪其扰，将此事告知单位。在单位要求下，傅某两次写下保证书，保证不再骚扰王某。但此后傅某仍然通过电话、短信继续骚扰王某。2020年5月26日，王某以傅某骚扰、恐吓为由报警。2020年6月8日，某市公安局某分局确认傅某于2019年7月至2020年5月15日，违反法律规定，多次以发送骚扰短信、拨打骚扰电话方式干扰他人正常生活，决定给予傅某行政拘留七日并处罚款200元。因傅某频繁骚扰，王某被医院确诊患有抑郁发作，伴精神病性症状。王某认为，傅某的行为给其造成了严重的精神损害，向人民法院起诉请求判令傅某向其书面赔礼道歉，并赔偿其精神损害赔偿金50000元和医疗费等其他财产损失共计228300元。问：法院如何处理本案？①

第一节 概 述

民事责任又称"民事法律责任"，是指民事主体在民事活动中因实施了民事违法行为，根据民法规定所承担的对其不利的民事法律后果或者基于法律特别规定而应承担的民事法律责任。

一、民事责任的性质

民事责任属于法律责任的一种，是法律关系主体违反民事义务所产生的法

---

① 法院支持了原告的诉求，傅某承担的民事责任包括精神损害抚慰金、医疗费以及赔礼道歉。

律责任。民事法律责任是保障民事权利和民事义务实现的重要措施，不以惩罚为目的，旨在使受害人被侵犯的权益得以恢复。

二、民事责任的构成要件

（一）客观方面存在损害事实

损害是指因一定的行为或事件使民事主体的权利遭受某种不利的影响。通常表现为财产减少、生命丧失、身体伤残、名誉受损、精神痛苦等。损害不但包括现实造成的损害，还包括构成现实威胁的"不利后果"。

（二）行为的违法性

行为的违法性是指对法律禁止性或命令性规定的违反。除了法律有特别规定的外，行为人只应对自己的违法行为承担法律责任。民事法律责任产生的原因在于违反民事法律规范的规定。

（三）违法行为与损害事实之间存在因果关系

因果关系指行为人的行为与损害事实之间存在的前因后果的必然联系。

（四）行为人主观有过错

过错分为故意和过失，是行为人行为时的一种应当受到谴责的心理状态。故意表现为行为人对损害后果的追求、放任心态；过失则表现为行为人不希望、不追求、不放任损害后果的心态。

在故意心态支配下，导致他人合法利益受损的行为，行为人当然要承担法律责任。过失则要看法律的规定，只要法律没有明确规定不以过错为要件的，过失仍然是行为人承担民事法律责任的要件。

三、民事责任的承担主体

一般情况下，有完全民事行为能力的人，自己承担民事责任；没有完全民事行为能力的人，自己有财产的自己承担民事责任，没有财产的由法定监护人承担民事责任。双方都没有过错的，但一方是在为对方的利益或者共同的利益进行活动的过程中受到损害的，可以责令对方或者受益人给予一定的经济补助。

2021 年 6 月 22 日，曹某某在楼下休憩纳凉，某物业公司工作人员李某某在小区内打扫垃圾。当打扫至曹某某所在的地方附近时，看到一堆垃圾需要打扫，李某某便请求曹某某帮忙将垃圾抬到垃圾车上。然而在曹某某帮助李某某抬垃圾的过程中，因垃圾底下藏有一废旧瓶子，曹某某不慎踩到瓶子上导致摔倒受伤，造成三踝骨折、跖骨骨折、多处韧带损伤。曹某某诉至法院，请求判令某物业公司赔偿其医疗费、住院伙食补助费、护理费、残疾赔偿金、精神损害抚慰金、交通费等各项经济损失 93371.81 元。经鉴定，曹某某构成十级伤残。问：法院应该如何处理？①

第二节　民事责任的种类

民事责任包括违约责任和法定责任两种，法定责任又可分为缔约过失责任、侵权、无因管理、不当得利四种。

一、违约责任

违约责任，当事人不履行合同义务或者履行合同义务不符合合同约定而依法应当承担的民事责任。民法典第五百八十五条规定："当事人可以约定一方违约时应当根据违约情况向对方支付一定数额的违约金，也可以约定因违约产生的损失赔偿额的计算方法。"

违约责任具有以下特点：合同当事人不履行合同义务所应承担的责任；违约责任具有相对性，只在特定的人之间产生；违约责任具有补偿性。目的在于弥补或者补偿因违约行为造成的损害后果；可以由当事人约定。

（一）违约责任的构成要件

1. 一方或双方有违约行为。

2. 不存在法定或者约定免责事由。

（二）违约行为的种类

1. 预期违约。期限届满之前，一方当事人无正当理由明确表示其将在履行期内不履行合同。

2. 实际违约。包括拒绝履行和迟延履行两种。拒绝履行是指合同期限到来，一方当事人无正当理由拒绝履行合同规定的全部义务。迟延履行是指合同当事人的履行违反了合同约定的期限。

---

① 物业公司应该承担一部分责任。

3. 不适当履行。当事人交付的标的物不符合合同规定的质量要求。

4. 部分履行。合同虽然履行了，但不符合合同对数量的约定。

（三）违约责任的承担形式

1. 继续履行

一方违约，另一方有权要求其依据合同的规定继续履行。包括要求责任方支付价款或者报酬；但是对于非金钱债务的实际履行，如果法律上或者事实上不能履行、债务的标的不适于强制履行或者履行费用过高、债权人在合理期限内没有要求履行的，责任人可以不再履行。

> 甲男与乙女在2017年8月相识，之后相恋并同居。相识时乙离异，甲还有家室，但其欺骗乙，谎称其已经与妻子离婚。当时，乙正好经济紧张，甲为表真心，便主动转账30万元给她，并表明这笔钱是其已经取得离婚证的"保证金"。乙收到转账后，随即表示要写一份借条给甲。甲不接受乙的借条，还说道，"如果非要写借条，非要加上一个期限的话，那就借一万年！"2018年3月，两人感情破裂并结束同居关系，双方就该30万元产生争议。甲反复纠缠乙，要求还钱，乙表示卖房子也要还款。此时，甲又称，如果乙同意与其保持恋爱关系，30万元可以继续作为"保证金"。乙不肯，甲便以该30万元系借款为由，诉至法院要求偿还。问：法院如何处理？①

2. 损害赔偿

违约方因不履行或不完全履行合同义务而给对方造成损失的，根据法律的规定或者合同的约定承担赔偿损失的责任。

损害赔偿分为约定损害赔偿和完全损害赔偿。一般情况下有约从约，无约按照法律规定承担责任。

3. 支付违约金

违约金的数额由当事人事先约定，一方违约时向对方支付一定数额的金钱。

根据法律的规定，违约金具有以下特点：

（1）当事人协商、事先确定、违约后生效、独立于履行行为之外。

（2）违约金数额的确定不能过高、不能过低。违约金过高或者过低都有悖诚信原则，因此必要时要进行调整。当事人请求、违约金数额与实际损失相比

---

① 借款合同约定1万年，意味着是赠予。赠予合同属于实践性合同，一经履行，即为生效。所以法院应该驳回原告的起诉。

过高或者过低，要根据实际损失调整。

4. 定金责任

定金是指合同双方当事人约定，为了保证合同的履行，由一方预先向对方给付的一定数量的货币或其他代替物。定金具有以下特点：定金是针对违约行为设立的，必须采用书面形式，适用定金罚则。

定金罚则是指交付定金的一方当事人如果没有正当理由不履行合同义务，另一方当事人可以不予返还；如果接受定金一方无正当理由不履行合同，则交付定金一方有权要求其双倍返还。

二、缔约过失责任

缔约过失责任是指在合同订立过程中，一方因违背其依据诚信原则和法律规定的义务致使另一方信赖利益受损应承担的损害赔偿的责任。

（一）缔约过失责任的种类

1. 假借订立合同，恶意进行磋商

恶意磋商是在缺乏订立合同真实意愿情况下，以订立合同为名目与他人磋商。其真实目的可能是破坏对方与第三方订立的合同，也可能是贻误竞争对手商机等。

2016 年 3 月 11 日，被告李某以向原告转包某市地质灾害治理工程为由，收取了原告张某 170000 元的工程保证金，并出具了收条，作为担保人被告王某也在收条上签名。原告张某进场后准备施工，工程分包人伏某以该工程已向他人转包为由予以拒绝，为此，给原告造成了施工前期的设备费和人工费损失 67855 元。问：李某的行为如何定性？①

2. 故意隐瞒与订立合同有关的重要事实或者提供虚假情况

依诚实信用原则，缔约当事人负有如实告知义务，主要包括：告知自身财务状况和履约能力，告知标的物真实状况（包括瑕疵、性能、使用方法等）。若违反此项义务，即构成欺诈；若因此导致对方受到损害，应负缔约过失责任。

2012 年 10 月，某村委会主任同村民康某签订《林木承包合同》，约定村委会将其村内属于其村的树木 400 余棵交由康某看护管理，待成树后按

---

①　李某的行为构成缔约过失责任。

五五分成。后村委会换届，村委会以该合同当时未经村民代表会议审议，严重违反法律和政策规定，侵害了集体权益为由诉至法院，请求判决《林木承包合同》无效。

2014 年 6 月，通州区人民法院认定该村委会对集体财产进行处置和分配未通过村民代表大会形成决议，符合合同法对合同无效的规定，故判决双方签订的《林木承包合同》无效。判决后康某不服，上诉至北京市第三中级人民法院，后二审法院判决驳回上诉，维持原判。同时二审法院认为，康某称村委会存在缔约过失，可另行主张权利。2015 年，康某以该村委会为被告诉至法院，以该村委会在与其签订合同时存在缔约过失，应对其损失负赔偿责任为由，要求该村委会赔偿其各项损失 4 万余元。法院支持了康某的请求。

3. 其他违背诚实信用原则的行为

（二）缔约过失责任的承担

构成缔约过失责任的一方当事人应当承担赔偿损失的责任，但仅限于权利人的直接损失，不包括间接损失和精神损害赔偿。

三、侵权责任

侵权责任是指行为人不法侵害他人财产权利或人身权利而产生的当事人之间的权利义务关系。

（一）侵权责任的构成要件

1. 有损害事实。损害事实主要指财产上的损失，也包括因人身伤害所造成的财产上的损失，以及间接损失。

2. 有加害行为。加害行为是导致他人人身或者财产受损害的行为。但是正当执行职务的行为，不属侵权行为。

3. 违法行为与损害事实之间要有因果关系。行为人实施了违法行为，导致损害结果的发生。

4. 违法行为人主观上要有过错。大多数情况下，无过错，无责任，但是根据民法典的规定，无过错构成侵权的情形有：

（1）无民事行为能力人、限制民事行为能力人致人损害的，监护人承担无过错责任。

（2）用人单位的工作人员因执行工作任务致人损害的，用人单位承担无过错责任。

（3）提供个人劳务一方因劳务致人损害的，接受劳务一方承担无过错责任。

（4）因产品存在缺陷造成他人损害的，生产者和销售者承担的不真正连带责任，为无过错责任。销售者具有过错的，承担最终责任；销售者无过错的，生产者承担最终责任。

（5）机动车与行人、非机动车驾驶人之间发生道路交通事故的，机动车一方承担无过错责任。

（6）因环境污染致人损害的，污染者承担无过错责任。

（7）高度危险责任中，从事高度危险作业者，高度危险物品的经营者、占有人承担无过错责任。

（8）饲养的动物致人损害的，动物饲养人或者管理人承担无过错责任（但动物园承担过错推定责任）。

（二）侵权责任的承担

侵权责任的承担方式包括停止侵权、排除妨害、消除危险、返还财产、恢复原状、赔偿损失等。侵权人和受害人也可以协商约定责任承担的方式。

> 新郎张大要结婚了，张大委托大伯张二去找车队，于是张二找到一群开车朋友准备接亲。开车朋友中有个张三，接亲当天，张三开车出交通事故，撞到张四的车，自己受伤的同时，导致张四受伤，张三负主要责任。已知张三接亲前收到新郎派发的香烟、红包与喜糖。试问：张四的人身损害赔偿责任由谁承担？张三的损害赔偿责任由谁承担？①

第三节　民事责任的承担与免除

一、民事责任承担的原则

（一）过错责任原则

过错责任原则是指民事主体承担民事责任的前提是其在实施损害行为时主

---

① 张四有权要求张大直接承担责任，张大承担责任后，可以向有重大过错的张三（主要责任）追偿；张三也遭受了人身损害，其既可以要求张四赔偿，也可以要求张大补偿，张大补偿后，可以向张四追偿。

观上存在过错。其中，过错包括故意和过失两种。

（1）故意是指行为人明知自己的行为会造成损害他人权益的结果，仍然积极追求或听任损害结果发生的主观心理状态。

（2）过失则是指行为人因未尽合理的注意义务而未预见自己的行为会造成损害后果发生的主观心理状态。

（3）过错推定是过错责任原则的特殊形式，是指一旦行为人的行为致人损害就推定其主观上有过错，除非行为人能证明自己没有过错，否则应承担民事责任。过错推定仍以过错作为承担责任的基础，是过错责任原则的一种特殊形式。适用过错推定责任的情况有：物件致人损害的侵权行为、动物园饲养动物致人损害的侵权行为、教育机构侵权行为。

（二）无过错责任原则

无过错责任原则又称"客观归责原则"或"严格责任原则"，是指在法律规定的特定领域或行业内，只要损害结果是由行为人的行为造成的，则不论行为人主观上是否存在过错，都可确定其承担民事责任的归责原则。例如，环境污染致人损害的，污染者承担无过错责任；高度危险责任中，高空搁置物、悬挂物损害的，高度危险物品的经营者、占有人承担无过错责任；个人饲养的动物致人损害的，动物饲养人或者管理人承担无过错责任；因产品存在缺陷造成他人损害的，生产者和销售者承担无过错责任；无民事行为能力人、限制民事行为能力人致人损害，监护人承担无过错责任；因医疗产品致患者损害的，医疗机构与产品提供者承担无过错责任；等等。

（三）公平责任原则

公平责任原则又称"衡平责任原则"，是指当事人双方基于公平考虑的基础，双方合理分担损失的归责原则。

二、民事责任承担的方式

承担民事责任的方式主要有：停止侵害；排除妨碍；消除危险；返还财产；恢复原状；修理、重作、更换；继续履行；赔偿损失；支付违约金；消除影响、恢复名誉；赔礼道歉。法律规定惩罚性赔偿的，依照其规定。这些承担民事责任的方式，可以单独适用，也可以合并适用。

此外人民法院审理民事案件，必要时，还可以对不法行为人予以训诫、责令具结悔过、收缴进行非法活动的财物和非法所得，并可以依照法律规定处以罚款、拘留。

三、民事责任的免责情形

(一) 不可抗力

不可抗力是指不能预见、不能避免且不能克服的客观情况。

导游王某在一次带团旅行过程中，因途中一处山体滑坡，阻断了唯一的一条通道，耽误了一天行程。原定在 H 市游览一天后入住 A 饭店的计划落空，王某赶紧与饭店联系，无奈移动电话没有信号，附近又没有公用电话。第二天到达 H 市后，王某即赶往饭店，要求改当晚的住房。刚好饭店当天有一个大型会议正在召开，没有空房。王某向饭店出示了山体滑坡阻碍交通的材料，要求饭店将已收定金退还。饭店称，由于他们的预定，使饭店不敢将空房租给其他客人，饭店已经遭受了损失，因此定金不能退还。问：王某可否要回定金？①

(二) 意外事件

意外事件是指行为在客观上虽然造成了损害结果，但不是出于行为人的故意或者过失，而是不能预见的原因所引起的。

2015 年 1 月 15 日上午，被告苏某某到菜地捡菜时，将几个当地人俗称的大蕉给了覃某某的孙子覃光某（5 岁）。覃某某夫妇看到覃光某在吃大蕉，询问苏某某并确认大蕉是苏某某给的，覃某某夫妇并没有提出异议，其后苏某某离开。上午 11 时许，曾某某（5 岁）来到覃某某的菜地找覃光某一起玩耍，两人每人吃了一根大蕉。下午大约 14 时，覃光某和曾某某在菜地边的小路上玩耍，在菜地里装菜的覃某某突然听到覃光某大叫，覃某某夫妇跑到覃光某和曾某某身边，发现曾某某倒地压住覃光某的脚，不省人事，两手发抖，面色发青，口吐白沫，地上掉落一根没有吃完的大蕉。覃某某呼叫在附近菜地干活的曾开某。曾开某夫妇跑到曾某某身边，发现其倒地不醒，在知道是吃了大蕉后，以为是中毒，遂拨打了 110 及 120 报警。后曾开某和覃某某以及另一名老乡送曾某某到塑心卫生站进行救治。卫生站接诊医生及随后赶到的佛山市南海区第八人民医院医护人员对曾某某进行抢救。其间，从曾某某喉咙挖出一块直径约 5 厘米、表面带血的大

---

① 可以，山体滑坡属于不可抗力。

蕉，后于 15 时 20 分宣布曾某某死亡，死亡原因是异物吸入窒息。死者的父母蒋某某、曾开某向法院起诉，要求苏某某和覃某某赔偿死亡赔偿金、丧葬费、误工费、交通费、住宿费及精神损害抚慰金等。问：法院如何处理本案?①

（三）正当防卫

民法中的正当防卫是指不法侵害行为正在进行，为了本人或者他人的合法权益不受侵犯，行为人采取的必要的对抗措施，只要没有超过必要的限度，由此造成的损害，行为人不需要承担责任。民法中的正当防卫必须具备以下条件。

1. 必须有侵害事实。正当防卫必须针对正在实施不法侵害行为，对想象中的侵害、未发生的侵害、实施终了的侵害，都不能实施防卫行为。

2. 不法侵害须正在进行且具有现实紧迫性。必须是针对现实存在的和正在实施的侵害行为，而提前防卫或假意防卫都不属正当防卫，否则行为人要承担法律责任。

3. 须以合法防卫为目的。即是把防卫公共的、他人的或本人的权益免受侵害作为防卫的目的。

4. 防卫须对加害人本人实行。对加害人的防卫反击，根据制止不法侵害的需要，可以是对人身的，也可以是对财产。

5. 防卫不能超过必要的限度。必要限度的要求即该防卫行为达到足以有效制止侵害行为的强度，如果超出该必要限度，则构成防卫过当。

原告冉某奎与被告冉某平的房屋相邻，冉某平用石棉瓦接房屋的水时将冉某奎房屋墙壁淋湿，双方发生争吵，冉某奎殴打冉某平，躲开后冉某奎持续殴打，将冉某平佩戴的助听器打坏，冉某平反击将冉某奎打伤。公安局对冉某奎被伤害一案作出终止侦查决定书，以冉某平的行为属正当防卫不负刑事责任为由，决定终止对冉某平的侦查并撤销案件。后冉某奎以冉某平涉嫌犯故意伤害罪向法院提起刑事自诉，被裁定不予受理。遂原告冉某奎诉至法院，请求判令被告冉某平赔偿其医疗费、误工费、精神抚慰金并口头赔礼道歉。问：法院如何处理?②

---

① 《最高人民法院公报》2016 年第 11 期。驳回原告起诉，属于意外事件，被告不负法律责任。
② 被告的行为构成正当防卫，不需要承担民事法律责任。

（四）紧急避险

紧急避险是指为了保护更大的合法利益，不得已牺牲较小合法利益的行为。只要避险结果没有超出必要的限度，行为人不承担法律责任。

　　某甲在公园遭到某乙的狗攻击。某甲在无路可走的情况下夺过路人某丙手中的雨伞，将某乙的狗打伤。某丙的雨伞严重变形，无法修复。问：某丙就损坏的雨伞应该向谁请求损害赔偿？①

　　某日，A 携带一台笔记本乘坐长途公共汽车，为了安全，在车上他把笔记本置于腿上抱着。行驶当中小孩 B 突然横穿马路，驾驶员 C 紧急刹车，结果行李架上的物品有不少落下来，其中，乘客 D 的皮包正巧砸在 A 的笔记本上，将价值一万多元的笔记本砸坏了。请问 A 的损失由谁承担？②

（五）见义勇为

见义勇为指公民为保护国家、集体利益和他人的人身、财产安全，不顾个人安危，抢险、救灾、救人的行为。

　　小明见到一个男孩不慎落水，于是决定救人，上前搭救的过程中不慎造成男孩受伤，请问小明是否需要承担民事责任？③

（六）自助行为

自助行为是指行为人在受到不法侵害后为保全或恢复自身的权利，在情势急迫而不能及时请求国家机关予以救助的情况下，为保护自己的权利依靠自己的力量，对他人的财产或自由而实施的拘束他人自由或扣押、毁损他人财产的行为。

自助行为必须符合以下条件：必须为保护自己的合法权利；必须是情况紧迫来不及请求公力救济；采取的方式必须恰当，不能超过必要限度；自助行为人须于事后立即请求公力救济。

　　赵某在某酒店用餐后，称忘了带钱明天再付。因酒店的工作人员不认识他，遂让保安将其滞留。同时，酒店还报了警，派出所要双方协商处理。一个小时后，赵某朋友送来了钱，酒店才放行。但赵某认为酒店是服务行

---

① 某乙，某甲的行为构成紧急避险，不承担法律责任。
② B 的监护人承担，C 的行为构成紧急避险。
③ 不需要，小明的行为属于见义勇为。

业，无权限制其人身自由，要酒店赔礼道歉、赔偿损失。请问酒店的做法对吗？①

（七）诉讼时效抗辩

诉讼时效是指权利人在法定期间内，不行使权利就丧失请求人民法院保护其民事权利的法律制度。诉讼时效分为一般诉讼时效和特殊诉讼时效两大类。

根据民法典的规定，一般诉讼时效期间为 3 年。诉讼时效期间自权利人知道或者应当知道权利受到损害以及义务人之日起计算。

自权利受到损害之日起超过 20 年的，人民法院不予保护；有特殊情况的，人民法院可以根据权利人的申请决定延长。

当事人约定同一债务分期履行的，诉讼时效期间自最后一期履行期限届满之日起计算。

无民事行为能力人或者限制民事行为能力人对其法定代理人的请求权的诉讼时效期间，自该法定代理终止之日起计算。

未成年人遭受性侵害的损害赔偿请求权的诉讼时效期间，自受害人年满 18 周岁之日起计算。

诉讼时效期间届满的，义务人可以提出不履行义务的抗辩。人民法院不得主动适用诉讼时效的规定。

金某、杨某两人原同在云台大岛养殖场从事水产养殖，2010 年 5 月至 9 月杨某多次从金某处购买鱼饲料，在支付部分款项之后，余款 10068 元一直未付，在金某的多次催要下，杨某出具了欠条一份，双方口头约定于 2018 年年底付清，到期后，杨某以饲料存在质量问题为由拒绝给付余款，金某在多次催要无果的情况下，于 2020 年 11 月向法院提起诉讼。但法院以超过诉讼时效为由，驳回其诉讼请求，法院的做法合理吗？②

思考题

1. 试述民事责任的内涵及其法律性质。
2. 试述民事责任的归责原则。

---

① 正确，符合自助行为的构成要件。
② 不合理。根据民法典规定，诉讼时效为 3 年，双方约定 2018 年年底结清账款，至本案起诉时，没有超过 3 年。

3. 试述民事责任种类及其构成条件。

4. 试述民事责任的承担与免除。

5. 郭某林在某小区骑自行车时将在小区内玩耍的 5 岁男童罗某某撞倒在地，造成罗某某右颌受伤出血。同为该小区居民的孙某见状后，马上找人联系罗某某家长，并告知郭某林应等待罗某某家长前来处理。郭某林称是罗某某撞了自己，欲先离开。因此，郭某林与孙某发生言语争执。孙某站在自行车前阻拦郭某林，不让郭某林离开。郭某林情绪激动，称此事应交由 110 处理，随后将自行车停好，并坐在石墩上等候，郭某林坐下后不到两分钟即倒地。孙某拨打 120 急救电话，医护人员赶到现场即对郭某林实施抢救。郭某林经抢救无效，因心搏骤停死亡。刘某某、郭某丽、郭某双作为郭某林的配偶及子女，起诉请求孙某及小区物业公司承担赔偿责任共计 40 余万元，并要求孙某赔礼道歉。问法院如何处理本案？

6. 2021 年某日，于某骑电动三轮车于村内东西主干道由东向西行驶时，遭到何某饲养的两条黑色大型犬追赶。于某因此精神高度紧张，躲避大型犬追赶时碰撞路边停放车辆，导致于某翻车并伤及头部、右下肢等部位。后经医院治疗，诊断为头部外伤、多处软组织损伤。于某向山东省桓台县人民法院起诉，要求何某向其赔礼道歉并支付医药费、误工费、护理费、住院伙食补助费、精神损害抚慰金等经济损失。何某则认为当时于某也携带小犬，并且没有对其做好监护管理。事发过程系犬类追逐，而于某车翻属于车祸，不是何某造成。问：法院如何处理？

第十章

行政责任

2021 年 5 月，李某某向某县公安局报案称，村民胡某通过抖音平台发布李某某盗窃、贪污村民直补钱等言论。某县公安局依法传唤胡某，并制作询问笔录，证实胡某通过自己的抖音平台进行直播，直播内容为"村支部书记李某某盗窃其钱款应当承担法律责任"等内容。某县公安局根据调查取证的事实作出行政处罚决定，对胡某行政拘留 3 日。本案中的胡某因网络造谣，最终承担了行政处罚的责任。

第一节 概 述

行政责任又称"行政法律责任"，是指行为人因违反行政法的规定而应当承担的法律责任。行政责任包括行政主体及其工作人员在行政管理中因违法失职、滥用职权或行政不当而产生的行政法律责任，也包括公民、法人等行政相对人违反行政法的规定而产生的行政责任。①

一、行政责任的特点

（一）行政责任的主体包括行政主体及其工作人员和公民、法人等行政相对人。

（二）引发行政责任的原因是行为人的行为违反行政法的规定。

具体包括两方面：一是行政主体及其工作人员在行政管理中因违法失职、滥用职权或行政不当而产生的行政法律责任；二是公民、法人等行政相对人违

---

① 《法理学》编写组．法理学［M］．北京：人民出版社，高等教育出版社，2020：165.

反行政法的规定而产生的行政责任。

（三）行政责任由专门机关认定。

根据相关法律的规定，对于行政相对人的责任通常先由行政机关来认定，当行政相对人对行政主体的责任认定不服时，再由行政救济机关（如上级行政机关）或者人民法院确定；对于行政主体的责任，则必须由行政救济机关或者司法机关来认定。

（四）行政责任是责任主体承担的行政法上的不利后果。

（五）行政责任承担的形式多样。

如果说民事责任主要是一种财产责任，刑事责任主要是一种人身责任，那么行政责任则更多的是一种综合责任。行政责任主体既可能以财产的方式承担责任，也有可能以人身的方式承担责任，还可能以行政法特有的行政方式承担责任。

二、行政责任的构成要件

行政责任的构成要件是指行政主体承担行政法律责任的法律依据。包括以下方面。

（一）主体是行政机关及其工作人员、行政相对人

行政机关是指按照国家宪法和有关组织法的规定设立的，代表国家依法行使行政权的机关。

行政机关工作人员指依照法律规定，通过选举或有权机关的任命，在国家行政机关中担任行政职务的人员。行政机关工作人员可以依照宪法、法律和各种行政法规的规定，以国家行政机关的名义，行使其职权，可以采用各种行政手段，实施各种行政行为。行政机关工作人员属于国家公务员①的范围，受公务员法的调整。

行政相对人是指行政管理法律关系中与行政主体相对应的另一方当事人，即行政主体的行政行为影响其权益的个人或组织。

（二）行为违反行政法的规定，或者滥用职权，或者行为不当，或者违反行政协议的约定

（三）依法应当承担法律责任

根据公务员法第六十条规定："公务员执行公务时，认为上级的决定或者命

---

① 公务员是指依法履行公职、纳入国家行政编制、由国家财政负担工资福利的工作人员。

令有错误的，可以向上级提出改正或者撤销该决定或者命令的意见；上级不改变该决定或者命令，或者要求立即执行的，公务员应当执行该决定或者命令，执行的后果由上级负责，公务员不承担责任；但是，公务员执行明显违法的决定或者命令的，应当依法承担相应的责任。"又根据该法第六十一条规定："公务员因违纪违法应当承担纪律责任的，依照本法给予处分或者由监察机关依法给予政务处分"①；违纪违法行为情节轻微，经批评教育后改正的，可以免予处分。

据此，行政机关工作人员依法履行职务的行为由此产生的后果由国家行政机关承担；其执行职务行为中的违纪、违法行为承担的是纪律责任，不是行政责任。

（四）不构成犯罪

行政责任主体的行为虽然违反法律的规定，但其危害后果没有达到犯罪的程度，不符合犯罪构成要件，不构成犯罪。

三、行政责任的种类

从不同的角度来分，行政责任的分类不同。

（一）从责任承担主体来分，可以分为行政违法责任和行政处罚责任

1. 行政违法责任是指行政机关及其工作人员因违反行政法的规定，或滥用职权，或行政行为不当，或违反行政协议等承担的行政责任。

2. 行政处罚责任是指公民、法人等行政相对人因违反行政法律、法规应当承担的行政责任。

（二）从责任的形式来分，可分为制裁性责任和补救性责任

1. 制裁性责任重点在于惩罚，针对的是违反行政法律、法规的行为。如行政处罚。

行政处罚是指行政机关依法对违反行政管理秩序的公民、法人或者其他组织，以减损权益或者增加义务的方式予以惩戒的行为。

2. 补救性责任的重点在于补偿和恢复原状，是对行政机关做出的错误的行政行为的纠正，包括行政赔偿、行政补偿等。

补救性责任主要有纠正行政违法行为以及对行政违法受害人权利的补救。例如，赔礼道歉、恢复名誉、返还权益、履行职责、撤销违法决定、行政赔偿。

---

① 政务处分分为警告、记过、记大过、降级、撤职、开除六种。

第二节 行政机关及其工作人员行政责任的 承担与免除

行政机关及其工作人员承担行政责任的前提是因其实施了行政违法行为。行政违法是指行政机关及其工作人员实施的，违反行政法律、法规，侵害受法律关系保护的行政关系而尚未构成犯罪的行政行为。①

一、行政违法的特征

行政违法行为是一种与民事违法、刑事违法并列的违法行为，有以下特征。

1. 主体是行政主体，是国家行政机关及其工作人员在实施行政管理过程中的行为。

2. 该行为违反了行政法律、法规、规章、其他规范性文件的规定，或者行政协议的约定。

3. 尚未构成犯罪，依法应当承担行政责任的行为。

二、行政违法的种类

从不同的角度，行政违法的分类不同。

（一）从行为的方式和状态来分，行政违法可分为作为行政违法和不作为行政违法。

例如，作为行政违法典型的是滥用职权；不作为行政违法典型的是行政失职。

（二）从行政行为的范围和与相对人的关系来分，可以分为内部行政违法和外部行政违法。

内部行政违法是指行政主体及其工作人员进行的内部行政行为违反了行政法律、法规，例如，制作的法律文书违反法定程序。外部行政违法是指行政主体及其工作人员进行的外部行政行为违反了行政法律、法规的规定，例如，对行政行为相对人的处罚违反行政法律法规。

（三）从行为的实体和程序来分，可以分为实体违法和程序违法。

---

① 胡建淼. 行政法学：第4版 [M]. 北京：法律出版社. 2015：639.

实体行政违法是指行政行为不符合行政法律法规要求的实质性要件，如行政越权。程序行政违法是指行政行为不符合行政法律、法规规定的步骤和形式。

（四）从行政主体的组合状态来分，可以分为单一行政违法和共同行政违法。

（五）从过错的角度来分，可以分为单方行政违法和双方行政违法。

（六）从违法的程度来分，可以分为轻微违法、一般违法和重大违法。

（七）从违法的内容来看，行政违法包括行政失职、行政越权、行政滥用职权、认定事实错误、适用依据错误、违反行政程序以及行政侵权等七种。

1. 行政失职是指行政主体及其工作人员因不履行法定的作为义务而构成的行政违法。例如，公安机关拒绝出警保护公民的人身、财产安全。

2. 行政越权是指行政主体超越职务权限实施的行政行为。

3. 行政滥用职权是指滥用行政自由裁量权，是指行政主体在自由裁量权范围内不正当行使行政权力，且达到一定程度的违法行为。例如，本来应该罚款20元，结果罚款2000元。

4. 认定事实错误是指行政主体做出的行政行为没有合格的事实依据。正常情况下，行政主体应该先取证再处理。取证，取的就是做出行政处理的事实依据。而行政主体在没有合格事实依据的前提下就做出相关行政行为，显然违反了法律的规定。

5. 适用依据错误是指行政主体实施行政行为没有或者违反行政依据，包括行政法律、法规、规章以及规范性文件的规定、行政协议的约定。

6. 违反行政程序就是指行政主体违反行政程序法规定的行政行为。

7. 行政侵权是指行政主体及其工作人员不法侵害他人合法权益的行为。

三、行政机关及其工作人员行政责任的承担与免除

一旦构成行政违法，行政机关要通过法定程序予以纠正；如果对行政相对人造成人身、财产损失的，行政机关还要承担行政赔偿或者行政补偿的责任。

（一）行政责任的承担

行政机关承担的行政责任包括：一是纠正行政违法的责任。即有权机关（包括权力机关、行政机关、人民法院）可以确认其行为违法，并通过法定程序予以纠正，例如，认定该行为无效或者进行补正后产生法律效力。二是如果因此导致相对人利益受损的，行政主体要承担行政赔偿的责任。

1. 纠正行政违法行为

一旦有权机关确认行政机关及其工作人员做出的行政行为违法，原有的行政行为无效或者撤销，行政机关应该作出新的行政行为。

2. 行政赔偿

行政赔偿是指行政机关及其工作人员违法行使行政职权，侵犯行政相对人合法权益造成损失，依法应当承担的赔偿责任。行政赔偿属于国家赔偿的范围，具体内容详见本书第十五章第一节。

> 1995 年 7 月 25 日，L 省 P 县公安局 W 乡派出所以刘某某"卖淫"为由对其强制传唤关押 26 小时，刘某某通过医院检查，证明自己"处女膜未婚式"是清白的。8 月 9 日 P 县公安局又以"流氓"为由对刘某某非法收容审查。1995 年 9 月 19 日，P 县公安局对刘某某解除收容审查，同时"取保候审"。之后，刘某某因该冤案得不到及时处理多次上访申诉。直到 1996 年 4 月 10 日，P 县公安局确认对刘某某收容审查行为违法，并作出了行政赔偿决定书，赔偿刘某某 632.94 元，并分别于 1996 年 3 月 10 日、15 日在刘某某所在的 W 乡及做理发生意所在地 P 镇对原告进行赔礼道歉、恢复名誉。对此，刘某某仍不服，于 1996 年 10 月 8 日向 P 县人民法院提起行政诉讼。最终法院支持了刘某某的诉求。

3. 行政补偿

与行政赔偿针对违法行为不同，行政补偿建立在合法的基础之上，是指行政机关及其工作人员合法行使行政权力的行为损害了行政相对人的合法权益，或行政相对人为公共利益而使自己的合法权益受到损害时，国家依法予以补偿的制度。例如，拆除危房，行政主体对居住在危房内的居民予以补偿。

（二）行政责任的免除

行政机关工作人员依法履行职务的行为受法律保护，行政机关及其工作人员不承担行政法律责任。

第三节　行政相对人行政责任的承担与免除

行政相对人行政责任承担的方式是行政处罚。行政处罚是指行政机关依法对违反行政管理秩序的公民、法人或者其他组织，以减损权益或者增加义务的方式予以惩戒的行为。

一、行政处罚的特点

（一）行政处罚的主体是行政机关或法律、法规授权的其他行政主体。

（二）行政处罚的对象是有责任能力的行政相对人。

行政相对人是否具有承担责任的行政责任能力，一般看两方面：一是年龄，二是辨认能力。

1. 从年龄来看：不满 14 周岁的未成年人有违法行为的，不予行政处罚，责令监护人加以管教；已满 14 周岁不满 18 周岁的未成年人有违法行为的，应当从轻或者减轻行政处罚。

2. 从辨认能力来看：精神病人、智力残疾人在不能辨认或者不能控制自己的行为时，其违法行为不予行政处罚，但应当责令其监护人严加看管和治疗。间歇性精神病人精神正常时做出的违法行为应当给予行政处罚；尚未完全丧失辨认或者控制自己行为能力的精神病人、智力残疾人有违法行为的，可以从轻或者减轻行政处罚。

3. 行政处罚的前提是行政相对人实施了违反行政法，但尚未构成犯罪的行为。

4. 行政处罚的性质是一种以惩戒违法为目的具有制裁性的具体行政行为。

5. 没有法定免责的事由，依法应当受到行政处罚。

二、行政处罚的原则

（一）公正原则。要以事实为依据，以法律为准绳。

（二）罚过相当原则。即处罚的程度与违法行为的事实、性质、情节以及社会危害程度相当。

（三）程序公开原则。对违法行为给予行政处罚的规定必须公布；未经公布的，不得作为行政处罚的依据。

（四）惩罚与教育相结合原则。惩罚不是目的，是通过惩罚教育行政相对人不再犯。

（五）一事不再罚原则。除非法律有特别规定，行政主体对同一个行政违法行为只能给予一次处罚。

三、行政处罚的种类

行政处罚包括：（一）警告；（二）罚款、没收违法所得；（三）没收非法财物；（四）责令停产停业；（五）暂扣或吊销许可证或执照；（六）行政拘留；①（七）法律、行政法规规定的其他行政处罚。

四、行政处罚的减轻与免除

（一）行政处罚的减轻

根据行政处罚法的规定，具有以下情形，可以从轻或减轻处罚：

1. 主动消除或者减轻违法行为危害后果的；

2. 受他人胁迫或者诱骗实施违法行为的；

3. 主动供述行政机关尚未掌握的违法行为的；

4. 配合行政机关查处违法行为有立功表现的；

5. 法律、法规、规章规定其他应当从轻或者减轻行政处罚的。

（二）行政处罚的免除

1. 违法行为轻微并及时改正，没有造成危害后果的，不予行政处罚。初次违法且危害后果轻微并及时改正的，可以不予行政处罚。

2. 当事人有证据足以证明没有主观过错的，不予行政处罚。法律、行政法规另有规定的，从其规定。

对当事人的违法行为依法不予行政处罚的，行政机关应当对当事人进行教育。

思考题

1. 试述行政责任及其种类。

2. 试述行政责任与民事责任的区别与联系。

3. 试述行政机关行政责任的承担与免除。

4. 试述行政相对人行政责任的承担与免除。

5. 2011 年 3 月，某市人民政府出台方案，由该市综合行政执法局负责 A 段

---

① 行政拘留是法定的行政机关（专指公安机关）依法对违反行政法律规范的人，在短期内限制人身自由的一种行政处罚。

沿街楼房屋拆迁补偿安置工作，补偿办法采用房屋置换的方法进行。2012 年 3 月，综合行政执法局与高某签订补偿安置协议，约定征收高某房屋一套，置换新房一套。高某依约交付被拆迁房屋，但综合行政执法局未依约交付置换新房。2013 年 7 月，综合行政执法局根据该市人民政府部署，对 A 段沿街楼拆迁工作采用新的补偿办法，该市市综合行政执法局建议高某选择货币补偿，补偿金额140 余万元。因双方未就新的补偿方式达成一致意见，高某诉至法院，请求判决该市综合行政执法局继续履行原协议。问：法院如何处理？

6. 2017 年 9 月，某市环境保护局经法定程序做出行政处罚决定书，认定某物流公司存在以下环境违法行为：作为固体废物承接运输方，擅自变更指定运输填埋地点，将承接运输的灰渣倾倒、堆放、填埋至未采取"三防"措施的海滩，造成环境污染。依据《中华人民共和国固体废物污染环境防治法》，决定对某物流公司罚款 50000 元。某物流公司不服，于 2017 年 9 月 27 日向某市人民政府提起行政复议申请，某市人民政府作出行政复议决定，决定维持原处罚决定。某物流公司对此不服，诉至法院。问：法院如何处理本案？

7. 胡某是公安局的民警，王某是胡某的朋友。王某因与邻居郑某存在矛盾，便请胡某去教训一下郑某。胡某到郑某家之后发现只有郑某一人在家，便开始以公安民警的身份进行盘问，提出一些令郑某十分难堪的问题，从而引起郑某的反感。当郑某索要胡某的民警证件时，胡某不予理睬。郑某要求胡某立即离开，并准备拨打报警电话。胡某上前抓住郑某就打，直到打得郑某连声求饶为止。当天夜里，县公安局接到了郑某的报案，连夜派人到郑某家调查了案件情况。经鉴定，郑某已构成轻微伤。很快，县公安局对胡某作出了处理：行政拘留 10 天，同时给予降级处分。请根据法律的规定分析本案中县公安局对胡某的处理行为。

第十一章

刑事责任

　　2014 年 7 月，被告人钟某在其父亲老屋原址上违法建设房屋。城管执法部门在对其下达责令改正（停止）违法行为通知书无效后，于同年 10 月 27 日上午再次要求钟某停止违法建设，并对违建模板进行拆除。钟某暴力抗拒执法，持水果刀追刺现场执法人员，后被拦住，才没有造成严重后果。案发后，钟某如实供述犯罪事实，认罪悔罪态度较好，得到执法人员的谅解。法院经审理认为，被告人钟某以暴力威胁方法阻碍国家机关工作人员依法执行职务，其行为已构成妨害公务罪，依法应予惩处。鉴于被告人归案后能如实供述自己的犯罪事实，有坦白情节，且得到了被害人谅解，故依法以妨害公务罪判处钟某拘役 6 个月，缓刑一年。

　　本案中钟某承担的刑事责任就是 6 个月的拘役。

　　刑事责任又称"刑事法律责任"，是国家司法机关依据国家刑事法律规定强制犯罪分子承担不利法律后果的法律责任。与民事责任、行政责任的前提是一般违法行为不同，刑事责任的前提是犯罪行为，只能由司法机关依照刑法的规定决定追究刑事责任。刑事责任是最严厉的制裁，最严重的可以判处死刑。

第一节　犯　罪

　　行为人的行为构成犯罪是承担刑事责任的前提。犯罪是指依照刑法应当受到刑罚处罚的危害社会的行为。

　　判断行为人的行为是否构成犯罪，主要看犯罪构成要件。犯罪构成要件是指依照刑法的规定，决定某一具体行为的社会危害性及其程度，而为该行为构成犯罪所必须具备的一切主客观条件的有机统一。我国刑法规定的犯罪构成要件具体包括以下内容。

一、客观方面

（一）危害行为

    甲、乙的父亲是一个富商，有一大笔遗产可供继承。如果甲、乙共同继承，那么两个人只能一人得一半。在这种情况下，哥哥甲便产生了独吞遗产的意图，他想如果弟弟死掉，他就成了唯一的遗产继承人，就可以继承一大笔遗产。他从报纸上看到报道，有一条航线上的航班最近经常失事，他想如果弟弟乙正好坐在这辆飞机上，飞机失事，弟弟死了，他就能够独吞遗产，因此他就经常给弟弟买飞机票，让弟弟去乘经常失事的这个航班到外地旅游或者出差，对此弟弟并不知情，经常坐这个航班。后来果然有一天弟弟所乘坐的这个航班失事，弟弟死了。

危害行为是指基于人的意识和意志支配实施的客观上侵犯法益的身体活动。危害行为具有有体性、有意性和有害性三个特征。有体性是指人的身体动静；有意性是指必须基于人的意识意志的身体动静；有害性是指必须触犯刑法规范具有法益侵害的行为。

危害行为分为作为与不作为。作为是指通过实施积极的身体动作实施刑法禁止的行为。不作为是指负有积极作为的法定义务，能够履行而拒不履行法定义务的行为。

危害行为必须是符合刑法分则构成要件的行为，如上述案例哥哥的行为不属于刑法意义的危害行为，因为让弟弟坐飞机并不会必然或大概率导致弟弟死亡，不构成故意杀人罪。

（二）危害结果

危害结果分为广义危害结果与狭义危害结果。广义的危害结果是犯罪行为对刑法所保护的社会关系（法益）所造成的危害，包括构成要件结果和非构成要件结果、物质性危害结果和非物质性危害结果、直接结果和间接结果等。

狭义的危害结果是由犯罪的实行行为造成的、根据刑法分则的规定对成立犯罪或者犯罪既遂具有决定意义的危害结果，它只存在于过失犯罪、间接故意犯罪和结果犯的既遂犯中。狭义的危害结果具有以下特征。

1. 只能是危害行为对犯罪的直接客体所造成的危害结果即直接危害结果。

2. 依照刑法规定属于构成要件的一部分。

作为法律规定的构成要件，狭义危害结果对于定罪具有重要意义。有些犯罪必须具有危害后果，比如，侵犯商业秘密罪、交通肇事罪、玩忽职守罪、重大责任事故罪。有些犯罪不一定要具有危害结果就成立犯罪，比如，生产销售假药罪、生产销售有毒有害食品罪、诬告陷害罪等行为犯，或者放火罪、破坏交通工具罪等危险犯，不要产生具体的危害结果就构成犯罪。

（三）危害行为与危害结果之间存在因果关系

危害行为与危害结果之间存在因果关系，如交通肇事罪，不仅行为人要实施违反道路交通法律法规的行为，造成重大交通事故的严重后果，而且要求道路交通违法行为与严重交通事故具有刑法上引起与被引起的关系。

（四）犯罪的时间、地点、方法有时候决定了行为人的行为是否构成犯罪

比如，非法狩猎罪必须在禁猎期、禁猎区，使用禁猎工具才构成犯罪。

二、犯罪客体

犯罪客体是指刑法所保护而被犯罪行为所侵犯的社会关系。

　　2 名男子因携带祖传的金钱豹豹皮马甲从吉林来到沈阳，准备以 10 万元价格抵押，用以支付工程款和学费，被法院以非法运输、出售珍贵、濒危野生动物制品罪，判处有期徒刑 5 年零 6 个月，并处罚金 2 万元。

非法运输、出售珍贵、濒危野生动物制品罪侵犯的法益应当是野生动物资源，而年代久远或祖传的野生动物制品并不侵犯野生动物资源，不属于犯罪对象；从本罪立法目的看，刑法之所以把制品和动物一起纳入犯罪对象，是因为"没有买卖就没有杀戮"，只有将制品纳入犯罪对象，才能更好地保护动物。显然，这里的制品与动物同时存在，都是对珍贵动物资源的破坏。但祖传珍贵野生动物制品，并非野生动物资源的载体，不具有明显的社会危害性，不符合该罪的立法意图。因此，该案件被告人不构成非法运输、出售珍贵、濒危野生动物制品罪。

三、犯罪的主观方面

（一）犯罪故意

犯罪故意是指明知自己的行为会发生危害社会后果，并且希望或放任这种

结果发生的心理态度，分为直接与间接两种。

1. 直接故意：行为人明知自己的行为会发生危害社会的结果，并且希望这种结果发生的心理状态。

2. 间接故意：明知自己的行为可能发生危害社会的结果，并且放任这种结果发生的心理状态。所谓放任，是指行为人对于危害结果的发生，虽没有积极追求，但也没有有效阻止，既无所谓希望，也无所谓反对，而是放任自由，听之任之，任凭它发生，对结果的发生在行为上持一种消极的态度，但在心理上是肯定的，不与其意志冲突。

> 2003 年 8 月 7 日凌晨 3 时，民警巡逻发现 4 名男子抬着一只编织袋往村里走，就将这 4 名男子连同一编织袋的葡萄带回了派出所。4 名男子全是河南籍民工，当晚想吃水果，步行近 1 小时翻墙进入葡萄研究园。猛吃一气之后，觉得走了老远的路光吃饱肚子太亏了得带些回去。在路边垃圾箱附近捡了一只编织袋，装满葡萄后抬着编织袋翻墙出来，结果被警察逮个正着。警方获悉，该 4 名男子偷来的葡萄是科研单位投资 40 万元、历经 10 年培育研制的新品种。4 位民工的馋嘴之举令其中的 20 余株试验链中断，损失无法估量。后北京市物价局评估，涉案的 23.5 公斤葡萄直接经济损失为 11220 元。该葡萄一时被人们称为"天价葡萄"。

该案件从客观上属于秘密窃取数额较大财物的行为，但主观上缺乏对所窃取的属于数额较大财物的认识，只有偷窃违法故意，没有盗窃犯罪故意，不构成盗窃罪。

（二）犯罪过失

犯罪过失是指应当预见自己的行为可能发生危害社会的结果，因为疏忽大意而没有预见，或者已经预见而轻信能够避免，以致发生这种结果的一种心理态度。

犯罪过失具有两个特征：一是实际认识与认识能力相背离。二是实际效果与主观愿望相背离。

犯罪过失包括疏忽大意的过失和过于自信的过失两种。

犯罪过失的本质是违反注意义务，在有能力条件的情况下履行注意义务，却因违反注意义务造成严重危害结果。注意义务包括预见义务和避免义务。义务来源包括法律规定、规章制度、日常生活准则。

2020 年 12 月 9 日，周某骑电瓶车载着自己的女儿和母亲，未佩戴头盔，在途经某十字路口时，在红绿灯刚刚变为红灯的情况下，心怀侥幸试图通过路口，被正常行驶的一辆面包车直接撞飞。三人被送去医院检查，从诊断结果来看，周某和母亲只是几处骨折，一段时间的休养就可以恢复健康，但是令一家人揪心的却是女儿的伤情。5 岁女童伤势过重离世。周某的行为构成过失犯罪。

四、犯罪主体

犯罪主体是指实施刑法规定的犯罪行为、依法承担刑事责任的人和单位。

（一）自然人犯罪主体

1. 刑事责任年龄：刑法规定的行为人实施刑法禁止的犯罪行为所必须达到的年龄

（1）不满 12 周岁的人，其实施任何行为都不构成犯罪、不承担刑事责任。

（2）已满 12 周岁不满 14 周岁的人，犯故意杀人、故意伤害罪，致人死亡，或者以特别残忍手段致人重伤造成严重残疾情节恶劣的，经最高人民检察院核准，应当负刑事责任。

（3）已满 14 周岁不满 16 周岁的人，犯故意杀人、故意伤害致人重伤或者死亡、强奸、抢劫、贩卖毒品、放火、爆炸、投放危险物质罪的，应当负刑事责任。

（4）已满 16 周岁的人犯罪，应当负刑事责任。因不满 16 周岁不予刑事处罚的，责令其家长或者监护人加以管教；在必要的时候，依法进行专门矫治教育。

（5）对依照前三款规定追究刑事责任的已满 12 周岁不满 18 周岁的人犯罪，应当从轻或者减轻处罚。对于已满 75 周岁的人犯罪的从宽处罚，故意犯罪的可以从轻或减轻处罚，过失犯罪的应当从轻或减轻处罚，审判时已满 75 周岁的，不适用死刑，但以特别残忍手段致人死亡的除外。被判处 3 年以下有期徒刑的老年人，原则上适用缓刑。

2. 刑事责任能力：行为人对自己行为具有的辨认能力与控制能力

影响刑事责任能力的因素除了年龄，还包括精神病、生理功能障碍。精神病人在不能辨认和控制自己行为时犯罪的，不负刑事责任。尚未完全丧失辨认和控制能力的精神病人犯罪的，应当负刑事责任，但可以从轻或者减轻处罚。间歇性精神病人在精神正常时犯罪的，应当负刑事责任。又聋又哑的人或者盲人犯罪的，应当负刑事责任，但可以从轻、减轻或者免除处罚。

（二）单位犯罪主体

单位犯罪是指公司、企事业单位、机关团体为本单位或者本单位全体成员牟取非法利益，经单位的决策机构按照单位的决策程序决定，由单位直接责任人员具体实施的犯罪。

1. 单位犯罪是单位这一整体犯罪而非各成员犯罪之和。

2. 单位犯罪是由单位的决策机构按照单位的决策程序决定。

3. 单位犯罪是直接责任人员以单位名义为本单位牟取非法利益。

4. 单位犯罪的刑事责任以双罚制为原则以单罚制为例外。

5. 单位犯罪必须为法律明文规定才能成立。

第二节　正当行为

正当行为也称"违法阻却事由""排除社会危害性行为""排除犯罪性事由""正当化事由"。正当行为是指形式上与犯罪具有相似性但实质上不具有犯罪本质属性——社会危害性（法益侵害性），甚至是有利于社会的行为，在定罪过程中应当予以排除的情形。

一、正当防卫

正当防卫是指为了使国家、公共利益、本人或者他人的人身、财产和其他权利免受正在进行的不法侵害，而采取的制止不法侵害的行为，对不法侵害人造成损害的，属于正当防卫，不负刑事责任。

（一）正当防卫的构成要件

（1）必须存在不法侵害的行为。

（2）侵害行为必须是正在进行的。对于预备的或想象的侵害行为，不能借口正当防卫，先发制人，而只能采取预防措施；对于已经实施的侵害行为，如果没有实施到底而中止或者已经实施完了，也不能适用正当防卫的规定。

（3）防卫行为必须出于正当的防卫目的，即为了保护国家、公共利益、本人或他人人身、财产或其他合法权益免收不法侵害。如果为了保护非法利益、防卫挑拨、偶然防卫不认为是正当防卫。

（4）防卫必须针对侵害人本人，而不能针对第三人。如果实施了损害第三人利益的方法，不能适用正当防卫的规定。

（5）防卫不能过当。正当防卫不能超过必要的限度，造成不应有的损害。

但是正当防卫明显超过必要限度造成重大损害的，属于防卫过当，应当负刑事责任，但是应当减轻或者免除处罚。

（二）特殊防卫

对正在进行行凶、杀人、抢劫、强奸、绑架以及其他严重危及人身安全的暴力犯罪采取防卫行为，造成不法侵害人伤亡的，是特殊正当防卫，不负刑事责任。

> 2018年8月27日21时30分许，刘海龙驾驶宝马轿车在昆山市震川路西行至顺帆路路口，与同向骑自行车的于海明发生争执。刘海龙从车中取出一把砍刀连续击打于海明，后被于海明反抢砍刀并捅刺、砍击数刀，刘海龙身受重伤，经抢救无效死亡。于海明的行为符合特殊正当防卫条件，依法不承担刑事责任。

二、紧急避险

紧急避险是指为了使国家、公共利益、本人或者他人的人身、财产和其他权利免受正在发生的危险，不得已采取的紧急避险行为，造成损害的，不负刑事责任。

紧急避险行为符合两害相权取其轻原则，不负法律责任；但是紧急避险超过必要限度造成不应有的损害的，应当负刑事责任，但是应当减轻或者免除处罚。

三、其他正当行为

（一）法令行为

法令行为是指基于成文法律、法令、法规的规定，作为行使权利或者承担义务所实施的行为。例如，法警执行死刑，法警的行为属于职务行为，不构成故意杀人罪。

（二）正当业务行为

正当业务行为是指虽然没有法律、法令、法规的直接规定，但在社会生活上被认为是正当的业务上的行为。例如，新闻报道、职业体育活动、律师的辩护活动、治疗行为（人体实验、性转换手术不属治疗行为）等。

（三）被害人承诺

被害人承诺（包括推定的承诺）——无承诺即犯罪、有承诺便无罪的情形。如得到住宅主人的同意进入住宅，不构成非法侵入住宅罪。

（四）自救行为

自救行为是指法益受到侵害的人，在通过法律程序、依靠国家机关不可能或者明显难以恢复的情况下，依靠自己的力量救济法益的行为。

（五）自损行为

自损行为指自己损害自己权益的行为，如自杀、自伤、自己毁损自己所有的财物等，这些行为一般不成立犯罪。但是当自损行为同时危害国家、社会或他人合法权益时，则可能成立犯罪。如军人战时自伤的，放火烧毁自己的财物但危害公共安全的，成立犯罪。

（六）义务冲突

义务冲突是行为人同时负有几种义务而不能兼顾时，如果因为履行较高或同等义务，而被迫不履行其他义务的行为。例如，妻子、儿子都掉入水中，只能救其中一个的时候，行为人的不救妻子或儿子的行为不构成犯罪。

第三节　刑事责任的承担与免除

一、刑事责任的承担

刑罚是承担刑事责任的唯一方式，是国家立法机关为惩罚犯罪而规定在刑法中的，由专门国家机关适用和执行的最为严厉的强制性制裁方法。包括五种主刑和四种附加刑。

（一）主刑

1. 管制：管制是指对犯罪人不予关押，只限制一定自由，由公安机关管辖和群众监督改造的一种刑罚。管制期限为 3 个月以上，2 年以下。

2. 拘役：拘役是指对犯罪人实行短期关押，由公安机关就近执行劳动改造的一种刑罚。（期限为 1 个月以上，6 个月以下）

3. 有期徒刑：有期徒刑是指对犯罪人剥夺一定期限的人身自由，并实行强

迫劳动改造的一种刑罚。(有期徒刑的刑期为 6 个月以上，15 年以下)

4. 无期徒刑：无期徒刑是指剥夺犯罪人终身自由，并强制其劳动改造的一种刑罚。

5. 死刑：死刑是指剥夺犯罪人生命的一种刑罚。死刑只适用于极少数罪大恶极的犯罪人。

死刑的适用极为慎重，只适用于罪行极其严重的犯罪人。对于犯罪时不满 18 周岁的人和审判时怀孕的妇女，不适用死刑；年满 75 周岁以上的老人，原则上不适用死刑。死刑除由最高人民法院判决的以外，都应报请最高人民法院核准。对于应当判处死刑的犯罪人，如果不是必须立即执行的，可以判处死刑同时宣告缓期 2 年执行，实行强迫劳动，以观后效。

(二) 附加刑

1. 罚金：强制犯罪分子向国家缴纳一定数额金钱的刑罚方法。

2. 没收财产：这是将犯罪分子所有财产的一部分或者全部强制无偿地收归国有的刑罚方法。

3. 剥夺政治权利：剥夺犯罪分子参加国家管理和政治活动权利的刑罚方法。

4. 驱逐出境：这是强迫犯了罪的外国人离开中国国 (边) 境的刑罚方法。对于犯罪的外国人，可以独立适用或者附加适用驱逐出境。

此外，对于犯罪的人还可以处以非刑罚处罚措施，包括训诫、赔偿损失、行政处分、禁止令、从业禁止、社区矫正等。

二、刑事法律责任的免除

刑事责任的免除是指行为人的行为虽然构成犯罪但不以犯罪论处，也就是行为人的行为虽然构成犯罪，但根据法律的规定，不追究其刑事责任。

(一) 犯罪已过追诉时效

追诉时效是指刑事法律规定的，对犯罪分子追究刑事责任的有效期限。如果犯罪已过追诉时效期限的，不再追究刑事责任。

追诉时效是各国刑法普遍规定的一项制度，目的在于促使和激励犯罪分子改过自新、实现预防犯罪目的、节约刑事司法资源；同时也有利于司法机关集中精力打击现行犯罪，对维护社会关系持续稳定具有积极意义。

追诉时效是从犯罪之日起计算，犯罪行为有连续或者继续状态的，从犯罪行为终了之日起计算。根据我国刑法规定，犯罪经过下列期限不再追诉：法定最高刑为不满 5 年有期徒刑的，追诉时效的期限为 5 年；法定最高刑为 5 年以上不满 10 年有期徒刑的，追诉时效的期限为 10 年；法定最高刑为 10 年以上有期徒刑的，追诉时效的期限为 15 年；法定最高刑为无期徒刑、死刑的，追诉时效的期限为 20 年。如果 20 年后认为必须追诉的，报请最高人民检察院核准后，仍然可以追诉。

1989 年 5 月 19 日下午，犯罪嫌疑人马某龙、许某刚、曹某波（后二人另案处理，均已判刑）预谋到吉林省公主岭市苇子沟街獾子洞村李某振家抢劫，并准备了面罩、匕首等作案工具。同年 5 月 20 日 0 时许，三人蒙面持刀进入被害人李某振家大院，将屋门玻璃撬开后拉开门锁进入李某振卧室。马某龙、许某刚、曹某波分别持刀逼住李某振及其妻子王某，并强迫李某振及其妻子拿钱。李某振和妻子王某喊救命，曹某波、许某刚随即逃离。马某龙在逃离时被李某振拉住，遂持刀在李某振身上乱捅，随后逃脱。曹某波、许某刚、马某龙会合后将抢得的现金 380 余元分掉。李某振被送往医院抢救无效死亡。案发后马某龙逃往黑龙江省七台河市打工。公安机关没有立案，也未对马某龙采取强制措施。

2014 年 3 月 10 日，化名"李红"的马某龙在接受黑龙江省七台河市桃山区桃山街派出所盘查时主动交代其真实姓名为马某龙，1989 年 5 月伙同他人闯入吉林省公主岭市苇子沟街獾子洞村李某振家抢劫，并将李某振用刀扎死后逃跑。当日，公主岭市公安局对马某龙立案侦查，2014 年 3 月 18 日通过公主岭市人民检察院层报最高人民检察院核准追诉。①

（二）特赦令予以释放

特赦令又称为"特赦"，是指国家元首或者最高国家权力机关对已受罪刑宣告的特定犯罪人免除其全部或部分刑罚的制度。新中国成立到现在，我国先后有 9 次特赦。②

此外，犯罪嫌疑人或者被告人死亡的，再追究其刑事责任没有意义。

---

① 最高人民检察院指导性案例第 20 号：马某龙（抢劫）核准追诉案，2015 年发布。

② 第 1 次是 1959 年对确实改恶从善的蒋介石集团和伪满洲国的战争罪犯、反革命罪犯和普通刑事罪犯实行特赦；第 2~3 次分别是 1960 年和 1961 年对确实改恶从善的蒋介石集团和伪满洲国的战争罪犯实行特赦；第 4~6 次分别是 1963 年、1964 年、1966 年，对确实改恶从善的蒋介石集团、伪满洲国和伪蒙疆自治政府的战争罪犯实行特赦；第 7 次是 1975 年对全部在押战争罪犯，实行特赦释放，并予以公民权；第 8 次是 2015 年，对参加过抗日战争、解放战争等四类服刑罪犯实行特赦；第 9 次特赦是 2019 年对九类部分服刑罪犯予以特赦。

思考题

1. 什么是犯罪？犯罪的构成要件有哪些？

2. 什么是正当行为？正当行为有哪些？为什么这些行为不承担刑事责任？

3. 简述刑事责任的承担与免除。为什么要免除某些人的刑事责任？

4. 吴某喜接到网贷催款电话，正好发现儿子班主任在家长群里提醒交生活费。家长开始陆陆续续在群里发红包，吴某喜立刻动起了歪心思，他一连领了三十来个红包。因担心儿子班主任找他，吴某喜立即退群，并将班主任拉黑。连夜逃到外地的吴某喜还了 2000 元网贷后，还想着在赌场上捞上一笔，结果还输了 1100 元。问：吴某的行为如何定性？

5. 徐某，1998 年生，是江苏某大学的在校生。2018 年 4 月，在利用肯德基客户端点餐过程中，徐某无意间发现两个"生财小门道"。第一个是在 APP 客户端用套餐兑换券下单，进入待支付状态后暂不支付，之后在微信客户端对兑换券进行退款操作，然后再将之前客户端的订单取消，这时候客户端上竟可以重新获取兑换券，此种方式分文未付骗取了一份兑换券。第二个是先在 APP 客户端用套餐换券下单待支付，在微信客户端退掉兑换券，再在 APP 客户端用兑换券支付，这时便可以支付成功并获得取餐码，此种方式等于分文未付骗取了一份套餐。发现这个漏洞后，徐某"喜出望外"。从当年 4 月起，除了自己这样点餐操作，徐某还做起了"副业"：将诈骗得来的套餐产品通过线上交易软件低价出售给他人，从中获利。同时，他还与同学有"福"同享，将犯罪方法当面或通过网络传授给丁某等 4 名同学。截至同年 10 月案发，徐某的行为造成百胜公司损失 5.8 万余元，丁某等四人造成百胜公司损失 0.89 万元至 4.7 万元不等。问：徐某的行为如何定性？

6. 大学生何某权，性格内向，平时沉默寡言，喜欢独来独往。无意中在某网站看到暴恐音视频，十分好奇，便下载观看，由于学习压力大，不知不觉便爱上看这类音视频用于解压。2020 年下半年何某权陆续在网上利用翻墙软件下载了 64 部暴恐音视频到手机，用来自己平时观看。经有关部门审查，何某权所持有的 64 部暴恐音视频为剪辑各类血腥暴力内容拼接视频，其中 1 部音视频包括恐怖组织宣传极端恐怖主义内容，其余的 63 部音视频内容为国外战乱地区的枪械射杀、冷兵器砍杀等暴力血腥内容。这些视频的传播危害极大，足以危害公共安全，破坏社会秩序的稳定。

第四编

04

| 纠纷与救济 |

法律纠纷是指法律关系主体之间发生的，以法律权利与义务为内容的争议。

　　根据法律规定的权利与义务内容的不同，法律纠纷包括民事纠纷①、行政纠纷②和刑事纠纷③三种。

　　法律救济是指通过法律帮助有困难的人。不同性质的法律纠纷，救济途径不同。

---

① 民事纠纷是指平等主体之间发生的，以民事权利义务为内容的社会纠纷。民事纠纷作为法律纠纷的一种，通常是因为当事人违反了民事法律规范引起的。

② 行政纠纷又称为行政争议，是以实施具体行政行为的国家行政机关为一方，以行政相对人为另一方，针对行政机关实施的具体行政行为是否合法、合理而引起的争议。

③ 刑事纠纷是指加害人与被害人之间由于利益、情感等方面的原因并通过犯罪这一特殊的外在形式表现出来的不协调的关系，更多的是指刑事自诉案件。

第十二章

民事纠纷的法律救济

民事纠纷是指平等主体之间发生的、以民事权利义务为内容的社会纠纷。民事纠纷的解决方式包括和解、调解、仲裁、诉讼四种。这四种纠纷解决方式相互辅助、相互共存，并以其相对独特的调整机制相互独立。它们是现代社会民事纠纷解决机制的重要组成部分，为社会成员自由选择解决民事纠纷提供了多种途径和方法，有利于社会秩序的稳定。

第一节　非诉讼解决机制

非诉讼解决机制又称为"诉讼外解决民事纠纷机制"，是指民事纠纷的当事人通过和解、调解、仲裁等诉讼外途径解决纠纷的制度体系。

一、和解

和解是指发生争议后，当事人双方在平等、自愿、合法的基础上相互协商、互谅互让，达成协议，自行解决争议的一种方式。和解包括诉讼前的和解和诉讼中的和解两种。

（一）诉讼前的和解

诉讼前的和解是指发生诉讼之前，双方当事人互相协商达成协议，解决双方的争执。和解协议成立之后，当事人之间存在合同关系，一方的任意反悔或者撤销行为意味着违约，应当承担违约责任。但如果和解协议中存在伪造、篡改、重大误解等情形的，当事人可以申请撤销。

（二）诉讼中的和解

诉讼中的和解是指双方当事人在人民法院审理案件中，在判决前通过互相协商，达成解决纠纷的协议。诉讼中，一旦双方当事人达成和解，原诉讼视为撤诉；如果其中一方反悔的，还可以到法院重新起诉。

和解的特点首先是灵活，从形式到程序没有固定的要求；其次是成本低，效率高，是解决民事纠纷的首选方式。

二、调解

调解是在第三方组织下，当事人就争议的实体权利、义务自愿进行协商，达成调解协议，解决纠纷的一种办法。调解必须以双方当事人平等、自愿、合法为前提。

调解可以分为诉讼调解和诉讼外调解。

（一）诉讼调解

诉讼调解又称为"法院调解"，是指在审判人员的主持下，双方当事人在自愿、平等、合法的基础上达成协议，解决纠纷的诉讼活动。法院调解具有以下特征：只能由法院的审判人员主持，必须按照民事诉讼法的规定进行；调解书或者调解协议生效后，具有强制执行的法律效力。

法院调解是我国诉讼制度的重要组成部分，是法院行使审判权的重要方式之一。

（二）诉讼外调解

诉讼外调解包括人民调解、行政调解、仲裁调解、律师调解等。人民调解是由人民调解委员会主持进行的调解；行政调解是在基层人民政府或者国家行政机关主持下进行的调解；仲裁调解是在仲裁机构主持下进行的调解；律师调解是在律师的主持下进行的调解。

除仲裁调解文书以及经过司法确认的人民调解协议可以申请法院强制执行外，民间调解、行政调解形成的文书或者协议均没有强制执行的效力。

三、仲裁

仲裁是指由双方当事人协议将争议提交中立的第三方，由第三方对争议的是非曲直进行评判并作出裁决的一种解决争议的方法。

然而仲裁首先必须要有仲裁协议，没有仲裁协议，一方申请仲裁的，仲裁委员会不予受理。其次，仲裁不能解决所有的民事争议，有关人身关系的纠纷，如婚姻、收养、监护、扶养、继承纠纷，以及依法应当由行政机关处理的行政争议不属于仲裁的范围。

与诉讼相比，仲裁的特点在于：一是自愿，双方必须在平等、自愿的基础上达成仲裁协议，仲裁机构才能受理案件进行仲裁；二是更专业，当事人可以根据仲裁员名单上的人员专长选择仲裁庭成员，组建仲裁庭；三是灵活性，双方当事人可以约定仲裁机构、仲裁庭成员、仲裁的事项、仲裁的程序；四是保密性更高，仲裁一般不公开审理；五是效率高，仲裁实行一裁终局；六是仲裁员独立性更强，只对案件负责，依据事实与法律居中裁决。

因为以上特点，仲裁在国际商事纠纷中更受当事人的欢迎。

第二节　民事诉讼

民事诉讼是指法院在双方当事人和其他诉讼参与人的参加下，在审理和执行民事案件的过程中所进行的各种诉讼活动，以及由这些诉讼活动所产生的各种民事诉讼法律关系的总和。

民事诉讼法是指国家制定或者认可的规范民事诉讼活动和调整民事诉讼法律关系的法律规范的总和，是法院审判民事案件、当事人和其他诉讼参与人进行诉讼活动的准则。

当事人如果认为自己的合法权益被侵犯，可以请求人民法院查清事实、分清是非，以维护自己的合法权益。起诉前，当事人应该收集证据，证明自己的诉求有理有据，才能在诉讼中得到法院的支持。

一、收集证据

证据是指能够证明案件事实的一切物质材料或者信息，也就是用于证明案件客观情况的事实。

（一）证据的种类

根据民事诉讼法的规定，证据分为八种：当事人的陈述、书证、物证、视听资料、电子数据、证人证言、鉴定意见、勘验笔录。

1. 当事人陈述是指当事人在诉讼中就与本案有关的事实，向法院所作的陈述。

2. 书证是指以文字、符号、图形等所记载的内容或表达的思想来证明案件事实的证据。

3. 物证是指以其存在的形状、质量、规格、特征等来证明案件事实的证据。

4. 视听资料是指利用录音、录像、电子计算机储存的资料和数据等来证明案件事实的一种证据。例如，录像带、录音片、传真资料、电影胶卷、微型胶卷等。

5. 电子数据是指基于计算机应用、通信和现代网络技术等电子化手段形成的，以电子形式存在于计算机硬盘、光盘等载体的客观资料，一般需要通过特定的程序、形式和设备转换为人们能感知、理解的存在物。例如，电子邮件、网上聊天记录、手机短信等。

6. 证人证言是指知晓案件事实并应当事人的要求和法院的传唤到法庭作证的人，就案件事实向法院所作的陈述。

7. 鉴定意见是指那些接受聘请或指派有专门知识的人对案件中的疑难问题进行科学研究并作出具有法律效力的结论。

8. 勘验笔录是指人民法院审判人员在诉讼过程中，为了查明一定的事实，对与案件争议有关的现场、物品或物体亲自进行或指定有关人员进行查验、拍照、测量，对于查验的情况与结果制成的笔录。

（二）证据的要求

1. 客观性：客观性是指证据的真实性，是指证据的形式与内容必须是客观存在的事实。

2. 关联性：关联性是指用作证据的事实必须与案件事实之间存在内在的必然联系。

3. 合法性：合法性是指证据的形式，收集的方法要符合法律的要求，证据材料转化为证据必须经过法律规定的程序。

只有同时符合以上三种特征，才能够作为定案的证据。

（三）证明的标准

高度可能性是我国民事诉讼的证明标准。根据民事诉讼法的规定，对负有举证证明责任的当事人提供的证据，人民法院经审查并结合相关事实，确信待证事实的存在具有高度可能性的，应当确认该事实的存在。

二、起诉

起诉是指当事人就民事纠纷向人民法院提起诉讼，请求人民法院依照法定程序进行审判的行为。

（一）起诉的条件

须有明确的被告人、具体的诉讼请求和事实根据，属于受诉法院管辖范围。其中，管辖是指上下级人民法院之间和同级人民法院之间受理第一审民事案件的分工。

1. 管辖案件的范围

包括民法、婚姻法调整的因财产关系以及与财产关系相联系的人身关系产生的民事案件；经济法调整的因经济关系所发生的各类纠纷；劳动法调整的因劳务关系所发生的纠纷；法律有明文规定依照民事诉讼法审理的由其他法律规范调整的社会关系发生的纠纷案件；由最高人民法院的规范性文件规定的案件。

如果双方当事人达成书面仲裁协议，选择仲裁的案件，一方当事人向法院起诉的，法院不能受理。

2. 管辖的种类

（1）级别管辖：根据案件性质、情节轻重和影响范围大小来确定管辖法院。基层人民法院管辖除上级人民法院管辖外的大部分刑事案件；中级人民法院管辖危害国家安全案件、无期徒刑及死刑案件、涉外刑事案件；高级人民法院管辖全省性重大案件；最高人民法院管辖全国性重大案件。

（2）地域管辖：地域管辖是指以人民法院的辖区和案件的隶属关系确定同级人民法院之间在各自的区域内受理第一审民事案件的分工和权限。地域管辖可分为一般地域管辖、特殊地域管辖。一般地域管辖又可称"普通管辖"或"一般管辖"，它是以诉讼当事人住所所在地为标准来确定管辖的。特殊地域管辖是指民事案件以作为诉讼的特定法律关系或者标的物所在地为标准而确定的管辖。

（3）专属管辖：专属管辖是指法律规定某类案件只能由特定的人民法院管辖，其他法院无管辖权，当事人也不得以协议方式变更管辖。根据民事诉讼法的规定："因不动产纠纷提起的诉讼，由不动产所在地人民法院管辖；因港口作业中发生纠纷提起的诉讼，由港口所在地人民法院管辖；因继承遗产纠纷提起的诉讼，由被继承人死亡时住所地或者主要遗产所在地人民法院管辖。"

（4）协议管辖：协议管辖是指尽管法律已经对管辖做出了规定，但同时法律又允许当事人以书面协议方式选择其他管辖法院，人民法院在确定案件纠纷的管辖权时，以当事人的约定为先。

（5）应诉管辖：应诉管辖是指原告向没有管辖权的法院起诉，被告在法定期限内没有提出异议，并且应诉答辩的，视为受诉法院对案件有管辖权，应诉管辖不得违反级别管辖和专属管辖。

二审法院一般是原审法院的上一级法院，法律另有规定的除外。

（二）起诉方式

根据民事诉讼法的规定，原告起诉的方式有三种：一是书面；二是口头；三是网上起诉。书面起诉方式为原则，口头起诉例外。只有书写起诉状确有困难的情况下，才允许原告口头起诉。网上起诉实际上是指网上提交起诉材料。

起诉状应该载明下列事项：1. 当事人的基本情况；2. 诉讼请求和所依据的事实与理由；3. 证据和证据来源、证人姓名和住所；4. 写明受诉法院的全称和起诉日期；5. 原告的签名或者盖章。

三、应诉

应诉顾名思义是指应对诉讼。被告接到原告起诉状副本后进行的诉讼准备工作。应诉是一项具有技术性的工作，必须做到"以事实为依据，以法律为准绳"，制定行之有效的应诉策略。

当被告知道自己被起诉之后，不能消极对待，扔到一边不管。因为即使被告不出庭，如果原告证据充分，事实清楚，法院仍然可以缺席判决，被告还因此丧失了辩论的机会。因此接到起诉状副本之后，被告应该积极准备应诉。

应诉应该注意以下四方面：

一是要明白、理解起诉状的诉讼请求、事实、理由，搞清楚原告告什么。

二是要仔细思考自己的诉讼策略，包括要不要调解、反诉等。

三是读懂应诉通知书的内容，搞清楚案件受理法院、主办法官、联系方式、举证期限等基本信息，以便在合适的时间做正确的事情。

四是主动联系主审法官，查阅原告提交的证据，根据对方提交的证据，准备答辩意见，以反驳原告的诉讼请求与理由、证据。如果发现受案法院没有管辖权，还应当在法定期间内提出管辖权异议等。

四、答辩

答辩是指被告针对原告起诉的事实和理由向人民法院提出的答复和辩解。被告针对原告起诉状的答复和辩解又称为"答辩状"。

被告写答辩状时，应根据案件的具体情况，针对原告起诉状的内容进行书写。如双方的姓名、年龄、住址等基本情况，原告已在起诉状上写清无误，被告在答辩状中可以省略或者简化。被告在答辩状中应针对原告在起诉中所提出的诉讼请求、事实、理由及根据进行反驳，并提出自己的理由、证据以及具体要求和有关法律依据。答辩状的最后由被告签名盖章，写明年月日。

五、律师代理

如果当事人法律知识不够，或者精力不够，或者案件专业性太强，也可以委托律师代理。

律师代理是指律师在民事诉讼、行政诉讼和刑事自诉案件中的代理活动。广义上律师代理包括律师在调解、仲裁活动中的代理行为。律师代理的责任是在所受委托的权限内维护委托人的合法权益。代理律师在代理权限内所为的诉讼行为和法律行为与委托人自己的诉讼行为和法律行为有同等效力。

律师的代理权限取决于委托人的授权范围，分为一般代理和特别代理。一般代理是指律师通常只能从事程序性的工作，不涉及被代理人的实体权利；特别授权则是指律师可以从事诉讼中承认、变更、放弃诉讼请求，进行反诉、调解等涉及实体权利的事项。代理人在被代理人授权范围内实施的行为通常认定为被代理人的行为，由此产生的后果由被代理人承担。

六、民事诉讼审判程序

（一）一审程序

人民法院开庭审理案件，应当组织双方当事人法庭调查、法庭辩论。原被告之间的争议焦点通过原告的起诉状和被告的答辩状体现。法院根据双方当事人争议的焦点组织法庭辩论，双方当事人就案件事实和争议的问题，各自陈述自己的主张和根据，互相进行反驳和答辩，以维护自己的合法权益。

辩论权是法律赋予民事和行政诉讼各方当事人重要的诉讼权利。当事人在法庭上，在审判长指挥下可以就本案的实体问题、程序问题、适用法律等问题，展开辩论。辩论要以事实为依据，以法律为准绳。所以法庭辩论就是双方当事人通过证据还原事实真相的过程，是人民法院审理民事纠纷的基本准则，目的是便于法院查清事实、分清是非。

法院通过法庭调查、法庭辩论之后，在查清事实、分清是非的基础上依法裁决。一审判决不是一经作出立刻生效，而是有上诉期限。一审民事判决的上诉期为 15 天；允许上诉的民事裁定的上诉期为 10 天，期满，一审裁决生效。

（二）二审程序

双方当事人对一审判决结果不服的，可以向原审法院的上一级法院上诉，引发二审程序。

二审程序是指二审法院审理上诉案件所适用的审判程序。二审法院审理上诉案件，应当组成合议庭，原则上开庭审理，但也可以不开庭审理。

如果二审法院认为原判决对上诉请求的有关事实认定清楚，适用法律正确的，裁定驳回上诉，维持原判。

如果原判决、裁定认定事实或者适用法律虽有瑕疵，但裁判结果正确的，二审法院可以在判决、裁定中纠正瑕疵后维持原判。

如果原判决认定基本事实不清的，裁定撤销原判决，发回原审法院重审。

如果原判决遗漏当事人或者违法缺席判决等严重违反法定程序的，裁定撤销原判决，发回原审法院重审。

二审法院在审理上诉案件过程中，发现依法不应由法院受理的，可以直接裁定撤销原裁判，驳回起诉。

二审裁决一经作出，立即生效。

（三）再审程序

再审程序是指人民法院基于一定的事由，对判决、裁定或者调解书已经发生法律效力的案件再一次进行审理并作出裁判所适用的审判程序。

再审程序一般由当事人申请再审、案外人申请再审、人民法院决定再审和人民检察院监督等方式启动。当事人申请再审的，当事人应当提交再审申请书，已经发生法律效力的判决书、裁定书、调解书，身份证明及相关证据材料，并按对方当事人人数提供申请书副本。

再审程序不是独立的程序，再审程序取决于生效法律文书经历的程序。如果是一审生效法律文书，则按照一审程序再审，对一审判决结果不服，仍然可以上诉；如果生效法律文书是二审法律文书，则按照二审程序再审，作出的裁决也是立即生效。

无论是一审、二审还是再审，如果双方当事人可以和解，法院也可以组织他们调解。

思考题

1. 简述民事纠纷解决方法的种类与特点。

2. 简述非诉讼纠纷解决方法的优势与劣势。

3. 简述民事诉讼的优势与劣势。

4. 假如你遇到了纠纷，应当如何选择解决纠纷的方式与方法。

第十三章

行政纠纷的法律救济

行政纠纷的法律救济除了宪法规定的申诉、检举、控告外，还包括行政复议、行政诉讼两种。

第一节　行政复议

2022 年 5 月 5 日，马某甲、刘某某两申请人（夫妻关系）向被申请人某乡人民政府提交土地权属争议裁决申请，请求裁决某区某乡某村某号的宅基地使用权为申请人马某甲所有。2022 年 5 月 18 日，被申请人从第三人马某乙（两申请人之子）处得知，第三人于 1988 年分家时分到西房，1994 年取得院内 271.66 平方米集体土地建设用地使用证，但证件丢失，仅保留宅基地登记卡。该宅基地登记卡由某村村委会出具，未标明四至等信息。

被申请人作出案涉《土地权属争议案件不予受理决定书》，认为马某乙已对案涉宅基地取得土地权属证明文件，按照《北京市土地权属争议调查处理办法》第十四条第（五）项，决定不予受理。2022 年 5 月 31 日，申请人不服该不予受理决定书，向延庆区人民政府申请行政复议。

行政复议机关认为，案涉宅基地登记卡不具有宅基地使用权登记效力，并非土地权利证书，且该宅基地登记卡无四至等信息，被申请人仅根据宅基地登记卡便认为案涉宅基地权属明确，并作出不予受理决定，属于认定事实不清、证据不足。根据《中华人民共和国行政复议法》第二十八条第一款第（三）项第 1 目之规定，决定撤销案涉《土地权属争议案件不予受理决定书》，并责令被申请人依法重新作出处理。①

行政复议是行政复议机关对公民、法人或者其他组织认为侵犯其合法权益的具体行政行为，基于申请而予以受理、审理并作出决定的制度。

行政复议是公民、法人或其他组织请求上级行政主体对下级行政主体的违法或不当行政行为予以纠正的制度，是一种层级监督制度。所以行政复议机关不得向申请人收取任何费用。

一、行政复议的组织

行政复议机关（以下简称"复议机关"）是指受理复议申请，依法对具体行政行为进行审理并作出决定的行政主体。

行政复议机构（以下简称"复议机构"）是指复议机关内设的负责有关复议工作的机构。

行政复议委员会（以下简称"复议委员会"）是负责行政复议案件审理工作的组织。

二、行政复议案件范围

根据行政复议法的规定，行政复议案件范围包括以下几种：

（一）可以申请行政复议的范围

1. 对行政机关作出的行政处罚决定不服。

2. 对行政机关作出的行政强制措施、行政强制执行决定不服。

3. 申请行政许可，行政机关拒绝或者在法定期限内不予答复，或者对行政机关作出的有关行政许可的其他决定不服。

4. 对行政机关作出的确认自然资源的所有权或者使用权的决定不服。

5. 对行政机关作出的征收征用决定及其补偿决定不服。

6. 对行政机关作出的赔偿决定或者不予赔偿决定不服。

7. 对行政机关作出的不予受理工伤认定申请的决定或者工伤认定结论不服。

8. 认为行政机关侵犯其经营自主权或者农村土地承包经营权、农村土地经营权。

---

① 北京司法行政. 十大典型案例, 看行政复议切实解决群众"急难愁盼"！[EB/OL]. 网易, 2023-03-21.

9. 认为行政机关滥用行政权力排除或者限制竞争。

10. 认为行政机关违法集资、摊派费用或者违法要求履行其他义务。

11. 申请行政机关履行保护人身权利、财产权利、受教育权利等合法权益的法定职责，行政机关拒绝履行、未依法履行或者不予答复。

12. 申请行政机关依法给付抚恤金、社会保险待遇或者最低生活保障等社会保障，行政机关没有依法给付。

13. 认为行政机关不依法订立、不依法履行、未按照约定履行或者违法变更、解除政府特许经营协议、土地房屋征收补偿协议等行政协议。

14. 认为行政机关在政府信息公开工作中侵犯其合法权益。

15. 认为行政机关的其他行政行为侵犯其合法权益。

（二）可以请求审查的行政规范性文件

公民、法人或者其他组织认为行政机关的行政行为所依据的下列规范性文件不合法，在对行政行为申请行政复议时，可以一并向行政复议机关提出对该规范性文件的附带审查申请。例如，国务院部门的规范性文件，县级以上地方各级人民政府及其工作部门的规范性文件，乡、镇人民政府的规范性文件，法律、法规、规章授权的组织的规范性文件。以上规范性文件不含规章。规章的审查依照法律、行政法规办理。

（三）不能申请复议的范围

行政复议法规定：国防、外交等国家行为；行政法规、规章或者行政机关制定、发布的具有普遍约束力的决定、命令等规范性文件；行政机关对行政机关工作人员的奖惩、任免等决定；行政机关对民事纠纷作出的调解。

三、行政复议的当事人

（一）申请人

行政复议的申请人认为具体行政行为直接侵害其合法权益的，可以以自己的名义向行政复议机关提出申请，要求对该具体行政行为进行复议并依法受所作复议决定约束的行政相对人。

（二）被申请人

被申请人是指公民、法人或者其他组织不服具体行政行为而申请复议的，作出该具体行政行为的行政主体。

（三）第三人

行政复议中的第三人是指同申请复议的具体行政行为有利害关系，经行政复议机关批准参加复议活动的申请人和被申请人以外的公民、法人或其他组织。

四、行政复议机关

根据行政复议法的规定确定。

（一）对县级以上地方各级人民政府工作部门的具体行政行为不服的，由申请人选择，可以向该部门的本级人民政府申请行政复议，也可以向上一级主管部门申请行政复议。

（二）对海关、金融、外汇管理等实行垂直领导的行政机关、税务和国家安全机关的行政行为不服的，向上一级主管部门申请行政复议。

（三）对地方各级人民政府的具体行政行为不服的，向上一级地方人民政府申请行政复议。

（四）对省、自治区人民政府依法设立的派出机关所属的县级地方人民政府的具体行政行为不服的，向该派出机关申请行政复议。

（五）对国务院部门或者省、自治区、直辖市人民政府的具体行政行为不服的，向作出该具体行政行为的国务院部门或者省、自治区、直辖市人民政府申请行政复议。对行政复议决定不服的，可以向人民法院提起行政诉讼；也可以向国务院申请裁决，国务院依照本法的规定作出最终裁决。

（六）对其他行政机关、组织的具体行政行为不服的，按照下列规定申请行政复议。

对县级以上地方人民政府依法设立的派出机关的具体行政行为不服的，向设立该派出机关的人民政府申请行政复议。对政府工作部门依法设立的派出机构依照法律、法规或者规章规定，以自己的名义作出的具体行政行为不服的，向设立该派出机构的部门或者该部门的本级地方人民政府申请行政复议。对法律、法规授权的组织的具体行政行为不服的，分别向直接管理该组织的地方人民政府、地方人民政府工作部门或者国务院部门申请行政复议。对两个或者两个以上行政机关以共同的名义作出的具体行政行为不服的，向其共同上一级行政机关申请行政复议；对被撤销的行政机关在撤销前所作出的具体行政行为不服的，向继续行使其职权的行政机关的上一级行政机关申请行政复议。

以上情形申请人也可以向具体行政行为发生地的县级地方人民政府提出行

政复议申请。

五、行政复议的申请方式与期限

（一）申请方式

申请人可以书面或口头申请。书面申请的，应当在行政复议申请书中载明法定事项。口头申请的，行政复议机关应当当场记录申请人的有关情况，由申请人签字确认。申请人提出复议申请，应按规定提供有关证明材料。

（二）申请期限

公民、法人或者其他组织认为具体行政行为侵犯其合法权益的，可以自知道该具体行政行为之日起60日内提出行政复议申请。但是法律规定的申请期限超过60日的除外。

申请人申请行政复议时应当提交相关的书证、物证、证人证言、当事人陈述、视听资料、电子证据、鉴定结论、勘验笔录等，用以证明原行政行为违法。

六、行政复议的程序

行政复议机关受理了申请人的复议申请后，将行政复议申请书副本或者行政复议申请笔录复印件发送给被申请人，要求被申请人在规定期限内提出答复、提交证据。同时明确复议承办人员、决定是否交由复议委员会审理，是否通知第三人参加复议，是否停止执行等事项。对双方提交证据和依据进行审查，必要时行政复议人员可以调查取证。申请人、第三人有权查阅证据、依据和其他材料。

复议期间，申请人可以撤回复议申请，申请人与被申请人之间可以调解、和解。

一般情况下，行政复议机关应当自受理申请之日起60日内作出行政复议决定；特别法有规定的，从其规定。

七、行政复议的法律后果

行政复议实行一级复议制度，复议决定一经送达即发生法律效力。申请人不服复议决定的，可以在收到复议决定书之日起15日内向法院起诉，或者依法申请国务院裁决，法律有特别规定的除外。

第二节　行政诉讼

2012年6月4日，安徽省人民政府作出皖政地〔2012〕147号《关于合肥市2011年度第14批次城市建设农用地转用和土地征收实施方案的批复》。葛某某在该批复批准征收的范围内有一处1000多平方米的房屋。由于葛某某与征收实施单位对补偿安置意见不一致，双方未能达成补偿协议。葛某某对《征地批复》不服，向安徽省人民政府申请行政复议。安徽省人民政府以葛某某的申请不符合受理条件为由，驳回了葛某某的行政复议申请。葛某某遂向法院提起诉讼，请求撤销安徽省人民政府作出的行政复议决定。

一审合肥市中级人民法院判决驳回葛某某的诉讼请求。葛某某不服，提起上诉。二审安徽省高级人民法院在审理过程中，经询问双方当事人及代理律师意见，了解到葛某某提起多起诉讼是为了解决补偿安置问题，遂直接针对葛某某的补偿安置问题进行调解，最终葛某某与征收实施单位达成补偿安置协议，撤回上诉。

行政诉讼是指公民、法人或者其他组织认为行政行为侵犯其合法权益，依法向人民法院提起诉讼，由人民法院进行审理并作出裁判的诉讼制度。

行政诉讼法是指国家制定或者认可的规范行政诉讼活动和调整行政诉讼法律关系的法律规范的总和，是法院审判行政纠纷案件、当事人和其他诉讼参与人进行诉讼活动的准则。除了一些特有规定外，行政诉讼法的很多规定与民事诉讼法的规定一样。

行政诉讼的特点是以行政争议的存在为前提，以解决特定范围内的行政争议为目的；诉讼标的是行政行为合法性；被告恒定为行政机关，通过对违法行政行为所造成的消极后果进行补救，保护行政相对人的合法权益不受侵害。

一、起诉

（一）起诉的概念

起诉是指行政行为的相对人以及其他与行政行为有利害关系的公民、法人或者其他组织认为行政主体的行政行为侵犯其合法权益，依法向人民法院提出诉讼请求，要求人民法院对行政主体的行政行为进行合法性审查的法律行为。

（二）起诉的条件

1. 原告只能是与本案有利害关系的行政相对人，包括公民、法人或者其他组织。

2. 有明确的被告；只能是做出具体行政行为的行政机关。

3. 有具体的诉讼请求和事实理由。

4. 属于人民法院的受案范围和受诉法院的管辖范围。

5. 在法定时间内提出。

根据行政诉讼法的规定：（1）不服行政复议提起诉讼的期限是收到复议决定书之日起 15 日之内起诉；复议机关逾期不作决定的，申请人可以在复议期满之日起 15 日内向法院起诉。（2）行政相对人应当自知道或者应当知道做出行政行为之日起 6 个月内向法院起诉，法律另有规定的除外。例如，土地管理法规定土地所有权和使用权争议，当事人对有关人民政府的处理决定不服的，起诉期限为 30 天。森林法规定，起诉期限是一个月。

因不动产提起诉讼的案件，自行政行为作出之日起超过 20 年，其他案件自行政行为作出之日起超过 5 年提起诉讼的，人民法院不予受理。公民、法人或者其他组织申请行政机关履行保护其人身权、财产权等合法权益的法定职责。行政机关在接到申请之日起两个月内不履行的，公民、法人或者其他组织可以向人民法院提起诉讼；公民、法人或者其他组织在紧急情况下请求行政机关保护其人身权、财产权等合法权益的法定职责。行政机关不履行的，提起诉讼不受前款规定的限制。

（三）起诉的方式

起诉分为口头起诉和书面起诉。书写起诉确有困难的，可以口头起诉，由人民法院记入笔录，出具注明日期的书面凭证，并告知被告。

起诉状应该写清楚以下事项：原告的基本情况、诉讼请求和所依据的事实与理由、证据来源证人的姓名和住址、受诉法院的名称、起诉的时间、起诉人签名或者盖章等。行政诉讼起诉状的撰写可以参照民事诉讼起诉状。

（四）管辖法院

1. 级别管辖的确定

基层人民法院管辖第一审行政案件。中级人民法院管辖下列第一审行政案件：对国务院部门或者县级以上地方人民政府所作的行政行为提起诉讼的案件；

海关处理的案件；本辖区内重大、复杂的案件；其他法律规定由中级人民法院管辖的案件。高级人民法院管辖本辖区内重大、复杂的第一审行政案件。最高人民法院管辖全国范围内重大、复杂的第一审行政案件。

2. 地域管辖

地域管辖是同级人民法院受理第一审行政案件的分工与权限。又分为一般地域管辖和特殊地域管辖两种。

一般地域管辖是指按照最初作出行政行为的行政主体所在地来确定管辖法院的制度。

特殊地域管辖规定经复议的案件，可以由复议机关所在地法院管辖；跨区域管辖案件经最高人民法院批准，高级人民法院可以指定某些人民法院跨行政区域管辖案件；限制人身自由强制措施的案件，原被告所在地均有权管辖；涉及不动产的案件由不动产所在地管辖。

（五）行政诉讼的受案范围

根据行政诉讼法的规定，属于人民法院行政诉讼受案范围的案件如下：

1. 对行政拘留、暂扣或者吊销许可证和执照、责令停产停业、没收违法所得、没收非法财物、罚款、警告等行政处罚不服的。

2. 对限制人身自由或者对财产的查封、扣押、冻结等行政强制措施和行政强制执行不服的。

3. 申请行政许可，行政机关拒绝或者在法定期限内不予答复，或者对行政机关作出的有关行政许可的其他决定不服的。

4. 对行政机关作出的关于确认土地、矿藏、水流、森林、山岭、草原、荒地、滩涂、海域等自然资源的所有权或者使用权的决定不服的。

5. 对征收、征用决定及其补偿决定不服的。

6. 申请行政机关履行保护人身权、财产权等合法权益的法定职责，行政机关拒绝履行或者不予答复的。

7. 认为行政机关侵犯其经营自主权或者农村土地承包经营权、农村土地经营权的。

8. 认为行政机关滥用行政权力排除或者限制竞争的。

9. 认为行政机关违法集资、摊派费用或者违法要求履行其他义务的。

10. 认为行政机关没有依法支付抚恤金、最低生活保障待遇或者社会保险待遇的。

11. 认为行政机关不依法履行、未按照约定履行或者违法变更、解除政府特许经营协议、土地房屋征收补偿协议等协议的。

12. 认为行政机关侵犯其他人身权、财产权等合法权益的，以及除前款规定外，人民法院受理法律、法规规定可以提起诉讼的其他行政案件。

国防、外交等国家行为，行政法规、规章或者行政机关制定、发布的具有普遍约束力的决定、命令，行政机关对行政机关工作人员的奖惩、任免等决定，法律规定由行政机关最终裁决的行政行为，不属于人民法院行政诉讼的受案范围。

二、证据与举证责任

（一）证据

证据是案件事实材料，是人民法院正确审理案件的基础。行政诉讼法明确规定了书证、物证、视听资料、电子数据、证人证言、相对人陈述、鉴定意见、勘验笔录八种证据。

严重违反法定程序收集的证据材料，以偷拍、偷录、窃听等手段获取侵害他人合法权益的证据材料，以利诱、欺诈、胁迫、暴力等不正当手段获取的证据材料，不能作为定案的证据。

（二）举证责任

与民事诉讼一般情况下"谁主张谁举证"，特殊情况举证责任倒置的举证责任不同，行政诉讼的举证责任分为被告的举证责任、原告的举证责任和第三人的举证责任三种。

1. 被告的举证责任

行政主体作为被告，要证明自己是依法行政，因此一般要承担的举证责任包括是否做出了行政行为、该行政行为是否具有合法性、该行政行为合法性的证据和依据。

2. 原告的证明责任

行政诉讼要求原告要证明自己与本案有利害关系，因此原告承担的举证责任包括起诉是否符合法定条件，在起诉被告不作为的案件中要提供证据证明其在行政程序中曾经提出过申请的事实，在一并提起行政赔偿诉讼中要证明因受被诉行为侵害而造成损失及损失数额大小的事实，等等。

3. 第三人的举证责任

第三人首先要提供证据证明自己是否与被诉具体行政行为有利害关系。一且以第三人的身份参加诉讼，就可以享有与原告一样的举证、质证的权利。

（三）举证期限

原告与第三人的举证期限一般应在开庭审理前举证；逾期，视为放弃。被告的举证期限应当在收到起诉状副本之日起 15 日内向人民法院提交作出行政行为的证据和所依据的规范性文件。

此外，受案法院可以依职权主动调取证据、依申请调取相关证据。

三、审判程序

（一）一审程序

法院接到原告的起诉状后，审查是否符合起诉条件，符合起诉条件的决定立案受理。立案后，法院将起诉状副本送达被告，并要求被告在法定期间内提交答辩状；法院再将被告的答辩状副本送达原告。

接下来，法院在当事人和其他诉讼参与人的参加下按照法律规定的程序组织开庭审理，审理案件。通过法庭调查、法庭辩论，查清事实、分清是非，作出裁决。

当事人不服人民法院第一审判决的，有权在判决书送达之日起 15 日内向上一级人民法院提起上诉。当事人不服人民法院第一审裁定的，有权在裁定书送达之日起 10 日内向上一级人民法院提起上诉。

（二）二审程序

二审程序又称"上诉审程序"或"终审程序"，是指上级人民法院对下级人民法院所作的第一审案件的裁判，在其发生法律效力之前，基于当事人的上诉，依据事实和法律，对案件进行审理和裁判的活动。

人民法院对于二审案件应当组成合议庭，开庭审理。合议庭认为不需要开庭审理的也可以不开庭，但应当对原审裁决和被诉行政行为进行全面审查。

1. 如果原判决、裁定认定事实清楚，适用法律、法规正确的，判决或者裁定驳回上诉，维持原判决、裁定。

2. 如果原判决、裁定认定事实错误或者适用法律、法规错误的，依法改判、撤销或者变更。

3. 如果原判决认定基本事实不清、证据不足的，发回原审人民法院重审，或者查清事实后改判。

4. 如果原判决遗漏当事人或者违法缺席判决等严重违反法定程序的，裁定撤销原判决，发回原审人民法院重审。原审人民法院对发回重审的案件作出判决后，当事人提起上诉的，第二审人民法院不得再次发回重审。

二审裁决一经作出立即生效。

（三）再审程序

再审程序又称"审判监督程序"，是人民法院或人民检察院对已经发生法律效力的判决、裁定，发现确有错误或者违反法律、法规规定的，依法进行再次审理的程序。

启动再审程序的主体包括审判委员会决定再审、上级人民法院提审或者指令再审、人民检察院提出抗诉以及当事人申请再审。当事人申请再审是指当事人对人民法院已经发生法律效力的判决、裁定不服，认为确有错误，提起人民法院再行审理，以变更原判决、裁定的行为。但原判决、裁定不停止执行。

申请再审的法定理由：不予立案或者驳回起诉确有错误的；有新的证据，足以推翻原判决、裁定的；原判决、裁定认定事实的主要证据不足、未经质证或者系伪造的；原判决、裁定是用法律、法规确有错误的；违反法律规定的诉讼程序，可能影响公正审判的；原判决、裁定遗漏诉讼请求的；据以作出原判决、裁定的法律文书被撤销或者变更的；审判人员在审理该案时有贪污受贿、徇私舞弊、枉法裁判行为的。

一旦决定再审，审判程序取决于生效裁判经过的程序。如果是对一审生效裁决再审，则由原审法院按照一审程序重新审理，所作的判决可以提起上诉；如果生效裁决是二审裁决，则按照二审程序重新审理，裁决一经作出立即生效，当事人不得提起上诉。

再审发现原审判决确有错误和被诉行政行为违法的，再审法院应一并撤销或者撤销后判令被告重新作出行政行为；二审维持一审不予受理裁定错误的，再审法院应当撤销一审、二审裁定，指令第一审人民法院立案受理。

思考题

1. 什么是行政复议？行政复议的条件是什么？
2. 简述行政复议的受案范围。
3. 什么是行政诉讼？简述行政诉讼的特点及其受案范围。
4. 简述行政诉讼与行政复议、民事诉讼的区别与联系。

第十四章

刑事纠纷的法律救济

刑事纠纷的法律救济方式分为公诉与自诉两种。公诉是指人民检察院对犯罪嫌疑人的犯罪行为向人民法院提出控告，要求法院通过审判确定犯罪事实、惩罚犯罪人的诉讼活动。自诉则是指按照法律规定，被害人或其法定代理人、近亲属为追究被告人的刑事责任，依法直接向人民法院提起诉讼，并由人民法院直接受理。

第一节　公　诉

一、立案、侦查

（一）立案

刑事诉讼中的立案，是指公安机关、人民检察院、人民法院对报案、控告、举报、自首等方面的材料，依照管辖范围进行审查，以判明是否确有犯罪事实存在和应否追究刑事责任，并依法决定是否作为刑事案件进行侦查或审判的一种诉讼活动。立案是刑事诉讼开始的标志。公诉案件的立案标准如下。

1. 有犯罪事实。根据现有的证据证明犯罪嫌疑人的行为已经触犯了刑法，构成了犯罪。

2. 需要追究刑事责任。即犯罪嫌疑人的犯罪行为需要依法给予刑罚处罚。

3. 属于受案机关的管辖范围。侵犯公民人身权、财产权的公诉案件首先应当由公安机关立案侦查，如果受理了案件后，发现不属于自己管辖范围的，应当移送给有管辖权的机关；如果受理案件前发现不属于自己的主管范围的，应当告知当事人向主管机关控告、举报、报案。

（二）侦查

侦查是指公安机关、人民检察院在办理案件过程中，依照法律进行的专门调查工作和有关强制性措施。侦查的任务是收集证据，查明犯罪事实和查获犯罪嫌疑人，为打击和预防犯罪、保障诉讼的顺利进行提供可靠的根据。

经过一系列的侦查活动，侦查机关认为案件事实已经查清，证据确实、充分，足以认定犯罪嫌疑人是否有罪和应否对其追究刑事责任的，可以决定侦查终结，对案件依法作出是否移送人民检察院审查起诉的结论和处理。

如果公安机关对于案件部分事实不清、证据不足或者尚有遗漏罪行、遗漏同案犯罪嫌疑人的，依照法定程序补充侦查，在原有侦查工作的基础上做进一步调查，补充证据。

二、审查起诉

审查起诉是人民检察院对公安机关侦查终结移送起诉的案件，依法进行全面审查，并决定是否将犯罪嫌疑人交付人民法院审判的一项诉讼活动。审查起诉后，检察机关可以决定提起公诉，也可以决定不起诉。

（一）提起公诉

提起公诉是人民检察院对于侦查终结移送的案件经审查认为符合起诉条件的，依法作出起诉决定，代表国家将犯罪嫌疑人提交人民法院审判的一种诉讼活动。

（二）不起诉

如果人民检察院对侦查终结移送起诉的案件进行审查后，认为犯罪嫌疑人没有犯罪事实，或者依法不应追究刑事责任，或者提起公诉在刑事政策上没有必要性，或者起诉证据不足，应当作出不起诉的决定，不将犯罪嫌疑人提交人民法院审判的一种处理决定。

不起诉决定包括法定不起诉、酌定不起诉、证据不足不起诉三种情况。

1. 法定不起诉，又称"绝对不起诉"，根据法律的规定，人民检察院应当作出的不起诉决定。

法定不起诉适用于以下七种情形：犯罪嫌疑人没有犯罪事实的；情节显著轻微、危害不大，不认为是犯罪的；犯罪已过追诉时效期限的；经特赦令免除刑罚的；依照刑法告诉才处理的犯罪，没有告诉或者撤回告诉的；犯罪嫌疑人、被告人死亡的；其他法律规定免予追究刑事责任的。

2. 酌定不起诉，又称"相对不起诉"或"裁量不起诉"，是犯罪嫌疑人虽然构成犯罪，但公诉机关在法律允许的范围内决定不起诉。

（1）犯罪嫌疑人在中华人民共和国领域外犯罪，依照我国刑法规定应当负刑事责任，但在外国已经受过刑事处罚的。

（2）犯罪嫌疑人又聋又哑，或者是盲人的。

（3）犯罪嫌疑人因防卫过当或紧急避险超过必要限度，并造成不应有危害而犯罪的。

（4）为犯罪准备工具制造条件的。

（5）在犯罪过程中自动终止或自动有效防止犯罪结果发生的。

（6）在共同犯罪中，起次要或辅助作用的。

（7）被胁迫诱骗参加犯罪的。

（8）犯罪嫌疑人自首或自首后立功的。

（9）犯罪轻微又自首的或犯罪较重而有立功表现的。

3. 存疑不起诉，是指因证据不充分不符合起诉条件而不起诉。证据不充分的情况下，公诉机关即使起诉了人民法院也会因为证据不足判决被告人无罪，公诉机关因此还要承担法律责任。

（1）据以定案的证据存在疑问，无法查证属实的。

（2）犯罪构成要件事实缺乏必要的证据予以证明的。

（3）证据之间的矛盾不能合理排除的。

（4）根据证据得出的结论具有其他可能性而无法排除的。

三、法院审理程序

（一）一审程序

公诉案件第一审程序是指人民法院对人民检察院提起公诉的案件进行初次审判时应当遵循的步骤、方式、方法，包括庭前审查、庭前准备、法庭审判等环节。

1. 庭前审查。庭前审查是人民法院对人民检察院提起公诉的案件进行审查，以决定是否开庭审判的活动。庭前审查是一种程序性审查，目的在于查明人民检察院提起公诉的案件是否具备开庭审判的条件。例如，是否属于本法院管辖范围、是否移送证明指控犯罪事实的证据材料等。

2. 庭前准备。庭前准备是人民法院为了保证法庭审判的顺利进行，开庭前必须做好必要的准备工作。例如，确定审判长及合议庭审判人员；在法定期限内将起诉书副本送达被告人、辩护人；将法庭开庭的时间、地点通知当事人、法定代理人、辩护人、诉讼代理人、证人、鉴定人、有专门知识的人、公诉人；等等。

3. 法庭审判。法庭审判是人民法院具体开庭审理案件的过程，包括开庭、法庭调查、法庭辩论、被告人最后陈述、评议和宣判五个阶段。

法庭调查是在公诉人、当事人和其他诉讼参与人的参加下，由合议庭主持对案件事实和证据进行调查核对的诉讼活动。法庭辩论是在法庭调查的基础上，控诉方与辩护方就被告人的行为是否构成犯罪、犯罪的性质、罪责轻重、证据是否确实充分以及如何适用刑罚等问题进行的争论与反驳的诉讼活动。评议是合议庭根据已经查明的事实、证据和有关法律的规定，在充分考虑控辩双方意见的基础上，确定被告人是否有罪，构成何罪、有无从重、从轻、减轻或者免除处罚的情节，是否要处以刑罚、判处何种刑罚等问题，并依法作出判决、裁定。

合议庭评议之后作出的裁判应当宣判。可以当庭宣判，也可以定期宣判。

（二）二审程序

二审程序是指原审法院的上一级人民法院对当事人及其法定代理人或者人民检察院不服第一审法院尚未发生法律效力的裁决提出上诉或者抗诉的案件，依法再次进行审判的诉讼程序。

二审程序主要针对一审程序认定的事实、法律适用、审理程序等问题进行审查，解决控辩双方对事实认定与法律适用方面的争议，纠正一审程序中存在的事实、法律、程序错误。

1. 二审程序的审查范围

二审法院应当对上诉或者抗诉的案件全面审查，包括原判认定的案件事实、适用的法律，不受上诉或者抗诉范围的限制。

2. 二审审理的方式

可以开庭审也可以不开庭审，开庭审为原则，不开庭为例外。但只有上诉人对一审认定的事实、证据没有异议的案件才可以不开庭审理。

3. 上诉不加刑原则

对于被告人及其法定代理人或者其辩护人、近亲属提出上诉的案件，不得加重上诉人的刑罚。这样做有利于保障被告人的合法权益，及时纠正错误判决，保证审判的公正。

4. 二审程序的审判结果

（1）如果二审中发现：原判事实清楚、证据确实充分、适用法律正确、量刑适当、不存在程序违法的情形的，驳回上诉或者抗诉，维持原判。

（2）如果原判事实错误，或者法律适用或者量刑不当的，可以查明事实后依法改判也可以发回重审。

（3）经过审理认为证据仍然不足的，可以改判无罪。

（4）如果程序严重违法（可能影响案件公正审理），无论实体是否正确、合法，都应当撤销原判发回重审。

（三）死刑复核程序

死刑复核程序是指法院对判处死刑（包括死刑缓期二年执行）的案件进行审核的特别审判程序，反映了我国死刑政策是少杀、慎杀，可杀可不杀的不杀。

1. 死刑复核程序的启动

死刑复核程序是自动启动的。不管一审判处死刑还是二审判处死刑，最终都必须经过高级人民法院和最高人民法院核准之后，判决才能生效。对于死刑立即执行的案件，必须经最高人民法院的核准；对于死刑缓期执行的案件，则由高级人民法院核准。

2. 死刑复核程序的审理方式

死刑复核案件由3名审判员组成合议庭进行，没有审限的限制。主要按照以下程序进行：提审被告人、审查核实案卷材料、听取辩护律师的意见、认真对待人民检察院的建议、制作复核审理报告。

3. 死刑复核程序的审理结果

（1）如果认为原判事实不清、证据不足，裁定不予核准，撤销原判，发回重审。

（2）如果认为原判认定事实和适用法律正确，量刑适当、程序合法，裁定予以核准。

（3）如果原判判处被告人死刑并无不当，但具体认定的某一事实或者引用的法律条款不完全准确、不完全规范的，可以在纠正后作出核准死刑的判决或者裁定。

（4）高级人民法院复核死刑缓期执行案件，不得加重被告人的刑罚。不能把死刑缓期执行，变更成死刑立即执行。

在复核死刑案件过程中，最高人民检察院可以向最高人民法院提出意见。最高人民法院应当将死刑复核结果通报至最高人民检察院。

（四）审判监督程序

审判监督程序是指人民法院、人民检察院发现已经发生法律效力的判决和裁定确有错误，依法提起再行审理或者决定重新审判，进行重新审判遵循的特别程序。生效的错误裁决包括认定事实错误、适用法律错误。适用法律错误包括适用实体法错误和程序错误。

1. 审判监督程序的启动主体

能够提起审判监督程序的主体包括：各级人民法院院长和审判委员会、最高人民法院和上级人民法院、最高人民检察院和上级人民检察院。

2. 审判监督程序的特点

审判监督程序不是独立的程序，取决于裁决生效程序。如果是一审裁决生效，审判监督程序按照一审程序重新审理，对一审裁决不服的，被告人及其法定代理人、近亲属依法可以提出上诉，公诉机关可以提出抗诉，引发二审程序；如果二审裁决生效，则审判监督程序按照二审程序重新审理，裁决一经作出，立即生效。当然上级法院可以提审，按照二审程序进行审判监督。

3. 审判监督程序的审理结果

法院按照审判监督程序重新审判的案件，应当在作出提审、再审决定之日起 3 个月内审结，需要延长期限的，不得超过 6 个月；需要指令下级法院再审的，应当自接受抗诉之日起 1 个月内作出决定。

第二节　自　诉

肖某与柯某等民间借贷纠纷一案，福建省将乐县人民法院作出〔2014〕将民初字第 893 号民事调解书，确认柯某等人向肖某偿还借款 160 万元及利息。调解书生效后，因柯某等人未履行还款义务，肖某向将乐县人民法院申请强制执行，该院立案执行。执行法院为执行生效调解书作出了执行裁定，查封柯某名下奥德赛牌轿车一辆，要求将该轿车交付执行法院。但柯某仍使用该车辆，拒不交付法院执行。肖某遂向公安机关提出控告，公安机关向其出具不予受理决定书。

2015 年 12 月 15 日，肖某向将乐县人民法院提起自诉，要求追究柯某拒不执行判决、裁定的刑事责任。2015 年 12 月 20 日，柯某与肖某达成和解协议，约定柯某分期向肖某偿还欠款，取得了自诉人的谅解。在案件审理中，肖某主动向将乐县人民法院申请撤回自诉。将乐县人民法院作出裁定准予撤诉。

一、自诉案件的范围

自诉案件的范围包括告诉才处理的案件，包括侮辱、诽谤他人的犯罪，以暴力干涉他人婚姻自由罪和虐待家庭成员、情节恶劣的犯罪；被害人有证据证明的轻微刑事案件，包括轻伤害罪、拒不执行法院生效判决和裁定罪，重婚罪和拒绝抚养罪等轻微的刑事案件；被害人有证据证明对被告人侵犯自己人身、财产权利的行为应当依法追究刑事责任，而公安机关或者人民检察院不予追究被告人刑事责任的案件。

二、法院审理程序

自诉类刑事案件必须先由被害人或其法定代理人提出控告，否则法院不予受理，无法追究被告人的刑事责任。

（一）起诉

被害人应当书面向有管辖权的法院提交刑事自诉状，人民法院接到自诉状后审查是否符合立案条件；符合立案条件则决定受理，成立审判组织开庭审理案件。

人民法院对于自诉案件进行审查后，对于犯罪事实清楚，有足够证据的案件，应当开庭审判；对于缺乏罪证的自诉案件，如果自诉人提不出补充证据，应当说服自诉人撤回自诉，或者裁定驳回。

（二）审理程序

根据刑事诉讼法的规定，自诉案件的审理程序有一些特殊规定；没有规定的参照刑事诉讼法关于公诉案件第一审程序的规定。

1. 自诉案件第一审程序的特点

（1）对于告诉才处理的案件，或者被害人有证据证明的轻微刑事案件，可以适用简易程序，由审判员一人独任审判。

（2）人民法院审理自诉案件，可以在查清事实、分清是非的基础上，根据自愿、合法的原则进行调解。但对于被害人有证据证明对被告人侵犯自己人身、财产权利的行为，应当追究刑事责任，而公安机关或者人民检察院不予追究被告人刑事责任的自诉案件，不适用调解。

（3）判决宣告前，自诉案件的当事人可以自行和解，自诉人可以撤回自诉。如果自诉人经两次依法传唤，无正当理由拒不到庭的，或者未经法庭许可中途退庭的，按撤诉处理。

（4）自诉案件的审理期限不同于普通公诉案件第一审的审理期限。根据刑事诉讼法的规定，人民法院审理自诉案件的期限，被告人被羁押的，与普通公诉案件第一审的审理期限相同；未被羁押的，人民法院应当在受理后6个月以内宣判。

（5）告诉才处理和被害人有证据证明的轻微刑事案件的被告人或者其法定代理人在诉讼过程中可以对自诉人提起反诉①。

反诉必须符合下列条件：一是反诉的对象必须是本案自诉人；二是反诉的内容必须是与本案有关的行为；三是反诉的案件属于刑事诉讼法规定的范围；四是反诉应在诉讼过程中，即最迟在自诉案件宣告判决以前提出。

2. 自诉案件的二审程序与再审程序

刑事自诉人对一审判决不服，有权向上级人民法院提出上诉。对已经生效的判决或者裁定不服，有权提出申诉。自诉案件的二审程序与再审程序与公诉案件的二审、再审程序一样。

思考题

1. 试述刑事诉讼的种类及其彼此之间的关系。

2. 什么是公诉？简述公诉案件的审理。

3. 什么是上诉不加刑？为什么法律规定被告人上诉不加刑？

4. 什么是死刑复核？为什么死刑案件要死刑复核？怎样复核？

5. 什么是自诉？自诉案件包括哪些种类？这些案件实行不告不理的原因是什么？

---

① 反诉相对于自诉而言，在自诉案件审理的过程中，自诉案件的被告人作为被害人，向法院控诉自诉人犯有与本案有联系的犯罪行为，要求法院追究其刑事责任的诉讼行为。

第十五章

国家赔偿

国家赔偿是指国家机关及其工作人员因行使职权给公民、法人及其他组织的人身权或财产权造成损害后依法给予的赔偿。

请求国家赔偿的时效为两年，自其知道或者应当知道国家机关及其工作人员在行使职权时的行为侵犯其人身权、财产权之日起计算，但限制人身自由期间不计算在内。赔偿请求人在赔偿请求时效的最后6个月内，因不可抗力或者其他障碍不能行使请求权的，时效中止。从中止时效的原因消除之日起，赔偿请求时效期间继续计算。

国家赔偿以支付赔偿金为主要方式，能够返还财产或者恢复原状的，予以返还财产或者恢复原状。赔偿请求人凭生效的法律文书，向赔偿义务机关申请支付赔偿金。赔偿义务机关应当自收到支付赔偿金申请之日起7日内，依照预算管理权限向有关的财政部门提出支付申请。财政部门应当自收到支付申请之日起15日内支付赔偿金。

根据我国国家赔偿法的规定，国家赔偿具体分为行政赔偿和刑事赔偿。

第一节　行政赔偿

魏某某案涉房屋位于某区城中村改造范围，因未能达成安置补偿协议，2010年5月25日，魏某某涉案房屋被拆除，法院生效判决确认了某区人民政府强制拆除行为违法。2015年6月，魏某某依法提起行政赔偿诉讼，要求判令被告某区人民政府赔偿损失。问：法院如何处理？①

---

① 应当判决被告承担赔偿义务。

行政赔偿是指国家行政机关及其工作人员在行使职权的过程中侵犯公民、法人或其他组织的合法权益并造成损害，由国家承担赔偿责任的制度。

一、行政赔偿的主体

（一）赔偿请求人

受害的公民、法人和其他组织有权要求赔偿。受害的公民死亡，其继承人和其他有扶养关系的亲属有权要求赔偿。受害的法人或者其他组织终止的，其权利承受人有权要求赔偿。

（二）赔偿义务机关

1. 行政机关及其工作人员行使行政职权侵犯公民、法人和其他组织的合法权益造成损害的，该行政机关为赔偿义务机关。

2. 两个以上行政机关共同行使行政职权时侵犯公民、法人和其他组织的合法权益造成损害的，共同行使行政职权的行政机关为共同赔偿义务机关。

3. 法律、法规授权的组织在行使授予的行政权力时侵犯公民、法人和其他组织的合法权益造成损害的，被授权的组织为赔偿义务机关。

4. 受行政机关委托的组织或者个人在行使受委托的行政权力时侵犯公民、法人和其他组织的合法权益造成损害的，委托的行政机关为赔偿义务机关。

5. 赔偿义务机关被撤销的，继续行使其职权的行政机关为赔偿义务机关；没有继续行使其职权的行政机关的，撤销该赔偿义务机关的行政机关为赔偿义务机关。

6. 经复议机关复议的，最初造成侵权行为的行政机关为赔偿义务机关，但复议机关的复议决定加重损害的，复议机关对加重的部分履行赔偿义务。

二、行政赔偿的范围

（一）侵犯人身权的赔偿范围

1. 违法拘留或者违法采取限制公民人身自由的行政强制措施的。

2. 非法拘禁或者以其他方法非法剥夺公民人身自由的。

3. 以殴打、虐待等行为或者唆使、放纵他人以殴打、虐待等行为造成公民身体伤害或者死亡的。

4. 违法使用武器、警械造成公民身体伤害或者死亡的。

5. 造成公民身体伤害或者死亡的其他违法行为。

（二）侵犯财产权的赔偿范围

1. 违法实施罚款、吊销许可证和执照、责令停产停业、没收财物等行政处罚的。

2. 违法对财产采取查封、扣押、冻结等行政强制措施的。

3. 违法征收、征用财产的。

4. 造成财产损害的其他违法行为。

（三）国家不承担赔偿责任的范围

1. 行政机关工作人员与行使职权无关的个人行为。

2. 因公民、法人和其他组织自己的行为致使损害发生的。

3. 法律规定的其他情形。

三、行政赔偿的程序

（一）行政赔偿的提出

赔偿请求人要求赔偿，应当先向赔偿义务机关提出，也可以在申请行政复议或者提起行政诉讼时一并提出。

赔偿请求人可以向共同赔偿义务机关中的任何一个赔偿义务机关要求赔偿，该赔偿义务机关应当先予赔偿。赔偿请求人根据受到的不同损害，可以同时提出数项赔偿要求。

要求赔偿应当递交申请书，申请书应当载明下列事项：受害人的姓名、性别、年龄、工作单位和住所；法人或者其他组织的名称、住所和法定代表人或者主要负责人的姓名、职务；具体的要求、事实根据和理由；申请的年月日。

赔偿请求人书写申请书确有困难的，可以委托他人代书；也可以口头申请，由赔偿义务机关记入笔录。

赔偿请求人不是受害人本人的，应当说明与受害人的关系，并提供相应证明。

（二）行政赔偿的受理

赔偿请求人当面递交申请书的，赔偿义务机关应当当场出具加盖本行政机关专用印章并注明收讫日期的书面凭证。申请材料不齐全的，赔偿义务机关应当当场或者在 5 日内一次性告知赔偿请求人需要补正的全部内容。

（三）行政赔偿的决定

赔偿义务机关应当自收到申请之日起两个月内，作出是否赔偿的决定。

1. 赔偿义务机关作出赔偿决定，应当充分听取赔偿请求人的意见，并可以与赔偿请求人就赔偿方式、赔偿项目和赔偿数额进行协商，并制作赔偿决定书，自作出决定之日起 10 日内送达赔偿请求人。

2. 赔偿义务机关决定不予赔偿的，应当自作出决定之日起 10 日内书面通知赔偿请求人，并说明不予赔偿的理由。

3. 赔偿义务机关在规定期限内未作出是否赔偿决定的，赔偿请求人可以自期限届满之日起 3 个月内，向人民法院提起诉讼。

赔偿请求人对赔偿的方式、项目、数额有异议的，或者赔偿义务机关作出不予赔偿决定的，赔偿请求人可以自赔偿义务机关作出赔偿或者不予赔偿决定之日起 3 个月内，向人民法院提起诉讼。

四、行政赔偿的法律后果

赔偿义务机关赔偿损失后，应当责令有故意或者重大过失的工作人员或者受委托的组织或者个人承担部分或者全部赔偿费用。对有故意或者重大过失的责任人员，有关机关应当依法给予处分；构成犯罪的，应当依法追究刑事责任。

第二节　刑事赔偿

1993 年 10 月 24 日，J 省 N 市 JX 县 Z 村两名男童被杀，村民张某某被警方锁定为嫌疑人，最终张某某被判处死刑，缓期二年执行。张某某不服，不断申诉。因案卷中存在不少疑点，2019 年，J 省高级人民法院决定对张某某立案复查。2020 年 8 月 4 日，J 省高级人民法院最终以"原审判决事实不清，证据不足"，宣告张某某无罪。J 省高级人民法院有关负责人代表该院向张某某赔礼道歉，并告知其有申请国家赔偿的权利。2020 年 10 月 30 日，J 省高级人民法院向赔偿请求人张某某送达了国家赔偿决定书，依法决定向赔偿人张某某支付赔偿金 4960521.5 元。

刑事赔偿是指行使侦查、检察、审判职权的机关以及看守所、监狱管理机关及其工作人员在行使职权时侵犯公民人身权、财产权的，依法应给予的赔偿。

具体包括人民法院在民事诉讼、行政诉讼过程中，违法采取对妨害诉讼的强制措施、保全措施或者对判决、裁定及其他生效法律文书执行错误造成损害，赔偿请求人要求赔偿的。

一、刑事赔偿的主体

（一）赔偿请求人

行使侦查、检察、审判职权的机关以及看守所、监狱管理机关及其工作人员行使职权时人身权、财产权受到侵犯的公民，法人和其他组织有权要求赔偿。受害的公民死亡，其继承人和其他有扶养关系的亲属有权要求赔偿。受害的法人或者其他组织终止的，其权利承受人有权要求赔偿。

（二）赔偿义务机关

1. 行使侦查、检察、审判职权的机关以及看守所、监狱管理机关及其工作人员在行使职权时侵犯公民、法人和其他组织的合法权益造成损害的，该机关为赔偿义务机关。

2. 对公民采取拘留措施，依照本法的规定应当给予国家赔偿的，作出拘留决定的机关为赔偿义务机关。

3. 对公民采取逮捕措施后决定撤销案件、不起诉或者判决宣告无罪的，作出逮捕决定的机关为赔偿义务机关。

4. 再审改判无罪的，作出原生效判决的人民法院为赔偿义务机关。

5. 二审改判无罪，以及二审发回重审后作无罪处理的，作出一审有罪判决的人民法院为赔偿义务机关。

二、刑事赔偿的范围

1. 侵犯人身权的刑事赔偿范围

（1）违反刑事诉讼法的规定对公民采取拘留措施的，或者依照刑事诉讼法规定的条件和程序对公民采取拘留措施，但是拘留时间超过刑事诉讼法规定的时限，其后决定撤销案件、不起诉或者判决宣告无罪终止追究刑事责任的。

（2）对公民采取逮捕措施后，决定撤销案件、不起诉或者判决宣告无罪终止追究刑事责任的。

（3）依照审判监督程序再审改判无罪，原判刑罚已经执行的。

（4）刑讯逼供或者以殴打、虐待等行为或者唆使、放纵他人以殴打、虐待等行为造成公民身体伤害或者死亡的。

（5）违法使用武器、警械造成公民身体伤害或者死亡的。

2. 侵犯财产权的刑事赔偿范围

（1）违法对财产采取查封、扣押、冻结、追缴等措施的。

（2）依照审判监督程序再审改判无罪，原判罚金、没收财产已经执行的。

3. 不承担刑事赔偿责任的范围

（1）因公民自己故意作虚伪供述，或者伪造其他有罪证据被羁押或者被判处刑罚的。

（2）依照刑法第十七条①、第十八条②规定不负刑事责任的人被羁押的。

（3）依照刑事诉讼法第十五条③、第一百七十三条④第二款、第二百七十三

---

① 第十七条：已满十六周岁的人犯罪，应当负刑事责任。已满十四周岁不满十六周岁的人，犯故意杀人、故意伤害致人重伤或者死亡、强奸、抢劫、贩卖毒品、放火、爆炸、投放危险物质罪的，应当负刑事责任。已满十二周岁不满十四周岁的人，犯故意杀人、故意伤害罪，致人死亡或者以特别残忍手段致人重伤造成严重残疾，情节恶劣，经最高人民检察院核准追诉的，应当负刑事责任。对依照前三款规定追究刑事责任的不满十八周岁的人，应当从轻或者减轻处罚。因不满十六周岁不予刑事处罚的，责令其父母或者其他监护人加以管教；在必要的时候，依法进行专门矫治教育。已满七十五周岁的人故意犯罪的，可以从轻或者减轻处罚；过失犯罪的，应当从轻或者减轻处罚。

② 第十八条：精神病人在不能辨认或者不能控制自己行为的时候造成危害结果，经法定程序鉴定确认的，不负刑事责任，但是应当责令他的家属或者监护人严加看管和医疗；在必要的时候，由政府强制医疗。间歇性的精神病人在精神正常的时候犯罪，应当负刑事责任。尚未完全丧失辨认或者控制自己行为能力的精神病人犯罪的，应当负刑事责任，但是可以从轻或者减轻处罚。醉酒的人犯罪，应当负刑事责任。

③ 第十五条犯罪嫌疑人、被告人自愿如实供述自己的罪行，承认指控的犯罪事实，愿意接受处罚的，可以依法从宽处理。

④ 第一百七十三条：人民检察院审查案件，应当讯问犯罪嫌疑人，听取辩护人或者值班律师、被害人及其诉讼代理人的意见，并记录在案。辩护人或者值班律师、被害人及其诉讼代理人提出书面意见的，应当附卷。犯罪嫌疑人认罪认罚的，人民检察院应当告知其享有的诉讼权利和认罪认罚的法律规定，听取犯罪嫌疑人、辩护人或者值班律师、被害人及其诉讼代理人对下列事项的意见，并记录在案：（一）涉嫌的犯罪事实、罪名及适用的法律规定；（二）从轻、减轻或者免除处罚等从宽处罚的建议；（三）认罪认罚后案件审理适用的程序；（四）其他需要听取意见的事项。人民检察院依照前两款规定听取值班律师意见的，应当提前为值班律师了解案件有关情况提供必要的便利。

条①第二款、第二百七十九条②规定不追究刑事责任的人被羁押的。

（4）行使侦查、检察、审判职权的机关以及看守所、监狱管理机关的工作人员与行使职权无关的个人行为。

（5）因公民自伤、自残等故意行为致使损害发生的。

（6）法律规定的其他情形。

三、刑事赔偿的程序

（一）刑事赔偿申请的提出

赔偿请求人应当先向赔偿义务机关提出，包括行使侦查、检察、审判职权的机关以及看守所、监狱管理机关。

（二）刑事赔偿申请的受理

赔偿义务机关应当自收到申请之日起两个月内，作出是否赔偿的决定。

（1）赔偿义务机关作出赔偿决定，应当充分听取赔偿请求人的意见，并可以与赔偿请求人就赔偿方式、赔偿项目和赔偿数额依法协商。赔偿义务机关决定赔偿的，应当制作赔偿决定书，并自作出决定之日起 10 日内送达赔偿请求人。

（2）赔偿义务机关决定不予赔偿的，应当自作出决定之日起 10 日内书面通知赔偿请求人，并说明不予赔偿的理由。

（3）赔偿义务机关在规定期限内未作出是否赔偿的决定，赔偿请求人可以自期限届满之日起 30 日内向赔偿义务机关的上一级机关申请复议。

（三）向赔偿义务机关的上一级机关申请复议

赔偿请求人对赔偿的方式、项目、数额有异议的，或者赔偿义务机关作出不予赔偿决定的，赔偿请求人可以自赔偿义务机关作出赔偿或者不予赔偿决定之日起 30 日内，向赔偿义务机关的上一级机关申请复议。

---

① 第二百七十三条：罪犯在服刑期间又犯罪的，或者发现了判决的时候所没有发现的罪行，由执行机关移送人民检察院处理。被判处管制、拘役、有期徒刑或者无期徒刑的罪犯，在执行期间确有悔改或者立功表现，应当依法予以减刑、假释的时候，由执行机关提出建议书，报请人民法院审核裁定，并将建议书副本抄送人民检察院。人民检察院可以向人民法院提出书面意见。

② 第二百七十九条：公安机关、人民检察院、人民法院办理未成年人刑事案件，根据情况可以对未成年犯罪嫌疑人、被告人的成长经历、犯罪原因、监护教育等情况进行调查。

赔偿义务机关是人民法院的，赔偿请求人可以向其上一级人民法院赔偿委员会申请作出赔偿决定。复议机关应当自收到申请之日起两个月内作出决定。

（四）向人民法院赔偿委员会申请赔偿

1. 向复议机关所在地的同级人民法院赔偿委员会提出申请

赔偿请求人不服复议决定的，可以在收到复议决定之日起 30 日内向复议机关所在地的同级人民法院赔偿委员会申请作出赔偿决定；复议机关逾期不作决定的，赔偿请求人可以自期限届满之日起 30 日内向复议机关所在地的同级人民法院赔偿委员会申请作出赔偿决定。

只有中级以上的人民法院才能设立赔偿委员会，由 3 名以上审判员组成，单数。赔偿委员会作赔偿决定，实行少数服从多数的原则。赔偿决定一经作出立即生效，必须执行。

人民法院赔偿委员会处理赔偿请求，赔偿请求人和赔偿义务机关对自己提出的主张，应当提供证据。

2. 审查方式与期限

一般书面审查的办法。必要时，可以向有关单位和人员调查情况、收集证据。赔偿请求人与赔偿义务机关对损害事实及因果关系有争议的，赔偿委员会可以听取赔偿请求人和赔偿义务机关的陈述和申辩，并可以进行质证。

人民法院赔偿委员会应当自收到赔偿申请之日起 3 个月内作出决定；属于疑难、复杂、重大案件的，经本院院长批准，可以延长 3 个月。

（五）申诉

1. 赔偿请求人或者赔偿义务机关对赔偿委员会作出的决定，认为确有错误的，可以向上一级人民法院赔偿委员会提出申诉。

2. 赔偿委员会作出的赔偿决定生效后，如发现赔偿决定违反本法规定的，经本院院长决定或者上级人民法院指令，赔偿委员会应当在两个月内重新审查并依法作出决定，上一级人民法院赔偿委员会也可以直接审查并作出决定。

3. 最高人民检察院对各级人民法院赔偿委员会作出的决定，上级人民检察院对下级人民法院赔偿委员会作出的决定，发现违反法律规定的，应当向同级人民法院赔偿委员会提出意见，同级人民法院赔偿委员会应当在两个月内重新审查并依法作出决定。

（六）追偿

赔偿义务机关赔偿后，如果有以下情形的，应当向有关责任人员追偿部分或者全部赔偿费用，有关机关应当依法给予处分；构成犯罪的，应当依法追究刑事责任。

1. 刑讯逼供或者以殴打、虐待等行为或者唆使、放纵他人以殴打、虐待等行为造成公民身体伤害或者死亡的。

2. 违法使用武器、警械造成公民身体伤害或者死亡的。

3. 在处理案件中有贪污受贿，徇私舞弊，枉法裁判行为的。

思考题：

1. 什么是国家赔偿？国家赔偿的种类有哪些？

2. 为什么要设立国家赔偿制度？

3. 什么是行政赔偿？行政赔偿的范围包括哪些？

4. 简述行政赔偿的程序。

5. 什么是刑事赔偿？刑事赔偿的范围包括哪些？

6. 简述刑事赔偿的程序。

7. 2015 年 5 月，陈某未经审批在其父受让的土地上建设钢结构厂房。同年 7 月，蓬莱市北沟镇人民政府在送达责令停止违法行为通知书的同时，将陈某建设的钢结构厂房砸毁，陈某不服，提起行政诉讼。2016 年 5 月，人民法院依法判决确认蓬莱市北沟镇人民政府行政强制拆除行为违法。同年 6 月，陈某向蓬莱市北沟镇人民政府申请行政赔偿，蓬莱市北沟镇人民政府在法定期限内未予答复，陈某遂诉至法院，请求判令蓬莱市北沟镇人民政府赔偿损失。问：法院如何处理本案？

8. 1992 年 12 月，海南海口发生一起杀人焚尸案。凶案发生几天后，四川籍青年陈满被锁定为凶手，并于 1999 年二审获判死缓。陈满坚称蒙冤，与其家人申诉。2016 年 2 月 1 日，浙江省高级人民法院依法对陈满故意杀人、放火再审案公开宣判，撤销原审裁判，宣告陈满无罪。2016 年 3 月 30 日，陈满向海南省高级人民法院申请国家赔偿。问：法院如何处理？

第十六章

海外中国公民的法律救济

海外公民安全是国家安全的重要组成部分。随着我国国家实力的增强和国际地位的提高，越来越多中国公民、中国企业走出国门从事各种各样的跨国活动。海外中国公民人数的增加使得海外中国公民安全问题越来越突出。当下国际社会保护海外本国公民的一般路径主要分为领事保护和外交保护两种。

第一节　领事保护

2005 年 8 月下旬，美国中南部突遭飓风袭击，灾情严重，在当地居住的中国公民处境十分危险。中国驻休斯敦总领馆及时启动应急机制，不顾生命安危，进入灾区开展救助工作，实地查找失散的中国公民。最后共查找到包括香港、台湾地区同胞在内的 257 名中国公民，使他们与家人亲友取得联系并协助他们渡过难关。外交部领事司也开通救助热线电话，24 小时派人值守，帮助国内民众查找在美亲属。

一、概念与分类

领事是一国派驻他国某城市或某地区的代表，主要职责是负责保护领事区域内本国的国家利益和本国公民、法人的正当权益，管理本国侨民和贸易、航运等事务。

领事保护是指一国的领事机构、领事官员或领事代表，根据本国的国家利益和对外政策，在国际法许可的限度内，在接受国同意的范围内，保护派遣国及其国民的权利和利益的行为。① 具体可以分为广义的领事保护和狭义的领事保护。

广义的领事保护包括领事协助与领事服务。领事协助一般针对中国公民因客观原因或者自身原因陷入困境的情况，如海外中国公民因疏忽大意丢失财物等造成的暂时经济困难；领事服务一般指为海外中国公民提供的证件办理、民事登记等服务，如换/补发旅行证件、办理公证/认证、婚姻登记等。

> 2019 年 8 月，前往英国读书的中国留学生刘某因在芬兰转机期间遗失护照不得不向使馆求助。如果无法找回护照，刘某就必须向使馆申请旅行证回国，在国内补办护照和签证后再买机票前往英国，不仅学业受到影响，还将蒙受巨大经济损失。最终在使馆领事工作人员的协调提醒下，机组人员在她搭乘的飞机上发现了她的护照，但由于飞机已在飞往东京的路上，刘某在机场等待了两晚才等到了她的护照。

狭义的领事保护一般是在海外中国公民安全和合法权益受到严重威胁或侵害的情况下提供的保护。例如，驻在国发生政局动荡、自然灾害、重大事故的时候，领馆给海外中国公民提供的有关人身安全、财产安全、必要的人道主义待遇以及与我国驻当地使领馆保持正常联系的权利等保护与帮助。

> 2005 年 3 月，吉尔吉斯国内政局突变，首都比什凯克市爆发大规模骚乱，造成 5 人死亡，近 400 人受伤，经济损失达 1 亿美元。其中 10 多名中国公民受伤，200 多中国商户被抢，经济损失高达 800 万美元。几千名在比什凯克市的中国公民陷入极度危险之中，被迫要求中国驻吉尔吉斯使馆协助其迅速回国。中国外交部和驻吉尔吉斯使馆迅速采取行动，协调有关部门妥善安排有关人员回国，避免了更多人员伤亡和经济损失。

二、领事保护的法律依据

领事保护的法律依据主要是包括国际公约在内的国际法的各项原则、双边条约或协定以及我国和驻在国的有关法律。

（一）国际法依据

1963 年《维也纳领事关系公约》规定，领事官员有权"在接受国内保护派

---

① 张蔚. 试析近年来中国的领事保护 [EB/OL]. 国务院侨务办网站，2006-05-31.

遣国及其国民（包括个人与法人）的权利和利益"。目前世界上大多数国家都加入了该公约，我国于 1979 年 7 月 3 日申请加入《维也纳领事关系公约》，同年 8 月该公约对中国发生效力。

（二）国内法依据

1.《中华人民共和国国籍法》规定，凡具有中国国籍者，都可以请求获得中国政府的领事保护。

2.《中华人民共和国领事保护与协助条例》，明确规定了各部门在领事保护与协助中的职责、义务，领事保护与协助受理方式以及履责区域，规范履行领事保护与协助职责的情形和内容，强化风险防范和安全提醒，以及各方面支持与保障。

国务院颁布该条例的目的是规范和加强领事保护与协助工作，更好地维护在国外的中国公民、法人、非法人组织的正当权益。该条例已于 2023 年 9 月 1 日正式生效。

（三）驻在国法律依据

根据国家主权原则，中国公民在国外首先要遵守的是驻在国的法律。驻在国的法律也是判断海外中国公民的合法权利有没有被侵犯的主要依据之一。我国给予中国公民的领事保护必须依据国际法和驻在国的法律规定进行。因此，驻在国的法律也是进行领事保护的法律依据。

近年来，我国根据有关的国际法的规定和国内法、驻在国法律的相关规定开展领事保护工作，妥善处理同外国领事的关系，有效地保护了中国公民和法人在国外的合法权利和利益。

三、领事保护的具体规定

（一）领事保护机关

1. 外交部统筹开展领事保护与协助工作，进行国外安全的宣传及提醒，指导驻外外交机构开展领事保护与协助，协调有关部门和地方人民政府参与领事保护与协助相关工作，开展有关国际交流与合作。

2. 驻外外交机构依法履行领事保护与协助职责，开展相关安全宣传、预防活动，与国内有关部门和地方人民政府加强沟通协调。

3. 国务院有关部门和地方人民政府建立相关工作机制，根据各自职责参与领事保护与协助相关工作，为在国外的中国公民、法人、非法人组织提供必要协助。

4. 有外派人员的国内单位应当做好国外安全的宣传、教育培训和有关处置工作。在国外的中国公民、法人、非法人组织应当遵守中国及所在国法律，尊重所在国宗教信仰和风俗习惯，做好自我安全防范。

外交部建立公开的热线电话和网络平台，驻外外交机构对外公布办公地址和联系方式，受理涉及领事保护与协助的咨询和求助。

（二）领事保护的对象

领事保护的对象是具有中国国籍的公民、法人、非法人组织。中国公民、法人、非法人组织请求领事保护与协助时，应当向驻外外交机构提供能够证明其身份的文件或者相关信息。在国外的中国公民、法人、非法人组织可以在外交部或者驻外外交机构建立的信息登记平台上预先登记基本信息，便于驻外外交机构对其提供领事保护与协助。

国务院有关部门、驻外外交机构根据领事保护与协助的需要依法共享在国外的中国公民、法人、非法人组织有关信息，并做好信息保护工作。使领馆在实施领事保护时必须遵循当事人自愿原则，充分尊重当事人的意愿。

（三）领事保护的内容

1. 保护协助海外中国公民；应对处置突发事件；与驻在国沟通协作；加强海外公民人身财产安全宣传；明确在国外的中国公民、法人、非法人组织的自我保护义务。

2. 明确领事保护与协助受理方式以及履责区域。规定外交部要建立热线电话和网络平台，驻外外交机构公开办公地址和联系方式，方便中国公民、法人、非法人组织进行咨询、申请领事保护与协助；明确驻外外交机构履行领事保护与协助职责的区域。

3. 驻外外交机构在国外的中国公民、法人、非法人组织在正当权益被侵犯、涉嫌违法犯罪、基本生活保障出现困难、因重大突发事件人身财产安全受到威胁等情形下，应当提供领事保护与协助。

4. 加强风险防范和安全提醒。规定驻外外交机构、国务院有关部门、地方人民政府分别承担安全预警、安全宣传、教育培训等工作职责，外交部和驻外外交机构应当视情发布国外安全提醒，国务院文化和旅游主管部门会同外交部建立国外旅游目的地安全风险提示机制，有关中国公民、法人、非法人组织应当根据安全形势做好安全防范，并避免前往、驻留高风险国家或者地区。

5. 国家为领事保护与协助工作提供人员、资金等保障，鼓励社会力量参与相关工作，对作出突出贡献的组织和个人给予表彰、奖励。

此外，驻外外交机构一般情况下应当在履责区域内履行领事保护与协助职责，特殊情况下经驻在国同意，可以临时在履责区域外执行领事保护与协助职责；经第三国同意，可以在该第三国执行领事保护与协助职责。

领馆和领事官员在行使领事保护职责时，必须妥善处理好受侵害人、领馆和领区当局三者所代表的利益关系。既要符合派遣国的国家利益和对外政策，保护受害人的合法权益，又不得干涉接受国内政。

四、海外中国公民请求领事保护应当承担的义务

应对个人的出行选择、人身安全、资金安全和在海外的行为承担自身责任，应严格遵守当地和中国的有关法律法规；应关注并听从外交部及中国驻外使领馆发出的安全提醒，当所在国发生严重事态，外交部及有关驻外使领馆提醒当地中国公民尽快撤离时，应及时响应，选择适当渠道撤离，避免陷入危险境地；要求中国驻外使领馆实施领事保护时，必须提供真实信息，不能作虚假陈述；当事人的诉求不应超出所在国国民待遇水平；不能干扰外交部或驻外使领馆的正常办公秩序，应尊重外交、领事官员。

中国公民、法人、非法人组织在领事保护与协助过程中，得到第三方提供的食宿、交通、医疗等物资和服务的，应当支付应由其自身承担的费用。

第二节　外交保护

2018 年 12 月 1 日，加拿大警方应美国政府司法互助要求逮捕了在温哥华转机的中国华为公司副董事长兼首席财务官孟晚舟。2018 年 12 月 6 日，中国外交部发言人耿爽表示，中方已向美国、加拿大表明严正立场，要求立即释放被拘押人员。2019 年 1 月 29 日，美国司法部宣布了对孟晚舟的指控，并正式向加拿大提出引渡孟晚舟的请求。2020 年 8 月 17 日，外交部发言人赵立坚在外交部例行记者会上表示，中方在孟晚舟事件上的立场是一贯和明确的。

2021 年 9 月 24 日，经中国政府不懈努力，美国司法部与孟晚舟达成了延期起诉协议，加拿大方面随即宣布释放孟晚舟；9 月 25 日，中国公民孟晚舟乘坐中国政府包机返回祖国。同日，孟晚舟在朋友圈发布题为《月是故乡明，心安是归途》的长文称，"没有强大的祖国，就没有我今天的自由。"孟晚舟还表示，"祝愿祖国母亲生日快乐！回家的路，虽曲折起伏，却是世间最暖的归途。"

当地时间 2022 年 12 月 2 日，美国法院正式撤销对孟晚舟的"银行欺诈"等罪名的指控，且不能重新提起诉讼。

外交保护是指一国针对其本国人（包括公民或法人）的合法权益因另一国的国际不法行为而受到的侵害，依照所在国法律，用尽当地的行政和司法救济仍不能获得补救时，以国家的名义为其采取外交行动或其他合法手段以解决争端的行为。

一般来说，外交保护的基础是属人管辖原则，对一切本国人，无论是在国内或国外享有的属人优越权，通过外交途径对在国外的本国国民（公民或法人）的合法权益所进行的保护。

一、外交保护的法律依据

关于外交保护的法律规定，主要是在各国的宪法和被各国普遍接受的国际条约中。

（一）国内法依据

我国宪法规定，国家有保护公民的义务。外交保护是国家属人管辖权的重要体现，无论本国公民是否提出请求，国家都可以自行作出保护或拒绝保护的决定。

（二）国际法依据

国家有权根据形势发展，考虑双边关系等各种因素，在国际法许可的范围内，决定是否为其公民或法人提供外交保护，在何种程度上提供保护以及何时提供保护，等等。例如，1961 年《维也纳外交关系公约》规定，派遣国在国际法许可之限度内，在接受国中保护派遣国及其国民之利益。

二、外交保护实施条件

（一）本国人的合法权益在所在国受到不法侵害，且该侵害行为可以归因于所在国家，根据国际法的规定，该国家应当承担国际法律责任

可归因于国家的行为是指一国国家机关或其他代表国家行事的实体或人员所实施的违反该国国际义务的行为，由此产生的后果，理应由该国承担。如甲国人在乙国停留期间受到乙国警察无端粗暴殴打、扣留或监禁。

（二）有权行使外交保护的国家是国籍国

根据各国宪法和国际法的规定，国家有保护公民的义务。因此国家行使外交保护的依据在于该公民是否具有本国国籍；如果没有本国国籍，则该国无权对该公民进行外交保护。

（三）寻求外交保护的个人应具有保护国的持续国籍

持续国籍是指在受害人在受到侵害之时到正式提出求偿之日前持续具有保护国国籍。即被保护人是否具有本国国籍，且自受害行为发生起到外交保护结束期间，必须持续拥有保护国国籍。

（四）必须与国籍国有实际联系

一般还要求受害人与其国籍国之间具有实际的真正联系。例如，在国籍国出生、定居等。

1905 年，德国人诺特波姆到危地马拉经商和定居。1939 年 10 月，在二战爆发一个月后，他申请加入列支敦士登国籍。通过缴纳大笔费用，他获得居住年限（三年）的豁免，并于当月正式获得列国国籍且依法自动丧失了德国国籍。之后，他持列支敦士登护照办理危地马拉签证并回到危国。1943 年，在危地马拉-德国战争爆发两年后，诺特波姆被危地马拉作为敌侨逮捕并驱逐至美国。在美国他被作为敌侨拘留，直至 1946 年获释。在返回危地马拉的请求被拒绝后，他回到列支敦士登定居。1949 年，危地马拉颁布法令，宣布没收所有具有德国国籍的个人或公司的财产，并依此没收了诺特波姆的财产。1951 年底，列支敦士登向法院起诉，要求危地马拉返还

诺特波姆的财产。问国际法院应当如何处理？①

（五）用尽当地救济且未获合理补偿，除非法律另有规定

当地救济是指当地法律规定的一切可以利用的救济手段，包括行政和司法救济手段。只有在用尽当地所有行政的、司法的救济手段之后仍未得到合理救济时，被害人的国籍国方可进行外交保护，通过外交途径寻求赔偿或救济。

如甲国人在乙国停留期间受到乙国警察无端粗暴殴打及监禁，造成重伤，且申冤无门，甲国对此可以提出外交保护。再如，甲国人在乙国的合法财产（如房屋、汽车、个人企业财产等）被乙国政府征收，乙国政府未给予任何补偿，该甲国人在乙国提起的行政复议、行政诉讼等均无效果，亦可以向甲国申请外交保护。

当然在下列情况下，无须用尽当地救济，受害人可以直接寻求外交保护。

1. 不存在合理的可得到的能提供有效补救的当地救济，或当地救济不具有提供此种补救的合理可能性。

2. 救济过程受到不当拖延，且这种不当拖延是由被指称应负责的国家造成的。

3. 受害人与被指称应负责国家之间在发生损害之日没有相关联系。

4. 受害人明显被排除了寻求当地救济的可能性。

5. 被指称应负责的国家放弃了用尽当地救济的要求。

三、外交保护的范围与方式

（一）外交保护适用的范围

1. 国民被非法逮捕或拘禁。

2. 国民财产或利益被非法剥夺。

3. 国民受到歧视性待遇。

4. 国民遭受司法拒绝。司法拒绝是指受害者无论通过行政或司法程序寻求救济均遭拒绝，或变相拒绝，如有关机关无故长期拖延。

（二）行使外交保护适用的方式

国家对本国国民进行外交保护必须采用和平手段。包括要求该外国进行救

---

① 国际法院驳回了原告的诉求，认为诺特波姆与列支敦士登没有事实上的联系，诺特波姆不具有列支敦士登国籍，列支敦士登无权对其进行外交保护。

济或承担责任，行使的方式大体上分为外交行动和司法行动。

外交行动最为典型的是向国际不法行为国提出交涉或抗议，为解决争端要求进行调查或谈判等外交行动；司法行动则主要包括诉诸国际法院等国际司法机构或其他国际仲裁机构。

总之，任何一个国家不得以外交保护为借口干涉他国内政或侵略别国。

思考题

1. 什么是领事保护？领事保护的条件是什么？

2. 什么是外交保护？外交保护的条件是什么？

3. 试述领事保护与外交保护的区别与联系。

4. 假如你到国外工作、生活，怎样才能更好地维护自己的合法权益。